南北韓

東亞和平的新樞紐

70년의 대화

南韓統一部長 **金鍊鐵**——著
蕭素菁——譯

Content 目次

後言　319

專業評析

以「民族自主」與「民族自決」的共識，來處理南北韓的國族前途，是二〇一八年南北韓局勢能如破竹之勢大幅改善的主因。儘管南北雙方都有如此意願，但是雙方背後都有「老大哥」在操控，南北韓想要獨當一面「做自己」的可能性其實極其渺茫，更遑論南北韓分裂了七十多年，不僅社會文化差異極大，雙方根本沒有互信。在此情況下，韓半島想要成為東北亞和平新的中心樞紐，戛戛乎其難也！二〇一九年一月下旬才與本書作者在台北一起開過研討會，三個月後就當上了南韓統一部長，不得不讓我為他捏把冷汗，這個任務真的沒有那麼簡單，抱讀此書之際，讓我們一起來祝福他吧！

朱立熙／知韓文化協會執行長

南北韓之間自五十年代起長久對峙，似乎永遠處於敵對狀態。平壤政府多番以軍事手段要脅南方政權，烽煙似乎難以消弭。事實果真如此？兩韓關係撲朔迷離，由全斗煥南北協議，到近代朴槿惠政府全力抗北，南韓政權更替可謂對雙方關係對立或合作之間做出定義。朝鮮半島的局勢並不如外界所述，全由外界或平壤政府主導。此書不只是一部當代韓國概論：作者由小見大，由南韓內部察看南、北韓之間互動，再延展至國際局勢，即其對中美角力的影響及價值，相當具國際視野。

沈旭暉／香港國際關係學者

韓國，一個既近又遠的國家，近的是地理，遠的則是我們對它的真正理解。擁有著跟台灣高度類似的內、外部政治挑戰（民主化與分裂國家），源於同樣的歷史背景（美蘇冷戰），目前彼此更是新興經濟體中最主要的競爭對手，從某個角度看來，韓國與台灣既針鋒相對又同病相憐，何嘗不是台灣可以藉此自視自省的一面鏡子？由此，當知本書的重要性所在。

蔡東杰／中興大學國際政治研究所教授

推薦序

展望兩韓和平

中韓文化基金會董事長／林秋山

韓國（朝鮮）是我們最鄰近、關係最密切的國家，同受日帝的蹂躪，又同為分裂中的國家，近年來甚至連政局的變化都互為影響，諸如「軍人的長期執政」、反對勢力的抬頭、民主化運動及女性當選總統等，無不如此，可見相互了解的重要性。

朝鮮由於戰略地位的重要性，為兵家必爭之地，早在公元二〇〇年，日本神功皇后就派兵攻打，無功而返，依史書記載，迄今被外敵入侵達九百餘次之多。一五九二年的壬辰倭亂，雙方纏戰七年，難分勝負，日方乃向明援軍建議分割朝鮮，可見其志在必得，迄一八九四年經第一次清日戰爭，終如願以償，排除清的干預。但俄國早已虎視眈眈，視為禁臠，日本藉機弒殺親俄的閔妃，導致王室播遷俄館，日要求與俄分割利權被拒，遂積極備戰，以斷絕俄國的企圖。這還不能放心，最後由日本首相桂太郎與美陸軍部長塔虎脫（William Taft）祕密協議。一九〇四年，日本同意美獨佔對菲律賓的霸權，以換取美同意日本對韓所求，才肆無忌憚併吞朝鮮，發展其大東亞共榮圈之夢想。

第二次世界大戰結束之際，中英美三國領袖舉行開羅會議，原已決議戰後讓韓國組織統一的民主政府，但邱吉爾首相表示：任何對韓國事務的決定沒有蘇俄參加，將淪為空談，於是再加開雅爾達會議，邀史達林參加，是時邱吉爾正發高燒，羅斯福病入膏肓，遂由史達林操控全程，造成今日南北韓分裂的局面，亦可見俄對韓的角色。

分裂後的南北韓對統一的看法並不全然一致，南韓是暫時性的，寄希望於未來的統一；北韓則是形式上的，沒有強制力的統一，實際上仍各維持現狀，可稱為韓國（朝鮮）式的「一國兩制」。

最近美朝之間正進行難得一見的廢核談判，時而劍拔弩張、衝突一觸即發，時而親如兄弟、密不可分，難怪川普會說金正恩越看越可愛，兩人好像在談戀愛一樣。大家覺得好笑，我倒覺得害怕，何以呢？談戀愛最後的目的不是佔有她嗎？難道美國是想掌控朝鮮嗎？

何謂廢核？美國要求的廢核是從成品、原料、設備、建築到工作人員都徹底廢棄才行，但這怎麼可能！把他們集中到何地？如何過生活，誰來負責？美國要求一次性的廢棄，北韓基於以往的經驗，要求的是階段性的，似較符合現實，容易可行。雙方如各堅持己見，恐永難獲致合議，自古好事多磨，總要有一方退讓些吧！

南北韓正為簽署終戰協定、和平統一而費盡心思。川普則說，終戰協定也好，和平統一也好，美軍也可撤退，但聯合國還是要派軍協防韓國，可見南北統一有多困難，非國際環境有利轉變，一時恐難見效。個人覺得對於北韓與其威脅、恐嚇與制裁，不如改變過去習慣性的做法，多作誘導、鼓勵和協助，保障其政權的延續、國家安定和發展，以及經濟的改善與繁榮，也許較易收效、達成目標。

作者金錬鐵長官曾任韓國仁濟大學統一學部教授，長期擔任與北韓有關職務，經驗豐富，著作頗多，內容充實，多為其經驗談，甚為珍貴，可供吾人參考，特為推薦。

推薦序

文在寅的劃時代契機

國立政治大學外交系教授／李明

朝鮮半島一直是亞洲陸權與海權國家短兵相接交會處，自十九世紀末以來就極不平靜。上個世紀後半，南北韓關係受到冷戰氣氛影響，尖銳敵對長期存在，不時出現邊境衝突。此外，雙方也進行外交戰、宣傳戰、顛覆戰、甚至出現恐怖攻擊，可謂東亞、甚至全球的火藥庫，幾次衝突幾乎再度爆發大戰。惟半島周邊幾個強國皆為核武國家，自然不願半島軍事衝突失控，因此千瘡百孔的一九五三年停戰協定才得以勉強維繫。

南北韓關係經常反映著特定時空的國際情勢，主要仍受強國意志的左右，南北韓少有自主的空間。但比較突出的事例，應該是朴正熙總統（任期一九六三至一九七九年）在第一任任期為因應國際緩和氣氛，與北韓在一九七二年共同發布的《七・四南北共同宣言》。《七・四共同宣言》為南北韓帶來一絲改善關係的曙光，但也因朴正熙治理走向獨裁壓制和他日後遇刺，南北韓少見的和緩關係終究曇花一現。

金大中總統（任期一九九八至二〇〇三年）曾提出對北韓的「陽光政策」，且在二〇〇〇年六月十五日首度出訪平壤，與當時的北韓領導人金正日會晤。盧武鉉總統（任期二〇〇三至二〇〇八年）則提出「和平與繁榮政策」，並且在二〇〇七赴平壤與金正日舉行峰會，在當時都是石破天驚的國際大事。

經過多年，南韓現任總統文在寅以他兩位自由派導師、前任總統金大中和盧武鉉的繼承者自居，為致力改善兩韓關係和最終自主和平統一，做出積極的籌劃與實踐。他在二〇一七年五月就職之後，便努力開展朝鮮半島的和平、和解與合作進程。

二〇一八年四月二十七日，文在寅與金正恩在板門店的南韓和平之家進行首次峰會，雙方達成「為促進半島和平、繁榮、統一的板門店宣言」，宣言指出，南北韓將全面改善並發展雙邊關係，連結民族血脈，提前迎接共同繁榮和自主統一的未來，據此雙方將儘快促成高層級的會談、設法落實峰會所達成的共識、雙方在開城設置雙方官員常駐的共同聯絡事務所、增進各層級的交流和聯繫、恢復舉辦雙方離散親人團聚活動、以及實現民族經濟的平衡發展和共同繁榮、採取切實措施連結東海線及京義線鐵公路。

二〇一八年五月二十六日文在寅和金正恩在板門店北韓境內的統一閣舉行第二次峰會，主要目的在於加強自主和平統一的共識，商討進一步降低敵意與合作，期待板門店宣言的具體實施。文在寅也為了川普與金正恩的高峰會提供橋樑角色，避免川普原先宣布即將在新加坡和金正恩舉行的峰會生變。

文在寅和金正恩的第三次峰會，在二〇一八年九月十九日平壤舉行，雙方簽署了「平壤共同宣言」，文在寅宣稱北韓承諾，在相關國家專家的見證下，願意永久廢棄東倉里飛彈發動機試驗場和發射架，也同意拆除寧邊核武製造廠等新的無核化措施。文在寅表示朝鮮半島無核化已不再遙遠，兩韓也在當天商定在半島全境消除一切可能引發戰爭的風險。

這三次文金峰會是一九五〇年韓戰爆發以來，兩韓所展現的最大善意與和平意念，也彰顯兩韓領導人之間建立的互信。基於這樣的互信，雙方可以推動全面的進一步合作。正如文在寅所說，兩韓關係進入劃時代的轉機，可望以兩韓歷次會談做為基礎，推動北韓與國際、特別是美國，重啟真誠有效的對話。文在寅也證實，將在繼續推動無核化的同時，也增進兩韓的經濟合作和文化交流。特別是在二〇一九年之內舉行連接東西海岸鐵公路的動工儀式，也儘快重啟開城工業園區和金剛山旅遊項目、以及推進雙方在醫療衛生領域的合作。

文在寅原本寄望美國解除對北韓的經濟制裁，加速兩韓合作計畫，包括重啟開城工業區、金剛山旅遊事業和早經同意的兩韓鐵路銜接。今年二月底川普和金正恩在越南河內的第二次峰會乏善可陳，金正恩更是空手而歸。為此，北韓還一度關閉了兩韓設於開城的聯絡辦事處，讓文在寅覺得深受挫折。

在這個緊要過程中，文在寅總統必須找到理念相同、完全信任、又可貫徹其意志的高級官員作為他的左右手。文在寅換下原來的統一部長趙明均，改由曾任仁濟大學統一學部教授、原任統一研究院院長的金鍊鐵接任部長。

金鍊鐵曾經擔任盧武鉉總統時期的統一部長輔佐官，曾經歷南北韓協商和六方會談的現場，可謂經驗豐富。青瓦台發言人金宜謙就指出，金鍊鐵是新任統一部長的「適當人選」，他「能透過順利執行統一部的主要政策與任務，迅速實行兩韓協議、積極體現總統對一個新的朝鮮半島、新的和平與合作共同體的願景」。

金鍊鐵已在二〇一九年四月八日就職，他說他將運用多管道全力推動「文金四會」，並稱南韓將優先著力於促成文金峰會以打破僵局，並且「懷著自己掌握朝鮮半島命運的主人翁意識，主導局勢，根本解決北韓核武問題，實現半島永續和平的進程」。

金鍊鐵正是本書的作者，本書貫穿了一九五三年停戰協定以來、直至二十一世紀前十幾年南北韓關係發展和幾次重大事件的經過和意義。他娓娓道來，並抒發自己的評論。本書對於我們了解南韓朝野關於改善兩韓關係的論戰、北韓發展核武的歷程和戰略策略、周邊大國的朝鮮半島政策和未來兩韓關係走向，都提供了第一手的資料和寶貴的見解。

金鍊鐵正意氣風發、期待大刀闊斧施展他的抱負。這位統一部長，也是這個特殊階段主導兩韓關係的關鍵人物！至於金鍊鐵怎麼說和怎麼做，就請讀者詳細閱讀和深入領會了。

是以本人樂為之序。

導讀

南韓進步派視角的「韓半島政策」提案

董思齊／台灣智庫國際事務部主任

兩個各自獨立卻又渴望統一的奇特國家

曾被外人稱為「隱士之國」，同時又有著「小中華」之稱的朝鮮王朝，在經歷長達三十五年日本殖民統治後，於一九四五年隨著二次世界大戰的結束，韓半島上的朝鮮民族終於獲得解放。然而，在美、俄協議之下，解放的韓半島隨即以三十八度線為界，開始短暫的信託管制時期。其後，在美、俄兩國各自扶植之下，南、北韓分別成立主權獨立的國家。而隨著韓戰爆發，激戰三年後交戰陣營簽下停戰協議，但南、北韓的「分斷體制」已在冷戰格局下逐漸定型，成為常態直至今日。而各自發展七十餘年的南、北韓，近年來也以迥然不同的方式，獲得世人的注目。

三十八度線以南的大韓民國，經歷了高度經濟成長的「漢江奇蹟」，從未開發國家邁入已開發國家之林的同時，還完成多次政黨輪替的政治民主化。而在極力爭取對外經貿交流的同時，近年來又創造出席捲全球的韓流風潮；三十八度線以北的朝鮮民主主義人民共和國，雖然資源有限且主動與世隔絕，但在冷戰時期與其站在同一陣線的國家紛紛倒台或轉型的同時，卻是唯一仍堅持社會主義路線，並實現三代世襲統治的神祕國家。而靠著試射導彈與核子試爆，今日的北韓亦緊緊抓住世人的目光。

有趣的是，儘管這兩個主權獨立國家——一個已列入世界上最開放先進的國家，另一個成為世界上最封閉守舊的國家，有著迥然不同的發展軌跡，但在民間互不往來、高層相見有限且已逾七十年的分斷時期之中，「統一」卻是這兩個國家至今仍堅守不變的共同目標。也因此，這七十年間南北關係的演變，不但是韓國政治學界中最重要的課題，亦已出現不少深具影響力的學術專著。而這本《南北韓：東亞和平的新樞紐》之所以值得受到我們重視，除作者金鍊鐵教授是韓國現任的統一部部長，對當前韓國的「韓半島政策」有實質影響力之外，更重要的是，這本書透過對韓國自我認知的建立、對北韓的理解、對國際局勢變化的掌握，以及對南北關係演變史的省察，清楚地勾勒出當前南韓進步派「對北政策」與「韓半島政策」的邏輯，可說是本兼具學術理論意涵，同時亦具有政策可操作性的行動方案。

本書的出發點：提出解讀南北關係史的新視角

本書的韓文原名為《七十年的對話》，而原書封面上還有個附標：「새로 읽는 남북관계사」（新讀南北關係史）。事實上，此處所謂「新的讀法」，可說是本書最核心的關鍵部分。金鍊鐵部長所提出的新讀法，乃是在本書前言部分所提出的三個觀察南北韓關係的視角：一、以南韓為主體的主動途徑；二、審視國際形勢的整體途徑；以及三、觀照南北韓發展史的歷史途徑。而南北韓之間從冷戰初期的對決模式邁向對話，開啟對話後又因國內政治民主化與國際局勢變動等因素，展開變遷歷程，依照各個政權而有所不同的對話模式，則是檢視上述三個途徑是否有效的重要依據。而唯有掌握這三個面向，南韓才能在深受國際與北韓局勢影響的南北關係中，掌握主動的話語權，同時發揮其對韓半島事務的影響力。

金部長認為，觀察北韓行動後再採取行動乃是出於被動的分析，不是積極解決問題的角度。若採用被動分析的方式，就會被情勢牽著走，還來不及有變化，南韓可能就已經政權輪替。考諸過去南北韓關係史，兩韓關係改善時期，都是由南韓主動出擊，南北韓關係的改善亦是兩韓互動的結果。其次，金部長指出，周邊國家的自身利益，將影響到這些國家對韓半島的政策與態度，也因此必須以更寬廣的角度來解讀南北關係。其中，最重要的則是南、北韓與美國的關係，這三者的關係必須尋求良性循環，才有利於南北關係的發展。如果南韓對北韓的政策與其他國家的對北政策有所衝突，勢必將影響韓國與他國關係，同時也會對南北韓關係造成不良的影響。最後，他認為綜觀南北韓關係史，可以發現南北韓關係一個不變的性質，亦即：承認對方時，雙方就會展開對話與接觸；不承認對方時，雙方就會產生對立和衝突。也因此，南北韓七十年的對話過程給我們的啟示在於：「如果希望北韓改變，南韓就得先改變，如果期待南北韓關係產生變化，南韓也必須先有所變化。」

本書的立論基礎與其政治影響力

以歷史時序與政權輪替為經緯，透過七個時期對南北韓關係的爬梳與整理，金鍊鐵部長確立了南韓進步派對北政策的邏輯一致性，同時亦毫不留情地批判韓國保守派對北政策的失敗。其對於兩韓關係本質的「本體論」立場是：南北韓是國家分裂中的單一民族，而南韓是具有主動改變現狀能力的民主國家；關於理解國際局勢、北韓以及兩韓關係的「認識論」則是：各國都依照自己的國家利益來看待兩韓關係，因此韓國必須掌握他國的政策走向，同時避免與其他國家的對北政策產生衝突。保守派的「北韓崩潰論」是最錯誤的期待，必須正視北韓的存在且主動與之交流與互動，方有可能改變北韓的態度；而對於韓國對北政策的「方法論」則是認為：統一不應當被視為結果，應將其視為一個持續改變狀態的過程。

雖然此書尚未加入文在寅總統時期的南北韓關係發展，但金部長的觀點，的確符合當前文在寅政府對北以及對韓半島政策的態度與做法。在金部長就任統一部長官之前，二〇一八年由韓國統一部所發行的《文在寅總統的韓半島政策：和平與繁榮的韓半島》中，整理出文在寅總統的韓半島政策是基於「五大原則」來推動「四大戰略」最後達成「三大目標」。「五大原則」分別是：一、由我們主導來解決韓半島問題；二、透過強化安保來維持和平；三、以相互尊重為基礎來發展南北關係；四、重視和國民的溝通與合意，以及五、透過與國際社會合作來推動政策。四大戰略為：一、階段性與全面的途徑；二、南北關係與北核問題並行進展；三、透過制度化來確保持續的可能性，以及四、透過互惠地合作來營造和平的統一基礎。三大目標則為：一、解決北核問題以獲得長久的和平到來；二、發展持續可能的南北關係，以及三、體現韓半島新經濟共同體，除此之外，也同時實現現階段與北韓「和平共存、共同繁榮」的政策願景。上述的這套韓半島政策構想，完全呼應金部長所提出「南韓主動」、「審視國際」以及「關照南北韓關係發展史」的三個視角。由此可見，金部長對南韓進步派對北政策的理解之深，以及對當前韓國政府對北政策影響之鉅。

南韓進步派的對北視角所遭遇的內部挑戰

雖說，金鍊鐵部長的這套論述有其內在邏輯的一致性與完整性，是當前韓國進步派的主流觀點，亦形塑出當前文在寅政府的韓半島政策。然而，對於這套論述邏輯，在韓國的民主社會之中，並非沒有反對的聲音。尤其是對視北韓為死敵的保守派以及對統一漠不關心的年輕世代來說，他們亦有一套完全相反與不同的後設主張。對保守派來說，關乎兩韓關係本質的「本體論」立場是：南北韓是國家分裂中的單一民族，但南韓是飽受北韓安全威脅的民主國家；而對國際局勢、北韓，以及兩韓關係的「認識論」則是：國家安全是各國最重要的國家利益，出於過往南北韓的經驗，北韓並不是可信賴與交往的對象。在各國的封鎖壓力之下，北韓絕對有瞬間崩潰的可能；也因此保守派對北政策於行動上的「方法論」則會認為：統一是必須追求的結果，有可能一夕之間來臨，必須做好萬全的準備。至於對統一漠不關心的年輕世代，其實並沒有嚴謹清晰的對北思維邏輯，主要是迫於現實生活中的經濟壓力，對統一並未抱持太多的期待與想法。

在南韓，之所以會出現如此南轅北轍的對北思維，其中最重要的背景因素就是民主化的歷程。在民主化之前，南韓民眾若是有外於軍事威權政府的政治想像，一律會被視為「從北」的

「北傀附庸」。但朝向民主轉型的歷程中，在地域主義與兩黨政治運作之下，民主化過程中的韓國社會逐漸分成了保守派與進步派兩大陣營。進步陣營在金大中與盧武鉉主政時期，以對北韓開放性的陽光政策做為主軸，持續不斷地以經濟援助北韓，並且協助工業開發；而其後上台的李明博與朴槿惠政權，則與北韓保持距離，同時開啟敵視北韓的對北政策。事實上對北政策的改變，顯示的是進步陣營與保守陣營在對北觀感、對美政策，以及對兩韓統一模式上的顯著差異性。而這種對北韓態度的差異，也成為「남남갈등南南衝突」（南韓境內，南韓人與南韓人對於政治價值理念以及統一方式認同的差異）的重要來源。

此外，今日支持文在寅政府的進步派人士，在批評已成過去的保守派李明博與朴槿惠政府前，絕不能忘記的是：過去由金大中與盧武鉉所代表的進步派政府，亦曾在民主選舉的政權輪替過程中，被目前進步派所批判的保守派所取代。也因此，過去金大中政府與盧武鉉政府在推動與北韓交流的陽光政策或包容政策時，被反對者批判：「不斷給予北韓好處、與北韓交流，卻完全無法阻止北韓邁向核開發之路，以至於完全沒有改變北韓本質。」仍是當前居於韓國政治主流的進步派，必須努力克服的難題。

南韓進步派觀點與台灣可能的交流及對台灣的啟示

雖然目前南北韓關係相對緩和，同時與過去十年相較之下南北韓的關係已有不小進展，然而至今兩韓關係仍處於高層政治協商階段，鮮少底層民眾的互動與實務交流。這與當前兩岸關係「上冷下熱」的發展，呈現出完全相反之樣貌。對韓國來說，目前非常希望能透過「對話」，開啟與北韓進一步的實務交流。也因此，韓國非常重視台灣在推動兩岸交流過程中，至今為止所作過的法制化努力與交流經驗。去年筆者曾陪同陸委會邱垂正副主委訪問韓國「統一研究院」，當時仍服務於「統一研究院」院長一職的金鍊鐵先生在接待來自台灣的訪賓時，就向我們表達出其非常關切上述議題，同時希望能與台灣做更多的交流以吸收寶貴經驗。事實上，這也是近年來韓國統一部會不時派遣推動實務工作的官員來訪台灣的重要原因。

對今日的台灣來說，金鍊鐵部長的這本書，亦讓我們能多有啟發。在兩岸關係日趨緊張的今日，以金鍊鐵部長所代表的韓國進步派，如何透過對過去歷史的省思，提出以南韓為主體觀點的韓半島政策與戰略，值得台灣各界省思與學習。對照他所提出的三個視角，台灣亦應主張：「唯有認清台灣自身的定位、理解國際局勢的發展與趨勢，同時對中國有正確的認識與理解，同時還必須具備台灣主體的主動性、審視國際形勢的整全性，以及關照兩岸關係發展史的歷史性，才有可能提出邏輯一致且穩定的兩岸關係政策行動方案。」事實上，不論韓國與台灣，在民主社會與國際現勢之下，各個政黨所提出的對內或對外政策方案，都必須論理清楚明白、邏輯清晰一致，同時又符應歷史事實，方有機會獲得國際肯定與民眾支持，進而形成具備一致性、可預測性，且有永續經營能力的政策方案。

前言

觀察南北韓關係的視角

橫亙在南北韓之間的非武裝地帶是一片海，受冷戰浪潮拍打的海上有一座橋。這座橋鋪上了道路與鐵路，人們往來，物資流通，橋樑也跟著拓寬，曾經處於敵對的海，變身為合作的空間。不過在南北韓關係中，晴朗平和的日子並不多，大部分的時候是風雨交加、打雷閃電，交流中斷而橋樑消失，最後非武裝地帶又再變回了海。韓國人被無法跨越的海包圍，住在不是島的島裡面。

有橋樑時的南北韓關係，與沒有橋樑時很不一樣。橋為什麼消失？有人認為這是北韓單方面切斷關係的結果。不過所謂的關係，向來都是由互動所產生，非單方面造成的。南北韓之外的第三者，也不可能把橋當做禮物送給韓國人，韓國人必須靠自己的力量把橋架起來。只要跨過非武裝地帶的這片海，北韓就能成為更大的一座橋，讓韓國與歐亞大陸接軌。

韓戰過後，連接南北韓的橋斷開又重啟，之後再度突然消失。戰爭結束已經過了六十四年，南北韓關係卻仍在戰爭與和平間、在誤解與理解間、在過去與未來間迷惘徘徊。南北韓關係一直走走停停，總是步履蹣跚。南北韓兩國該走的路還很長，卻風雨交加。回首來時路，也應當同時展望未來該前進的路。想起消失的橋，於是寫下了這本書。

本書試圖從三個視角切入，解讀南北韓關係，這三個視角分別是：非被動跟隨北韓、而是由南韓主導的「主動性視角」；同時切入東北亞區域秩序及南北韓關係的「整體性視角」；以及從南北韓關係史中尋找智慧的「歷史性視角」。

第一節　先行動吧：主動途徑

二〇一六年五月北韓召開第七屆黨代表大會。在大會召開前一天，某位專家在電視上預測北韓將發射長程導彈，為了要維持內部的團結，北韓這麼做是有必要的。不過長程導彈並非政治禮砲，還必須完成技術上的準備後才能發射。雖然北韓的核子試爆或長程導彈發射，都是北韓在國內為了政治操作所為，但是僅從這個角度說明並不夠。我們在分析北韓核子試爆及長程導彈問題時，必須特別注意這一點。大部分的韓國輿論都報導「球在北韓那一邊」，不過南北韓關係的發展，果真是「北韓說對峙就對峙、說對話就對話」嗎？歷史並不是那樣，也不可能會那樣發展。

只觀察北韓，這種視角是一種被動性的分析；反過來如果是以積極解決問題的視角切入，就是主動性的分析。被動性分析常見於南北韓關係惡化的時期，主動性分析則是出現於南北韓關係改善的時期。一九七二年的《七・四南北共同宣言》發表，是從前一年朴正熙政府提議舉行紅十字會會談而開始啟動；一九九一至一九九二年簽訂的《南北基本協議書》，也是始自於盧泰愚的北方政策。二〇〇〇年及二〇〇七年的兩次高峰會談，同樣是由南韓先營造出氣氛說服北韓，而非由北韓先行提議。

若是無法主導雙方關係，就會被情勢牽著走。採用被動性視角分析的結果，經常都是南北韓關係惡化。若採用被動性分析，就會主張要對北韓施壓，直到北韓態度改變為止，這代表只能在柿子樹下等待柿子掉落，問題是在柿子還沒掉落之前，南韓政權通常已經輪替。如果只是等待，就會無事可做，什麼都改變不了。有人開始提被動性分析的那段期間，一定不會缺席的老生常談就是「北韓崩潰論」。一九九四年北韓的金日成主席死亡時，某位專家就預測「最快三日，最慢三年」內，北韓將會垮台，金泳三政府也向北韓崩潰論傾斜。美國柯林頓政府出訪進行弔唁外交時，金泳三政府採取國安規格對應，就是因為「崩潰論」發揮了作用。

南北韓關係是互動的結果。無論是對話還是對峙，都需要對方呼應，並不是南韓希望和北韓對話，雙方就能夠對話。反過來說，即使北韓有所挑釁，南韓還是可以藉由不同的應對，來阻止爭端擴大。正如同一個巴掌拍不響，對話和對峙也不會突然間形成，所以為了理解雙方關係，必須要掌握長久的背景脈絡才行。

北韓的對南政策在冷戰時期帶有攻勢，但是到了後冷戰時期卻開始轉為守勢。在危機狀況下北韓能選擇的手段有限，對應的方式也相對單純。關係惡化時，常會依賴助長危機升高的「戰爭邊緣策略」；但是當關係改善時，就會採取對話。從這個觀點來看，一九九〇年代以後的北韓對南政策已經不再是「變數」，而是接近「常數」。南北韓關係會隨著南韓所選擇的對北政策，或後退或前進。如果是採用主動性分析的觀點去看南北韓關係史，就會看到完全不同的事實。

對北政策的目標並非要批評北韓，而是要解決韓半島的問題。雖然韓戰結束已經過了很長一段時間，但是分裂的傷痕一再復發，一直沒有痊癒。問題複雜時，解決的方法會變得困難；時間久的老問題，解決過程當然也會拉長。在風雨交加的南北韓關係中，我們必須從悲觀的海裡找尋樂觀的窄門，而主動性分析就是一個起始點。本書將呈現南北韓關係中，被動性分析與主動性分析一路交錯的命運。為了解決問題，不能只是採取「北韓行動、南韓接招」的被動性分析，還需要採取「南韓行動引導北韓接招」的主動性分析。

第二節　看得更寬廣：整體途徑

在盧武鉉政府時期，我曾經以統一部部長的輔佐官身分拜訪中國。當時媒體正在密集報導中國不希望韓半島統一。在一次輕鬆的晚宴場合上，韓方人士問中國的高層：「中國支持韓半島統一嗎？」結果對方笑著回答：「如果符合中國的利益，就支持；如果與中國的利益有衝突，就反對。」給了一個四兩撥千金的答案。

周邊國家會依照自身的利害關係決定韓半島政策。到底是支持或反對韓半島統一，以及到底希望南北韓關係改善或緊張，向來都是取決於自身的利益。追求國家利益一直是外交的中心思維，也是國際政治的出發點，南韓也一樣。南韓的對北政策或是對周邊國家政策，都是以南韓的利益為基本考量，希望能行使對國家命運的自主決定權。每當海洋勢力與大陸勢力發生衝突時，韓半島就變成戰場，到了近代也是如此。韓戰以後的韓半島歷史，一直隨著東北亞秩序的變化而起舞。

正是基於這個理由，所以必須從更寬廣的角度來解讀南北韓關係。韓戰結束一年後召開的一九五四年日內瓦會議是第一個、也是最後一個處理韓半島統一問題的國際會議，同時也是折衝的場域，讓美國、中國、蘇聯調整東北亞的區域戰略。一九七一年美國尼克森總統突然宣布訪問中國，韓戰時原本敵對的美國及中國一旦握手，東北亞的區域秩序將隨之動搖，韓國政府也無法沈默以待，最後朴正熙政府便提議要與北韓對話。盧泰愚政府能夠推動北方政策，也是因為有柏林圍牆倒塌，以及社會主義陣營政治意識急遽的變化等因素。本書注目的焦點，即在於東北亞區域秩序與南北韓關係的關聯性。如果採取較廣泛的分析，隨時都可能有不同的解讀。運動場越寬敞，可以採用的戰術就越多，同樣地，南北韓關係改善的契機，也必須從東北亞區域秩序的變化裡去尋找。不只是南北韓與美國的三角關係，還有南北韓與中國、南北韓與俄羅斯、韓國與美、中等各種三角關係，韓國都可以在這當中創造出運作的空間，尋找可以應用的手段。

在東北亞與韓半島的交會中，最重要的部分是南韓、北韓與美國的關係。所謂的三角關係，是由上述三種雙方關係—南韓與北韓、南韓與美國（以下簡稱「韓美」）、美國與北韓（以下簡稱「美朝」）所形成。由於美國與北韓在冷戰時期未建立雙方關係，使得韓美關係與南北韓關係經常產生衝突。南韓對北韓採取的強硬政策，有時與美國的戰略不一致，美國曾經想換掉反對停戰的李承晚政權，也曾與主張軍事報復的朴正熙政權衝突。北韓與美國的關係於一九九〇年開始建立，從那時候起南韓與美國就經常在對北政策上有所矛盾。韓美兩國不同調的歷史由來已久，而且不斷反覆發生。

過去曾經發生過兩次，南北韓、韓美、美朝的個別雙方關係互有正面影響，進而形成良性循環，分別是在二〇〇〇年與二〇〇七年——也就是南北高峰會談舉行的時候。當時的美朝關係緩和，韓美兩國的對北政策也具有一致性。只不過二〇〇〇年夏天與二〇〇七年秋天實在太短暫，因為三方的雙邊關係中若有任一方中斷，其他的雙邊關係也會受到負面影響。二〇〇〇年南北高峰會談時的良好氣氛，因為美國大選由小布希獲勝執政而無法持續；二〇〇七年南北高峰會談所創造的韓半島和解氣氛，也因為李明博政府否決了高峰會談的結論而立即中斷。

南韓、北韓、美國三角關係的良好氣氛，就像仲夏夜之夢一樣短暫，然而惡性循環卻是司空見慣。韓美兩國常因對北政策問題而起衝突，像是柯林頓政府想透過朝美關係解決北韓核武問題時，金泳三政府卻給予掣肘；布希政府對金大中時期的南北韓關係也多所不滿。不過當時韓美兩國仍會持續溝通，縮小雙方的歧見，關鍵是要由誰來主導，將三角關係從惡性循環轉為良性循環。韓國需要從主導並創出良性循環的經驗中獲得智慧。

南北韓關係的歷史如果從安保的概念來看，可以區分為只強調傳統軍事安保的時期與包含政治、經濟、環境、人權等各種領域的整體安保時期。在主張傳統安保的時期裡，政治軍事與經濟合作會產生聯繫；而在整體安保時期裡，這兩者便會保持平行。「聯繫論」大致上是失敗的，想以中斷經濟合作的手法來對北韓施壓，結果總是事與願違，最後反而導致南北韓關係更加惡化，緊張升高，問題糾結不清。「聯繫論」往往無法改變北韓的態度，徒然浪費了經濟合作手段。

南北韓關係長久惡化，對經濟也會帶來負面影響。我們常說安保是「生死問題」，經濟是「吃飯問題」，就像沒得吃會死一樣，安保與經濟一直互有關聯。走訪一趟江原道或京畿道北部邊境，就能親身感受到南北韓關係良好時與惡化時的不同。當南北韓關係惡化時，觀光客隨之減少，生意衰退，地價也會下跌。其他地區即使不是親身體驗，多少也會受到間接影響。因此在韓半島「和平即是飯，和平即是民生」。

提出經濟合作，和平當然並不會隨之到來。「功能論」假設，如果擴大經濟合作，提高相互的依存性，和平就會降臨，但這套理論不適用於南北韓關係。北韓重視政治軍事更甚於經濟合作，南北韓的經濟合作只能達到初步的水準。不過若以更廣泛的角度來看南北韓關係，政府有政府的任務，民間也有民間該做的事。雖然政府應當解決政治及軍事上的未決問題，但在這之外的經濟與社會、文化，也扮演了舉足輕重的角色。特別是社會文化交流，在南北韓的接觸過程中更是重要，在增進彼此的了解上也有其必要性。自韓戰以後，南北韓最早的接觸契機是紅十字會會談，其中離散家族的重聚問題一直都是南北韓關係中最重要的未決問題。就如同一九九一年世界桌球錦標賽中南北韓組成聯隊一樣，體育交流也成為建立民族認同的機會。

第三節　看得更長久：歷史途徑

英國前首相佘契爾曾說：「絕望會帶來希望。」從南北韓的歷史來看，總會遇到該走的路和該繞的路，以及成功的路和失敗的路。過去，可以做為省思的對象，從成功的案例中尋找智慧，從失敗的案例中獲取教訓。如此才能解決現在的問題，開啟未來的門。

韓戰後環繞韓半島的國際局勢已有所改變。南北韓的力量產生差距時，南北韓問題的輕重程度也不同。不過有一點是不會改變的，那就是南北韓關係的性質。承認對方時，雙方就會展開對話及接觸；不承認對方時，雙方就會產生對立和衝突。

只要北韓的核武問題轉趨緊張，主張「改變規則」的聲浪就會高漲。此派人士認為，問題的結構既然有改變，因應的方案也應當改變——也就是說因為核武問題的本質進入了新階段，所以需要重新分析。確實核武問題的嚴重程度有加劇，強度也升高，但結構本身並沒有改變。核武問題歷時已久，所謂新的因應方案其實也不新，都是過去使用過的方法，而且大部分是失敗的舊策略。不了解核武問題的歷史，就難以找出答案，再度失敗的可能性也很高。

北韓想擁有核武的理由，和過去南韓朴正熙政權或台灣蔣經國政權想開發核武的動機沒什麼不同，都是因為可能遭到侵略而產生不安或恐懼。因此北韓的核武問題是韓半島冷戰體制的產物，並非其它原因。這裡的重點不在於核武，而是在於南北韓關係的屬性。如果不瓦解原本的敵對關係，北韓是不會放棄核武的。就像印度和巴基斯坦一樣，即使擁有核武，還是有可能引發傳統的有限戰爭。反過來說如果兩國的關係好轉，核武便不再構成威脅，就像阿根廷和巴西一樣，一旦成為朋友，就沒有理由要擁有核武。

想要靠力量消除北韓核武，這是單方面的想法，既缺乏根據，也不夠務實。以二〇〇三年利比亞或二〇一五年伊朗放棄核武的過程為例，雖然一方面是強力制裁帶來的效果，但另一方面顯然還有其他層面的考量——即便放棄核武，國家仍有機會可以存續。協商不是計較誰先屈服，也不是可以用金錢解決的。累積信任，消除恐懼，是協商過程的本質。南美洲或非洲的無核地帶，也都經歷過那樣的耐心及說服過程。

在過去二十五年歷次的北韓核武危機中，協商的時間短，而制裁的時間長。協商的燭火經常閃爍不定，但制裁的燈火在韓半島卻不曾熄滅。在協商進行的過程中，北韓的核武開發就停止或往後退；當協商中斷或搖擺不定時，北韓的核武開發就一路疾走。回顧這段歷史，可以引導我們踏進解決北韓核武問題的大門。

第四節　面對鏡子

南韓與北韓正面對著鏡子。分裂阻撓了改變，而且有很長一段時間為國內政治所利用，面對這些過往，讓人覺得黯淡無望。南韓與北韓的經濟差距，已經大到難以相比，人權和民主化的程度也一樣。不過北韓仍舊利用「南風」為名義來維持體制，在南韓也是一到選舉期間，就會刮起「北風」。雙方握著拳頭站在鏡子前，對著鏡子生氣地互問為何挑釁，這段長久的過去像一場戲，而且是一場苦澀的悲劇。

北韓必須改變。要克服分裂的問題，並非只靠周邊環境改變就能水到渠成，一定還要加上自己的努力。除了決策結構必須改變，無可避免要將政策轉為發展永續經濟外，對於人權問題也必須主動回應，以期能得到國際社會的多數支持。

南韓也必須改變。看北韓的視角必須改變，同時交流雙方的認知，了解到克服分裂是我們這個時代的課題。南北韓關係惡化的時間越長，對北韓的憎惡以及對南北韓關係議題的偏見會越深，而分裂第一代與第三代的看法差異也會隨之擴大。為了南北韓關係的未來，首先最重要的是我們內部的和平與協議。必須先克服我們內部的冷戰，南北韓的關係才會有未來。

兩個韓國應當要有更多接觸，加強雙方溝通，進而了解對方並接受彼此的差異，才能找到解決的方法。我如果在鏡子前微笑，鏡子裡的對方也會微笑；如果我舉起拳頭，對方也會跟著舉起拳頭。主體和客體的角色是很清楚的，不是鏡子內的對方使我移動，而是我令鏡子裡的對方移動。

一九四八年韓半島建立了兩個政權，在過去的七十年裡兩個韓國互相對立、挑起戰爭，歷經長期的冷戰。對話一直在進行，戰爭期間舉行過停戰會談；冷戰期間則是面對面坐下，但卻各說各話。儘管對話經常中斷，有時甚至引發對決，不過還是有和平對話的時候。二〇一八年平昌冬季奧運前夕，南北韓又重啟對話。這不是第一回了，南北韓一直都在「七十年的對話」上頭。

就算對話得上，阻礙也總是存在。越過一道關卡，就會出現另一座山。「七十年的對話」告訴我們，如果希望北韓改變，我們就要先改變；如果期待南北韓關係產生變化，我們就要先變化。這本書依照時間順序，整理出過去站在鏡子前的經驗。如果我們能以主動而非被動的智慧，用更寬廣而不狹隘的視角，考量歷史的連續性而非斷裂地解讀南北韓關係，那我們就能更清楚自己的位置以及未來該往哪裡走。

第一章

戰後：一九五〇年代與日內瓦會議

板門店是從戰爭跨入和平的橋樑，它的原名是「板門」（널문리，譯註：音 Neolmulri，「板門」的韓語訓讀），這個地名的典故也與橋樑有關。有一說是因為砂川江上有木板橋，所以取名為「板門店」；另一說是過去王想要渡江卻沒有橋，所以由村裡的居民拆下門板搭橋而得名。在朝鮮初期，中國使臣進入漢陽（譯註：首爾舊名）之前會在這裡的一家酒館暫時歇息，後來一間間增加，這裡便發展成為一處酒館聚集的村落。

旅人暫歇的酒館村落，卻在偶然的情況下變為簽訂停戰協議的場所。一九五一年七月最早舉行停戰會談的場所並不是這裡，而是在開城。聯合國軍隊原本以為停戰協定很快就能簽署，所以接受了對方的提議，雙方要在共產黨軍佔領區開城進行會談。不過對聯合國軍隊來說，在等於是敵軍陣地的開城進行會談並不方便，加上移動過程的安全也會受到威脅，所以要求將會談地點改到南方，那個地方就是板門店酒館前的黃豆田。一九五一年十月二十二日那裡搭起了臨時帳棚，從這一刻起，板門店吸引了全世界的目光。中國將「널문리가게」以漢字標記為

「板門店」（판문점）後，這裡的名字也跟著改變。和平的板門消失，取而代之的是紛爭不斷的空間——板門店。

一九五三年七月二十七日上午十點，停戰協定的簽署代表從板門店的木造建築兩側入口進場。坐在東側桌的是聯合國軍的首席代表哈里森（William K. Harrison）中將，坐在西側桌的是共產軍的代表南日大將。雙方沒有笑容，沒有互相握手，也沒有交談半句話。一張小桌子橫擺在兩人中間，南日首先在分別以韓語、英語、中國語各印刷三份的九份文件上簽署，接著換哈里森簽署。十二分鐘後這場尷尬的會面結束，他們避開彼此的眼神，無語地從各自入場的地方退出會場。在戰爭爆發後三年一個月，停戰會談開始後二年半，歷經包含一百五十九次正式會議在內的七百六十五次會談終於結束。

雖然已經簽署，但是槍聲仍未停歇。停戰協定要在簽署後十二小時才會生效。一九五三年七月二十七日晚上十點，槍聲和砲聲一齊停下，清涼的夏日晚風中飄散著火藥味。這時兩軍前線的士兵聽到了這段日子裡不曾聽到的聲音，那就是夏夜的蟲鳴。大自然的聲音傳到戰爭機器靜止後的天空中，士兵總算真實感覺到自己從戰爭中存活了下來。

戰爭並沒有在那天結束，只是暫時停止而已。所謂停戰，意指「暫時停止戰爭」。板門店那一日的冷冽風景反映出協定的內容。「停戰」只是暫時休戰，與「終戰」的意義不同。雙方並未對戰爭進行省思，也缺乏追求和平的意志。停戰只是意味著「熱戰」將轉趨為「冷戰」，板門店在戰後也成了另一個戰爭前哨。

第一節　從板門店到日內瓦

全球冷戰始於一九四五年二月四日到十一日的雅爾達，那是位於黑海沿岸，克里米亞半島的度假聖地。美國的羅斯福和蘇聯的史達林、英國的邱吉爾齊聚，除了討論戰後如何重建歐洲秩序，對德國的分割佔領也達成協議。討論事項還包括：蘇聯答應在亞太地區對日參戰、戰後韓半島交付信託統治、各國承認蘇聯對東歐的影響力以及聯合國的成立與運作等。

雅爾達會議的精神在於「美蘇聯手引導戰後秩序」。在會議過程中，羅斯福非常重視與蘇聯的合作。為了終結亞洲戰爭，他極力希望蘇聯能夠介入。其實對日本而言，蘇聯宣戰所帶來的衝擊和美國的原子彈不相上下。冷戰則是雅爾達帶來的意外結果。[1] 雖然美蘇兩國在雅爾達互相合作，卻造成了世界分裂。蘇聯軍隊介入，同時導致韓半島分裂，三十八度線劃開了南北韓，也劃開了亞洲。雅爾達會談後英國被邊緣化，世界形成了美蘇兩極體系。兩個月後的四月，羅斯福總統死亡，再經過三個月之後的七月，邱吉爾因為大選失利而卸下首相職務。雅爾達會談的初衷不再，徒留會談結果，世界也因為冷戰而形成分裂。

戰後體制與東北亞秩序

東亞的冷戰與歐洲不同。歐洲是美蘇兩極體制，而東亞自始就是「美—中—蘇」的三極對決體制。美國的首要目標是封鎖「共產中國」，據此積極介入東南亞，並在東北亞強化韓—美—日的南方三角體制。

東北亞區域的冷戰形塑了「舊金山體系」的面貌。第一次舊金山和平會議於一九四五年四月召開，不過一般所稱的舊金山體系，是第二次和平會議之後形成的。一九五一年九月四日到八日各國在舊金山召開了第二次會議，聯合國四十八國代表與日本代表吉田茂簽署了《對日和平條約》。2

《舊金山和約》締結時韓國仍處於戰爭中。美國一邊應付韓戰，一邊重新評估日本的角色，於是輕放了日本在太平洋戰爭中的法律及政治責任。因為發生韓戰，日本得以從太平洋戰爭的戰敗國搖身一變成為東亞反共陣營的基地。東亞的冷戰始於一九四五年到一九四九年間發生的中國國共內戰，歷經韓戰後加速成形，並透過舊金山體系更為具體化。

儘管冷戰襲捲了東北亞，但是各國之間或一國內部對區域問題的看法卻有不同，像美國內部對東北亞區域戰略就有不同的立場。韓戰期間杜魯門總統和麥克阿瑟將軍的衝突，即是來自於對此區域戰略的歧見。杜魯門反對將韓戰的範圍拉出韓半島並擴大至東北亞區域，這種憂慮第三次世界大戰全面爆發的立場，稱為「有限戰爭理論」。不過以美國駐遠東軍總司令身分指揮韓戰的麥克阿瑟卻反對總統的有限戰爭論，總司令極力主張「擴大戰爭論」，認為應該戰略性地轟炸中共軍的後方據點，這點與蔣介石的「光復國土」及李承晚的「北進統一」目標一致。簡單來說，他的主張就是要將反共陣線擴大到東北亞全區。

希望成為共和黨總統候選人的麥克阿瑟功敗垂成，總統解除了他的將軍職務。將軍出席國會聽證時所引用的「老兵不死」軍歌歌詞，成為他的傳世名言，然而隨著種種因素曝光，包括戰略失誤而未能預測到中共參戰、與戰爭現實有差距且毫無根據的樂觀、想參選總統的政治野心等，大眾對他的關注也跟著散去。在這一場總統與將軍的東北亞區域戰略對決中，總統獲得了勝利。

不過美國國民在韓戰中對中國形成的敵對意識，卻持續很長一段時間。美國和中國是韓戰的直接交戰國，美國之所以會重新評估日本在東北亞的政治及經濟角色，「共產中國」的存在起了相當關鍵的作用。在韓戰結束的善後過程中，「韓國—美國—日本」在制度上形成了三角體制，也成為美國東北亞同盟戰略的基礎。[3]

東北亞冷戰的另一支軸線，是「北韓—中國—蘇聯」的北方三角體系。想理解北韓與中國的關係，需要先知道所謂「滿洲」的地區歷史。日本侵略中國後在一九三二年建立了滿洲國，當時的滿洲成了一處非一般國家的地帶。一九三〇年代的「東北經濟圈」是由「日本—朝鮮—中國」結合形成的經濟共同體。朝鮮與中國為了對抗日本軍，在政治及軍事上展開了共同鬥爭。金日成、崔庸健、金策等所參加的「東北抗日聯軍」雖然名義上是接受中國共產黨指揮，但其實是中國與朝鮮的聯合部隊。當時的經驗對於韓戰及戰後秩序都產生重要的影響。

不過社會主義陣營對東北亞區域戰略的看法也存在歧異。面對東北亞問題時的差異，從一九五一年啟動的停戰協議過程中即可見端倪。停戰會議過程中，共產方內部的三角關係，也就是北韓—中國—蘇聯之間的立場互異。史達林想在亞洲牽制住美國，所以反對停戰。他判斷，只要韓半島上的戰爭持續，就能牽制住美國，而且有利於蘇聯在歐洲擴大自己的影響力。中國雖然也認同停戰的必要性，但是多數國民黨戰俘表明想去台灣，拒絕被遣返中國，所以中國對戰俘遣返的協議便顯得態度消極。北韓則認為戰爭勝利幾乎無望，轟炸帶來的傷害日益劇烈，所以希望立即停戰。利害關係的差異也預告了一九五〇年代中蘇兩國的紛爭及北方三角體制的衝突。

踏上日內瓦之路

韓戰後形成的韓半島長期「冷戰」，是悲劇性「熱戰」所留下的傷口。戰爭的傷口過深，彼此的憎惡也難以消除。雖然戰後的韓半島快速朝冷戰發展，但也曾經一度站在岔路口。停戰協定的第四條六十項儼然像是一分為二的敵對海洋中出現的小渡船，可以做為擺脫冷戰之路的出口。協定的內容是「建議在停戰協定簽字並生效後的三個月內，分派代表召開雙方高層級政治會議，協商撤出韓半島上的所有外國軍隊及和平解決韓半島問題」。

各方對第四條六十項無法達成協議，所以保留做為日後處理的課題。停戰會議中各國對於外國軍隊撤退的看法差異過大。共產軍一方主張停戰，同時要求外國軍隊——也就是美軍和中共軍隊必須立即撤退；聯合國一方則是拒絕上述主張，認為停戰是軍事問題，但「撤軍」是政治問題，所以應當先協議停戰，日後再討論外國軍隊的撤退問題。雙方差異過大，要協議並不容易，加上當時雙方為了戰俘交換問題筋疲力竭，已經沒有餘力再行協商，所以把這個問題保留到雙方差異縫合後再討論。雖然雙方決定三個月內召開高層政治會議，但這是一個沒有約定的協議。當然雙方對政治會議的歧見，到戰後依然持續。

一九五三年十月二十六日起各方在板門店召開預備會議，準備討論第四條六十項的內容。共產軍和聯合國軍雖然見到面，卻又因為參加國的資格問題不歡而散，這場會面毫無成果。後來終於在一九五四年一月二十五日到二月十九日由美國、英國、法國、蘇聯等四國在柏林召開外長會議，再度討論這項議題，並在一番曲折後決議啟動會談。

當時四國外長會談的主要議題是德國與奧地利的問題，但是蘇聯外長莫洛托夫（Vyacheslav M. Molotov）提案召開會談，由包括中國在內的五大強國處理亞洲的緊張局勢。儘管美國的態度顯得消極，但是英國和法國都想積極出面解決亞洲的紛爭，所以最終還是決定開啟會談。會談場所在日內瓦，要解決亞洲的重點未決議題，也就是韓半島和中南半島。東北亞秩序的核心紛爭區域在韓半島，東南亞則是在中南半島。

一九五四年日內瓦會議召開時，世界正要進入冷戰秩序。日內瓦會議要處理兩個議題，也就是「韓國問題」和「中南半島問題」等亞洲冷戰秩序的核心要素。韓半島在戰後正式進入冷戰，越戰也在那時開打，從那時候起便相互牽動。一九六〇年代火熱的越戰直接影響到韓半島的冷戰。

對於「後韓戰體制」，日內瓦會議的參加國之間呈現出不同的戰略及利害關係。首先要選定參加國時，就已經產生對立。美國打算限制參加國範圍，蘇聯則強烈主張印度及中國必須參與。特別是印度的與會資格，更是引起美國與英國之間的嚴重外交衝突。英國打算讓印度參加，並想藉此推動中國加入聯合國，美國則是持強烈的反對立場，最後印度並未受到邀請。不過印度總理尼赫魯的親信——印度聯合國大使梅農（Krishna Menon）仍是去到日內瓦，在舞台外積極展開斡旋外交。4

各方最後達成協議，「韓國政治會談」將由四大強國（美國、蘇聯、英國、法國）出面邀請與會國，美國負責邀請在韓戰中派兵加入聯合國部隊的國家，蘇聯則決定邀請中國及北韓參加。以美國的立場來看，它並不想承認中國參與會談的資格，但蘇聯卻想將中國推上國際外交舞台，參加國的選定是妥協下的結果。美國雖然想邀請所有參加過聯合國部隊的十六國，但南非不想再介入韓國問題，所以最後由十五國參加。

韓國代表團是由首席代表卞榮泰外長、駐美大使梁裕燦、駐聯合國代表部大使林炳稷、法務部次長洪璡基所組成。北韓代表團則是由首席代表南日外務相、白南雲教育相、奇石福外務部副相、張春山外務部副相組成。會指派曾擔任教育相的白南雲參加，應該有考慮他的南韓出身背景。

各國對日內瓦會議所採取的會談策略，正好反映出自身的東北亞區域戰略。艾森豪政府在東北亞的戰略是封鎖中國，對日內瓦會議並不抱以期待。美國反對中國參加，會議期間也盡可能避免與中國直接對話。美國國務卿杜勒斯在日內瓦曾經拒絕與周恩來握手，周恩來認為此舉是一種「敵對感的象徵」，於是耿耿於懷。

蘇聯因為史達林死亡及赫魯雪夫上台，外交政策勢必改變。蘇聯判斷，如果再次爆發像韓戰規模一樣的戰爭，就國內政治來看，將不利於清算史達林遺留下來的體制，而且難以專注發展國內經濟。蘇聯準備日內瓦會議的同時，除了希望中南半島能維持穩定和平外，也想促成中國與美國的緊張關係緩和。在決定舉行日內瓦會議的柏林外長會議上，蘇聯有要求美國承認中國。

一九五四年的日內瓦會議幾經曲折後終於召開，各方面的意義也頗耐人尋味。這是停戰協議後第一次、也是最後一次討論韓半島統一問題的多方會談，更是大韓民國首度以主權國家身分參與的國際會議。此外，日內瓦會議也是國際政治史上一場有趣的會談，它是過去的世界強國——英國隱退的舞台，自此英國帝國的地位移轉到美國，世界形成了美蘇兩極體制。這場會議同時也是新契機，尚未被承認為國家的新生國家——中國，首次在國際外交舞台亮相。

日內瓦會議的成果難以期待，尤其是「韓國問題」，已經很難再往前踏出一步。戰爭留下的仇恨過深，彼此互不承認對方，這種情況下能達成什麼樣的協議？簡單來說，在會議開始之前，所有人已經預見這將是一場「註定失敗的會議」。會議從一九五四年四月二十六日開始進行到六月十五日，持續討論了五十多天，但仍如預期一般，未達成任何協議就落幕了。

這是一場與會國自始就不抱期待的會議，而且難有成果，不過還是有不少非預期的收穫。

將近兩個月期間，眾人討論了許多對韓國統一問題的各種想像。為了使「經歷戰爭的分裂國家」統一，大家提出了所有可能的方案相互討論，其中有和平體制的雛形，也討論了經濟合作的必要性，甚至提到包含半島中立化在內的各種統一方案。

日內瓦會議也顯示了東亞的冷戰秩序，尤其是「韓國問題」和「中南半島問題」的關係，值得加以注意。日內瓦會議並非只處理「韓國問題」，無論是中國或美國，抑或是英國或法國，對於繼「韓國問題」之後討論的「中南半島問題」更為重視。一九五四年五月七日正當討論「韓國問題」之際，法軍在奠邊府戰役中敗給了河內政府，法國為了保住面子想要退出，中國不希望狀況惡化，美國和蘇聯則是各自為了在中南半島的影響力互相較勁。

韓國可以延後處理，中南半島卻成了必須立即解決的現實問題。列強一邊思考如何介入「中南半島問題」，一邊參與討論「韓國問題」。也就是說，為了理解日內瓦會議中的「協商政治」，需要分析的反而是各國在「中南半島問題」上的協商策略。將包括東南亞在內的國際戰略脈絡加以整理，才能夠更正確地理解列強對東北亞的區域戰略。

第二節　和平共處論：中國的戰後構想

「我們在韓戰中失去太多東西了，現在不可能參加其他戰爭。」越南的胡志明在請求中國的支援時，周恩來斷然回答：「情況不允許。」中國在韓戰中的損失過大，中國希望尋求外部環境的安定。

中國的和平共處論

中國之所以積極參加日內瓦會議，想提高國際地位是原因之一，但其實國內因素更為重要。首先，中國必須集中氣力，以恢復韓戰期間延遲或緊縮的國內經濟發展。中國當時面對的首要政策課題，是穩定準備第一個五年計劃（一九五三至一九五七年），所以需要安定的外部環境。

中國提出「和平共處論」的背景也是如此。中國認知到韓戰後需要和平與他國共處，於是周恩來在一九五三年十二月與印度代表團會見時，發表了五項原則：一、尊重領土和主權完整；二、互不侵犯；三、互不干涉內政；四、平等互惠；五、和平共處。以上和平共處五原則成為日後中國對外政策的核心。

中國的和平共處戰略最重要的一點，是將美國與歐洲切割開來。當時美國不承認中國，也做出判斷，若對中國施加強大壓力，將可使中國與蘇聯的關係分裂。因此中國優先想做的就是改善與歐洲國家的關係，以藉此突破美國的封鎖網。歐洲國家為了二次世界大戰後的重建及國內經濟發展，需要與中國建立貿易關係，一九五〇年一月英國承認共產中國，也是因為經濟上的需求而主張讓中國參加日內瓦會議。當時英國與中國互派代辦，雙方一邊改善自鴉片戰爭後一直處於敵對的政治關係，同時增加貿易往來。

中國想藉美國與英國的立場差異趁虛而入。美國與英國的東亞冷戰戰略確實不同，美國當時已在評估要以軍事介入中南半島問題，而英國則憂心中南半島的緊張情勢，認為亞洲的穩定和平在戰後的全球秩序上具有高度重要性。所以英國主張讓印度參加日內瓦會議，也支持中國加入聯合國。用一句話來形容中國的日內瓦會談策略，就是以「和平共處論」來反擊「使亞洲人互相開打」的美國策略。

日內瓦會議是國際社會首次得以窺見中國對外策略的舞台。中國組成一個超過兩百人的代表團，還從中國直接帶昂貴的家具過去。對中國來說，在第一次的國際外交舞台上發光涉及到威信和面子，這件事和會談結論同等重要。周恩來在四月日內瓦會議召開時三度訪問蘇聯，務實地著手準備中國在國際舞台的首次亮相。

中國的協商策略及朝中合作

中國的日內瓦會談策略是「利用美、英、法對中南半島問題的歧見，引導出暫定的最終會議結論」。意即中國的目標在於「避免其成為一場毫無成果的會談」。中國認為有必要削弱美國孤立中國的政策，同時希望藉由強國間的會談，創造出解決國際問題的成功案例，因此盡全力想達成決議，使這次出席不至於空手而歸。

中國和北韓的會談策略立場雖有部分一致，但顯然也有差異。在韓戰後的時機點上，中國對北韓是存在影響力的。協議停戰時，中國人民志願軍駐北韓部隊有一百二十萬人，後來分批進行撤軍，一直到一九五八年為止完成撤軍。在停戰後非公開撤軍的約有十六個師團，公開撤軍的從一九五四年九月到十月間有七個師團共八萬七千八百九十四人、一九五五年三月和四月間有六個師團共五萬二千一百九十二人、一九五五年十月有五個師團共六萬三千二百五十七人。一九五八年最後階段撤軍當時，駐北韓的中國人民志願軍規模約為二十五萬人。

北韓與中國對日內瓦會議採取相互合作的策略。北韓動員大眾表明期待，並與中國緊密協商，以中國的提案為基礎修改自己的方案 。只不過朝中兩國對日內瓦會談的策略優先順位有所不同。中國的策略焦點不在於難以期待成果的「韓國問題」，而是在於有存亡利害關係的「中南半島問題」。在一九五四年四月二十八日周恩來寫給毛澤東的信裡，有清楚透露出中國的會談策略。他在信中判斷說：「朝鮮問題形成僵持局面，因美國不打算解決問題，法國對朝鮮問題又不發言，英國也表示不想發言。」另一方面又寫到「法國希望儘快討論中南半島問題。」中國希望至少在討論韓國問題的過程中，不要凸顯出與西方國家的根本立場差異。中國判斷，如果因為爭論激烈而導致會談無法進行，有可能會因而失去討論中南半島問題的機會。

北韓將日內瓦會議視為「戰爭的延長」，這點與中國不同。北韓派出大規模代表團，其中包含「外貌美麗」的五名「女性隨行人員」在內，並以日內瓦郊外的「豪華別墅」做為代表團總部。北韓的代表南日從會談一開始，就始終一貫地批判「美國帝國主義」。六月十五日閉幕那天，南日發言主張，外國軍隊同時撤出朝鮮、裁軍十萬人、締結南北和平協定、廢除《美韓共同防禦條約》、成立全朝鮮委員會推動南北交流，這是北韓在日內瓦會議期間所提案的大致內容。北韓的日內瓦會談策略只侷限在韓半島問題，但中國卻必須建立包含中南半島問題在內的整體會談策略。中國重視的是「韓國問題」討論過程後的結論，北韓卻想利用會談做為「政治宣傳的場合」。

北韓與中國在日內瓦會議中雖然密切合作，不過雙方的利害關係仍是存在差異。從停戰到一九五六年八月這段期間，雖然中國在軍事和經濟領域上對北韓有不小的影響力，不過中國重視雙方達成協議，勝於單方發揮影響力。對中國來說，北韓具有高度的戰略價值，正如所謂的

「唇齒相依」，兩國需要相互依存。因此戰後中國對北韓的影響力只有兩種選項，是「存在、但卻無法行使」或者「無法行使卻持續存在」。

北韓與中國漸行漸遠，關鍵出在一九五六年八月的朝鮮勞動黨中央全會，當時有部分黨員意圖推翻金日成的一人領導，建立集體的領導體制。這是受到批判史達林的主要推手赫魯雪夫所影響，而此時親中派也積極站出來想改變領導體系。北韓歷史上將這個事件稱為「八月宗派事件」。不過因為蘇聯與中國的施壓，事件中受到懲處的多數黨員得以在九月的中央全會時重新復出。北韓政權將九月的全會視為屈辱的記憶，日後所有的正式歷史均未再提及。北韓也以此次事件為契機，選擇了自主路線，同時為了切斷親中派的政治影響力，開始與中國疏遠。

中國在中南半島問題上的斡旋外交

以中國的立場而言，朝鮮問題與中南半島問題所佔的比重並不相同。由於有美國介入，中國無論如何都要阻止中南半島上引發新的戰爭。即便是討論朝鮮問題那段時間，中國依然為解決中南半島問題而積極奔走。

中南半島問題在日內瓦會議舉行期間遇到重大的轉折。法國在一九五四年五月七日奠邊府的最後一役中戰敗，法軍約有一千五百人死亡，四千多人受傷，一萬二千多人遭到俘虜。如同英國因為印度獨立而邁向帝國的黃昏一般，在奠邊府的另一個帝國——法國，也從歷史的舞台退場了。因為這場戰役敗北，法國總理拉尼埃（Joseph Laniel）下台，由孟戴斯（Pierre Mendès-France）組成新內閣。孟戴斯總理背水一戰提出承諾，要在七月二十日以前解決中南半島紛爭，否則就辭職下台。

中南半島情勢發生劇變，周恩來立即在日內瓦積極展開斡旋外交。除了與法國協商，準備找一個光榮撤軍的名義外，他也說服胡志明政府接受和平協定，以及努力尋求英國的支持。周恩來當時判斷，只要英國和法國願意支持中南半島和平協定，美國勢必也要接受。

朝鮮局勢的討論一結束，中國更加積極奔走。六月二十三日周恩來與孟戴斯總理在瑞士伯恩會面，為了能讓法軍光榮撤軍，孟戴斯總理提出了兩點條件，第一點是劃定越南的暫時分界，第二點是確保寮國及柬埔寨的自主權和中立。中國與蘇聯在協議之後，決定接受法國為了保住撤軍顏面而提出的要求，此時周恩來還必須說服越南的胡志明接受。七月三日周恩來在廣西省的柳州與胡志明會面，周恩來首先強調終結戰爭的重要性，同時向胡志明勸說，必須接受暫時的分裂以結束戰爭。

中國比蘇聯更積極介入中南半島問題。周恩來在回到日內瓦之前的七月十日訪問蘇聯，強調最好能在孟戴斯總理任內解決中南半島問題。周恩來認為，如果胡志明當權派提出了法國無法接受的要求，最後將導致美國介入，反而使得法國內部的好戰派得勢。

周恩來向胡志明強調，重點在於必須阻止美國介入戰爭。周恩來除了要求無條件釋放奠邊府所俘擄的八百五十八名法軍外，也同時對河內方面施壓。北越雖然不願妥協，想以武力完成統一，但因為當時亟需蘇聯與中國的奧援，所以難以拒絕社會主義強國的要求。

最後在七月二十一日，日內瓦會議的各方達成協議，內容包括中南半島立即停火，越南以北緯十七度線劃出分界，以及寮國和柬埔寨保持中立。中國在外交上取得勝利。日內瓦會議中關於中南半島問題的部分，中國在三種層面上得到達成最終協議的成果。第一是北越從寮國及柬埔寨撤軍；第二是說服胡志明這一方參加日內瓦和平會議；第三是建議並成功組成監督寮國與柬埔寨中立的「國際監察委員會」。

第三節　美國的戰後構想與韓美衝突

一九五四年的日內瓦會議是全球性的舞台，其中東北亞區域問題以及韓半島上的冷戰秩序都產生作用。當時的艾森豪政府與李承晚政府對《美韓共同防禦條約》、韓國兵力增加、東北亞冷戰秩序等問題的立場不盡相同。若想了解韓美之間的矛盾本質，除了韓美兩國對停戰的立場差異外，也要注意兩國在切入東北亞秩序議題時的看法差異。

艾森豪政府的新展望戰略

艾森豪政府前往日內瓦時，最優先想處理的事就是封鎖中國。雖然美國政府內部也有人表示要對中國採取彈性政策，但是這種主張在國內政治上卻難以展現。經過分析判斷後，政府認為，還是必須試圖與國會保守派維持關係，而且台灣已經啟動強烈的遊說，此外，若考量到要改善對蘇關係，對中國採取的強硬政策就能安撫國內的不滿，用來抵銷負面效應。

那時美國的國內政治尚未擺脫冷戰陰影，被視為「扭曲的反共主義」象徵的麥卡錫主義雖然已經接近尾聲，但仍是進行式，一般大眾對蘇聯和中國也還帶著敵視。艾森豪政府將蘇聯與中國的和平共處論定調為「共產主義的宣傳」。美國最早提出蘇聯威脅論的喬治・肯楠（George F. Kennan）則進一步解讀說：「『和平共處論』唯有當蘇聯放棄共產主義時才有可能成立。」

一九五三年四月十六日艾森豪總統舉行就職後的首次外交國安演說。他在「美國報業編輯協會」發表談話，要求「史達林死後的新領導者要用行動證明確實有想追求和平，而不是說說而已」，同時還列舉出蘇聯想改善關係時必須採取的幾項措施。艾森豪要求的條件多半是蘇聯難以接受的，像是釋放二次世界大戰戰俘、在韓半島舉行協商、解決奧地利狀況、東歐獨立、德國統一、停止在中南半島的直接與間接攻擊等等。就在日內瓦會議即將舉行的前夕，在一九五四年三月完成的《特別國家情報評估》（*Special National Intelligence Estimates*）文件中，有關單位針對美國的韓半島軍事戰略提出了建議，內容是「當共軍展開侵略時，可以採取包括核武在內的空襲以及陸海空聯合作戰，並封鎖中國沿岸」。

韓戰一結束，艾森豪政府立即面臨龐大的財政赤字。為了減少財政支出，國防經費勢必要縮減，如此一來就必須節制軍事介入。中南半島雖因法國撤退而出現空窗期，但美國並未積極介入的理由就是因為財政問題。即便如此，艾森豪政府在當時還是未因此選擇孤立主義，最後只好找出封鎖共產主義的便宜行事方案。

艾森豪政府在韓戰後推出新的冷戰策略——新展望（New Look）戰略，要展開這個策略，前提就是必須減少財政赤字。這項戰略不僅守住原則，不容許共產主義坐大，也兼顧現實，在封鎖共產主義的過程中不能讓資本主義經濟破產。根據戰略的具體內容，美國決定要加強中央情報局的海外活動、增加核子彈頭來取代並縮減傳統軍備、推動武器現代化以及在對外援助的財源上善用個人企業的參與。[5]

韓國問題與中南半島問題都與中國有密切關聯，若從這點來考量，美國對中國的無視或敵對戰略，只會讓協商的前景更為黯淡。最後，當日內瓦會議討論到韓國問題時，聯合國各方產生意見衝突，美國就急忙想結束協商，在中南半島和平協定完成的過程中也抱持著消極的態度。

日內瓦會議中，美國的戰略底限是避免亞洲同盟與歐洲同盟的破裂，這一點算是成功了。不過更重要的戰略目標——在中南半島確保與歐洲共同行動的基礎卻失敗了。至於日內瓦會議的結果——尤其是對中南半島和平協定，保守的共和黨議員嘲諷那是對共產主義的屈服。一九三八年，各國簽下《慕尼黑協定》以阻止戰爭為名而將捷克出賣給希特勒，共和黨議員發牢騷說，日內瓦會議就如同是「遠東的慕尼黑」。

參加日內瓦會議前的韓美矛盾

日內瓦會議的召開，是由列強所決定的，身為當事者的韓國連參與的想法都不敢想，而列強也不重視韓國的意見。在柏林外長會議裡，眾人決定召日內瓦會議的時間點，是韓國時間二月十九日凌晨三點，而美國向李承晚政府通知會議結果是在約十小時後的下午。

李承晚政府難以接受日內瓦會議。外務長官卜榮泰二月二十日說：「打算將武力無法解決的問題以政治會議來解決，這是過於依賴文字語言。」因此拒絕了日內瓦會議。李承晚總統依然主張北進統一，所以無法接受這種情況下的協商。

在會議的參與問題上，韓美間的矛盾大幅加深。美國完全不告知韓國日內瓦會議的準備過程，因為擔心如果事先讓韓國知道，會議可能會破局。在李承晚總統一九五四年三一節（譯註：韓國獨立運動紀念日）的紀念致詞裡，充滿了對所謂「強國們」的批判，因為它們一再重啟消耗性的政治會談。李承晚總統當時意不在日內瓦會議，而是想在《美韓共同防禦條約》的簽訂過程中，取得美方承諾，以韓方的軍事力量。李承晚總統在三月中旬向艾森豪總統提出參加日內瓦會議的交換條件，也就是美國必須對韓國的北進統一提供軍事援助，或是協助韓國軍事力量強化到一定程度。

一直到會議召開八天前仍拒絕參加會談的韓國，因為在與美國的協商過程中取得了美國的軍事援助承諾及有關會議運作的幾項保證，最後終於決定參加會談。李承晚總統在接受日內瓦會議的發表文中提到：「萬一會議失敗，希望美國能體認到與共產主義的協商是無用且危險的，並與南韓一同將共產主義趕出韓半島。」

從美國的立場來看，韓國必須參加會談，如果拒絕，艾森豪政府就必須獨自承擔失敗責任，畢竟那是「命運註定失敗的會議」，所以美國不得不順應李承晚總統的軍事援助要求。美國判斷，必須要這麼做，才能在日內瓦要求韓國協助，以及長期鞏固在韓半島的反共戰線。卞榮泰外務長官出發前往日內瓦時曾說：「心境就像在暗夜裡被一群冒失鬼拉出來那樣。」以此形容錯綜複雜的心情，同時覺悟地說：「雖然還是會去，但如果不順利，就會斷然拒絕，然後回來。」

美國計劃拔除李承晚

韓美兩國的衝突在停戰前已經到達顛峰。結束韓戰是艾森豪總統的主要競選承諾，也是美國國內多數輿論的期待。不過李承晚總統主張北進統一，反對停戰，並從單方面釋放「反共戰俘」，使最後一個爭論——「戰俘協議」橫生枝節，導致簽署協定的時程延遲。

即便是在《美韓共同防禦條約》的締結過程中，韓美的衝突也依然持續不斷。一九五三年十月一日簽署《美韓共同防禦條約》時，美國認真思考要如何防堵李承晚總統的單獨軍事行動。十月二十二日，美國國家安全會議以NSC—一六七號文件提出建議，當韓半島的停戰遭李承晚阻撓時，必須考慮撤出聯合國軍隊以及拔除李承晚等對應方案。

拔除李承晚的計劃，最早是在一九五二年「釜山政治風波」發生後的同年六月初，由柯林斯（Joseph L. Collins）陸軍參謀長提出討論。當時美國還完成了一份取代李承晚政權的過渡政權扶植方案。之後在簽署停戰協定前夕的一九五三年五月初，又再一次討論了「拔除李承晚」計劃。五月四日美國第八軍團司令泰勒（Maxwell D. Taylor）擬定了所謂的「常備計劃」（Plan Everready），要拘禁包括李承晚在內的政治人物，再宣布暫時由聯合國實施軍政。當然計劃的具體執行方針還不明確，反對意見也不少。當時美國高層判斷，由於尚無足以取代李承晚的政治勢力，若貿然執行計劃，反而會造成反效果。

從一九五四年九月中旬以後，一直到十一月十七日韓國最終同意《美韓共同防禦條約協議議事錄》前，兩國間的矛盾持續上演。此時美國仍在考慮更強硬的拔除行動，不僅要除掉李承晚，為了壓制韓軍北進，不惜轟炸韓軍彈藥補給路線及執行海上封鎖。當然這些還是僅止於計劃層次而已。

韓國與美國在共同防禦條約裡有共通的利害關係。就艾森豪政府的立場而言，需要與李承晚合作來政治性地解決韓戰問題；而對李承晚政府來說，也需要在法律上正式讓美國介入，以保障韓國的安全。美國認為《美韓共同防禦條約》是封鎖共產主義勢力的侵略威脅、同時也是斷絕李承晚北進統一意志的手段。

李承晚提議派兵至中南半島

李承晚政府對日內瓦會議抱持否定態度的原因有好幾個。不僅是對韓半島統一問題存在認知差異，對中南半島問題的解讀差異也有影響。李承晚政府認為，中南半島事件是擴大東亞反共陣營的機會，於是在一九五四年二月十二日由公報處長以特別說明正式確認，韓國政府為了支援法軍，將要求美國政府派韓國軍隊至中南半島。

李承晚總統在一九五三年十一月訪問台灣，當時即與蔣介石共同呼籲「亞洲自由國家」組織反共統一陣線。韓戰當時，李承晚的北進統一論與蔣介石的光復大陸論有相似的意圖和背景，雙方都有共同敵人——「共產中國」，又能互以對方做為與美國協商的手段。蔣介石舉韓國的北進統一論為依據，要求美國支援台灣收復中國大陸。

一九五三年十二月，李承晚政府派遣以白樂濬為團長的東南亞親善使節團出訪，透過這些外交活動，趁日內瓦會議召開前夕的一九五四年三月十八日聚集亞洲各國民族代表，舉辦由其號召組成的「亞洲人民反共聯盟」準備會議。接著六月十五日在鎮海召開正式成立大會，而那天正好是日內瓦會議的閉幕日。李承晚政府不僅對於在日內瓦的「韓國問題」協商沒什麼好說，就連對「中南半島問題」的解決也表現出強烈的反感。

李承晚之所以提議派兵中南半島，主要的理由是想參與美國的亞洲戰略，美國一度討論要介入中南半島，李承晚政府認為可以藉此提升韓國的戰略地位，同時也想串連韓半島與中南半島的反共陣線。他意圖爭取東亞反共陣線的主導權，強化韓國軍隊的兵力，並在這個過程中深化自己北進統一的根據。

李承晚提議派兵前往中南半島，也是為了有理由展現韓國與日本的區隔。李承晚政府對日本抱持強烈的反感，當時剛脫離殖民統治不久，還沒有跟日本清算殖民統治的功過，外交關係也處於未正常化的狀態。對於日本在東北亞戰略中所佔的地位與角色，韓美兩國各有不同的想法。只要一有機會，李承晚就會批判美國過度傾向日本的錯誤政策，並進一步要求修正。與美國簽署《美韓共同防禦條約》的同時，李承晚政府一邊主張防堵共產主義的侵略，一邊強調日本尚未放棄對韓國的野心。韓美兩國看待日本的戰略上差異，是一九五〇年代韓美關係的另一個矛盾變數。

日本雖然簽署了《美日安保條約》，在安保上依賴美國，但同時也想遏止「冷戰滲透到國內」，那是美國要求日本重新武裝而可能導致的結果，所以日本選擇了藉經濟成長來追求日本獨立與自尊的外交策略——也就是所謂的「吉田路線」。對此，艾森豪政府也憂心日本國內的反美意識高漲，恐導致日本宣示採取中立主義，於是對日本收回再軍備的要求，將政策轉向為以日本的政治、經濟安定為優先。

李承晚認為，若能提供美國軍事協助，或許可以稍加修正美國的親日路線，既然日本拒絕重新武裝，這個戰略就能呈現出兩國差異。不過艾森豪政府在評估過李承晚派兵中南半島的提議後，予以拒絕了。依據美國的判斷，韓國的派兵提議是想藉機獲取更多的美國軍事支援，而當時的時間點又是在美國決定軍事介入中南半島之前，因此美國提出理由：「美軍派遣至韓國的軍隊若再派到海外，就無法說服他人美軍駐韓的必要性了。」以此表示反對之意。

美國評估過韓國在韓、美、日三角同盟結構中的位置及角色，透過一九五一年的舊金山體系，美國判斷日本在東北亞反共戰線軸上的角色比韓國更為重要。不過因為李承晚政府抱持「日本警戒論」，所以不希望韓、美、日形成三角同盟。一九五〇年代韓日關係的不信任與緊張，致使美國所構思的東北亞戰略生變，韓、美、日三角同盟難以完美結合。

第四節　日內瓦的南北關係：相競提出統一方案

戰後的南北關係是「戰爭的延長」。李承晚政府反對停戰，即使停戰後也繼續主張北進統一，北韓的對南政策也一樣。南北韓互不承認，並將對方視為被吸收統一的對象。韓戰是內戰，也像國際戰爭，戰後的韓半島是列強政治角力的空間。一九五四年的日內瓦會議將韓半島的冷戰直接搬上國際舞台，南北韓的衝突在新舞台上繼續上演。

統一方案是消耗性的名分戰爭

用五十多天的時間討論「韓國問題」，絕不算短。一九五四年四月二十六日的第一次全體會議由泰國外長旺．威泰耶康親王（Prince Wan Waithayakon）主持，他說會議的目的是「要以和平方式建立統一的韓國」，不過日內瓦裡的南北韓關係並不和平。南北韓在韓戰中是以武力要統一對方，在日內瓦時就改用語言文字交火。雙方所主張的統一方案是戰爭的延長，也是未考慮可行性的名分戰爭。日內瓦會議預告了未來的發展，在往後長期不接觸的年代裡，雙方將繼續單方面競相表述自己立場。

四月二十七日南北韓雙方發表各自的統一方案，大致來看有三方面的差異。第一個差異是針對統一後的選舉範圍及方法。南韓的卞榮泰長官主張「北方地區要在聯合國監督下實施選舉」。因為南韓已經在聯合國監督下辦理了合法的選舉，所以希望擴大到北韓地區。這是「吸收統一」的主張，依人口比例選出國會議員，再將北韓地區選出的議員整合至大韓民國國會。

然而北韓的立場完全不同。外長南日主張「南北雙方應當由國會與社會團體代表組成全朝鮮委員會，制定選舉法，然後透過自由選舉建立統一政府」。北韓站在「民主基地論」（譯註：以北方為民主主義根據地）的立場，主張對自己有利的代表選出方式。南北韓雖然同樣主張以選舉建立統一政府，但是也都主張對各自有利的選舉方式。

第二個差異是對選舉監督機構的看法。韓美兩國都以聯合國的權威為優先，認為應當在聯合國監督下進行選舉。卞榮泰長官主張北韓也要接受「聯合國監督下的選舉」。不過北韓否認聯合國的權威，也不承認它的地位，而且主張在保障韓半島和平的過程中，基本上都應該由「周邊關心的國家」參與。關於選舉監督，中國的周恩來提議「由『未參戰的中立國』機構負起選舉責任」，北韓聽了之後立即表示同意。

第三個差異是外國軍隊的撤退方式。北韓與中國自始就主張「外國軍隊同步撤退」，不過韓美兩國卻主張「中共軍隊必須在選舉前撤退，部分聯合國軍隊則必須留守到統一時才撤離韓半島」。卞榮泰外長說：「派駐在大韓民國的聯合國軍和共產侵略軍隊的屬性不同。」他同時還比喻說：「主張聯合國軍隊與中共軍隊應該同時撤退，這就好像強盜在對警察說『如果你解除武力，我也會把武器丟掉』。」

四月二十八日美國國務卿杜勒斯也表達相同的立場。他解釋道：「聯合國軍隊回去必須長途跋涉，而中共基地不過是在幾哩之外，再度折返很快。」以此強調雙方撤軍必然有時間差。杜勒斯更進一步以一九五〇年十月七日聯合國大會的決議案為依據，主張「中共軍隊應從北韓撤退，由聯合國軍隊進駐北韓實施自由選舉，統一韓國」。回想一九五〇年九月十八日仁川登陸戰後，十月七日聯合國通過決議案，聯合國軍隊便有了法源依據，可以越過三十八度線統一韓半島。

會談進行當中，南韓不斷主張，北韓應在聯合國監督下實施自己的自由選舉，並強調先期條件，也就是中共軍隊必須在選前撤軍完畢。但是北韓對此的主張是「外國軍隊同時撤離以及南北韓同時舉行選舉」，立場差異甚大。雙方的主張有著一道難以越過、宛如三十八度線的屏障橫亙，皆是對方無法接受的單方面提案。

開放的討論舞台——日內瓦

由於韓美兩國與朝中兩國的立場差異過大，要透過對話來縮小差異實有困難，不過雙邊仍必須意識到其他參與國的存在。多方會談最重要的特徵，是參與國需要得到多數國家的支持，因此必須提出有十足說服力的合理方案。這是日內瓦會議的主要特徵，這一點不同於冷戰時期那些效果不彰的雙邊會談。

會議一邊進行，聯合國內部的立場差異也逐漸呈現。英國判斷，以當時的情況要討論韓半島統一，無異是「超越現實的理想」，因此主張需要找出符合現實的次佳對策——意即在韓半島持續分裂的基礎上，找出可以鞏固和平的方案。澳洲與紐西蘭等大英國協的國家立場與英國相同。澳洲外長提到，為使韓半島問題最終獲得解決，必要時希望大韓民國政府能同意南北韓各自舉行全面選舉；紐西蘭代表也發言指出能夠理解南韓的立場，但是為了解決與北韓之間的差異，希望南韓政府能夠讓步。大英國協國家甚至更進一步提出，原則上希望雙邊軍隊同時撤退，相反地，南韓則主張大選前中共軍隊應當撤退。

菲律賓代表的主張也引人注目。賈西亞（Carlos P. Garcia）對南韓代表團展開攻勢、集中質問，使其難以招架。美國對此的回應則看起來「不是在為自己國家的利益與立場辯護，而是對自己沒有機會能協調十六個國家的立場，心裡感到彆扭」。菲律賓代表提議：「由南北韓代表準備『憲法制訂會議』，研究統一方案。」由於南北韓的統一方案差異甚大，調整相當困難，所以各方提議建立最低限度的架構以持續討論。

聯合國內部的意見一出現歧異，美國就急忙想結束會談。美國政府帶著與韓半島統一有關的三項方案，前來參加日內瓦會議，內容包括吸收統一、透過一般選舉建立新的立法部和行政部，最後是舉行南北韓大選，選出組成政府的制憲議會代表。而美國認為具有現實可行性的是第二項方案。

最後經與美國協商，卞榮泰外長發表了十四項統一方案，包括南北韓在聯合國監督下，依當地人口比例實施自由選舉。當時以李承晚總統的顧問身分參加日內瓦會議的奧利佛（Robert Oliver）指出，總統並未接受此項方案。李承晚總統依然堅持，大選前必須履行「中共軍隊撤出」及「朝鮮傀儡軍隊撤出或投降」等條件。

奧利佛與卞榮泰外長在未得到總統的同意下發表這樣的提案，原因乃在於南韓可能會在國際上遭到孤立，所以決定至少先發表能說服聯合國內部的方案，之後再說服李承晚總統。這與既有的提案並沒有太大的不同，反正朝中兩國都不可能接受。不過卞榮泰外長卻在日內瓦會議結束之後就立即卸任。

一九五四年七月二十八日李承晚總統在美國國會演說，認為日內瓦會議已告失敗，所以應該宣布終止停戰，並提議動員韓國軍隊、台灣軍隊以及美國的海軍與空軍聯合攻擊，將中國趕出去。不過美國不想再次用武力介入韓半島。韓國與美國的立場差異，經常形成外交上的衝突。

日內瓦會議結束後，艾森豪政府終於接受李承晚的要求，簽訂《美韓共同防禦條約》，並增強韓國軍隊軍力。為了驅逐越共勢力，美國必須以軍事介入中南半島，但需要一個依據，以說明自己並沒有輕忽對韓半島的防禦義務。一九五四年在日內瓦，「韓國問題」與「中南半島問題」得同時處理，對美國也有影響。東南亞的危機越是惡化，對艾森豪政府來說李承晚政權的地位和價值就會提升。也就是說當東南亞一發生新的衝突，韓國就會浮現成為反共的象徵據點。

第五節　日內瓦會議後的東北亞冷戰秩序

一九五四年的日內瓦會議是東亞冷戰的舞台。日內瓦會議是國際社會第一次討論「韓國問題」，但也是最後一次。在這之後，韓半島的統一問題就未再成為多方會談的討論主題。經過日內瓦會議後，各國的東北亞戰略更為具體化。中國在第一次的多方外交舞台上扮演調解中南半島紛爭的角色，同時強化其國際地位。中國帶著這股自信感，從日內瓦會議後便以第三世界外交的重要行動者姿態登場。中國於一九五五年四月參加了由亞非地區二十九個新興獨立國參與的萬隆（Bandung）會議，並在發表和平共處五原則的過程裡扮演主導的角色。

美國在日內瓦會議之後更具體建構了東南亞及東北亞的冷戰秩序。東南亞透過「東南亞公約組織」（SEATO）建構了集體安保體制[6]；東北亞則是在韓日關係上發展出包括政治、經濟、軍事、文化的總體同盟關係，尤其在軍事領域還更進一步發展出韓、美、日三角關係。

日內瓦會議後的東北亞冷戰秩序發展得更為複雜，其中最重要的變數在於中蘇糾紛。歐洲傾向形成美蘇兩極體制，東北亞的社會主義陣營內部則正式分裂。毛澤東從一九五七年起開始批判蘇聯的和平共處路線，對外政策開始強調「與帝國主義的鬥爭」。這是毛針對一九五六年事件的反彈，當時赫魯雪夫趁蘇聯共產黨舉行第二十屆代表大會之時選擇去史達林路線、並在對外政策上高舉和平共處論。

中國的外交路線轉型與美中在東北亞的對立深化，也明顯表現在台海兩岸的軍事衝突上。一九五四至一九五五年，由中國的金門島砲戰掀起的第一次兩岸軍事衝突擴大，一九五八年中國又再挑起第二次的大規模砲戰。在台灣海峽，美中兩國軍事緊張升高，朝、中、蘇三角同盟也在這個過程中分裂了。中蘇糾紛情勢加劇，不過北韓並未支持任何一方，而是選擇了自主路線。

日內瓦會議並沒有緩和韓半島的冷戰對立。戰後各國的敵對感達到高峰，當然難有成果，這是一場註定失敗的會議，韓半島的統一方案完全沒有討論的可能性。

北韓代表南日的「六月十五日提案」——意即「南北兵力裁減至十萬以下以及組成委員會簽署南北政府和平協定」，被評價為是韓半島最早的和平政策方案。不過當時雙方對外國軍隊撤退的立場互不相容，北韓的提案也因此沒有實現的可能性。北韓日後就將南日的主張當成「和平攻勢」的重要依據。

如果在日內瓦會議討論的不是難有結論的統一方案，而是有現實需要的和平鞏固方案，結果又會是如何？對未來的希望，能彌合過去的傷口。如果在一九五〇年代就開始討論和平鞏固方案，那戰爭所留下的敵對意識就能緩和，日後的南北對話或許就會變得不同。搞不好在包括越戰的東亞三十年戰爭史中，韓半島就能在一觸即發的前哨全身而退。

在南北關係的歷史中，一九五〇年代是戰爭的延長，南北韓都把對彼此的敵對感當成戰後體制的依據。日內瓦會議是在冷戰門口偶然創造出來的機會，但是沒有人把它當成機會，只把它當成宣傳的空間。韓半島的一九五〇年代，簡要來說就是帶有「敵對關係」的「互不承認時代」。

第二章

對決的時代：一九六〇年代有限戰爭與普韋布洛號事件

一九六八年一月二十三日北韓魚雷艇（搭載魚雷的小型軍艦）朝元山港外海的美國情報船普韋布洛號（Pueblo）靠近，兩架北韓戰鬥機也在上空盤旋。普韋布洛號原本是載運糧食及補給品到南太平洋島嶼的貨輪，二次大戰後改造成情報船。船上有近半的船員是不曾出過海的新手，這也是剛晉升為船長的布克（Lloyd M. Bucher）第一次出航。一月五日從東京附近的橫須賀海軍基地出發時，布克船長曾經接獲指示說：「不管是什麼突發狀況，都絕不能使用武器。」這是高層基於韓半島的高風險情勢所做的指示，以避免提供任何引發戰端的藉口。

普韋布洛號沒有自我防禦的能力，也沒有足夠的設備可以銷毀通信竊聽到的機密文件，於是就在未能得到空中或鄰近軍艦保護的情況下，被拖到元山港。當時是韓國時間一月二十三日下午兩點十分左右，由金新朝等人「武裝游擊隊」發動的青瓦台襲擊事件（譯註：一九六八年一月二十一日發生三十一名北韓特種部隊人員越過軍事分界線，企圖入侵青瓦台行刺總統的事件。）才剛發生兩天。扣押美國軍艦有違常理。以非戰爭的和平時期來看，這是一八〇七年美國切薩皮克號（Chesapeake）向英國投降後，一百六十一年以來首見；若以戰爭時期來看，則是自南北戰爭期間——一八六三年一月梅寧萊特（Manning Light）號遭北方聯邦軍隊逮捕後，一百零五年以來的首樁事件。1

一九六八年是全球劇變的一年。一月三十日在越南由越南民族解放戰線與北越軍隊發動的「春節攻勢」，是越戰的轉捩點。美國動員了壓倒性的火力，對春節攻勢進行反擊。美軍在韓戰中雖然沒有戰敗，但卻開始在戰爭中顯露出可能敗戰的跡象。反越戰的巨大浪潮淹沒了美國和歐洲，社會主義陣營也開始經歷陣痛，蘇聯在那一年動用坦克，鎮壓象徵東歐民主化運動的「布拉格之春」。批判「現實社會主義墮落」的聲浪高漲，歐洲的「新左派」開始登場。

韓半島的一九六八年，是自韓戰以來最接近戰爭的一年。從一九六六年起軍事分界線（MDL）發生多次軍事衝突，還有像一二一事件（譯註：即前述『青瓦台襲擊事件』）之類的典型北韓游擊戰持續發生，在這種所謂「有限戰爭」的情勢下，又發生了普韋布洛號事件。美國詹森總統當時已在評估軍事對應方案，南韓的朴正熙總統也主張展開立即性的軍事報復，同樣地北韓也在進行戰爭的準備。不過第二次韓戰並沒有發生。到底是如何克制，才得以避免往「有限戰爭」、「全面戰爭」發展呢？

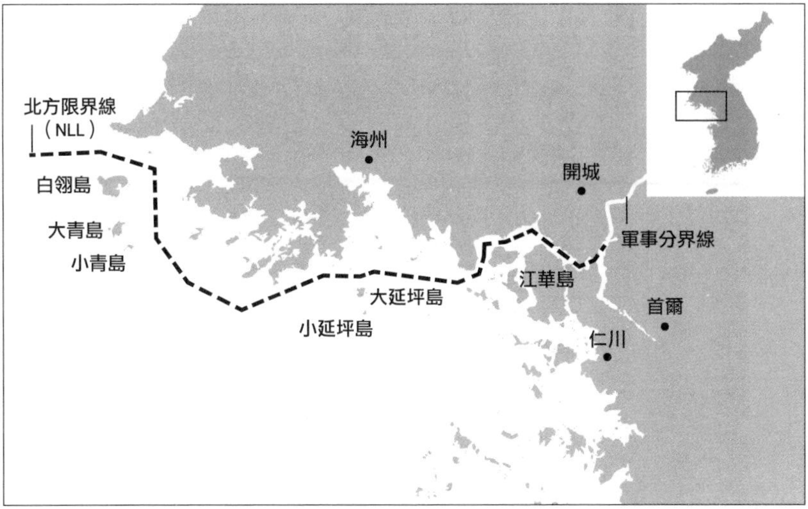
北方限界線
（NLL）
海州
開城
白翎島
大青島
小青島
軍事分界線
江華島
大延坪島
小延坪島
首爾
仁川

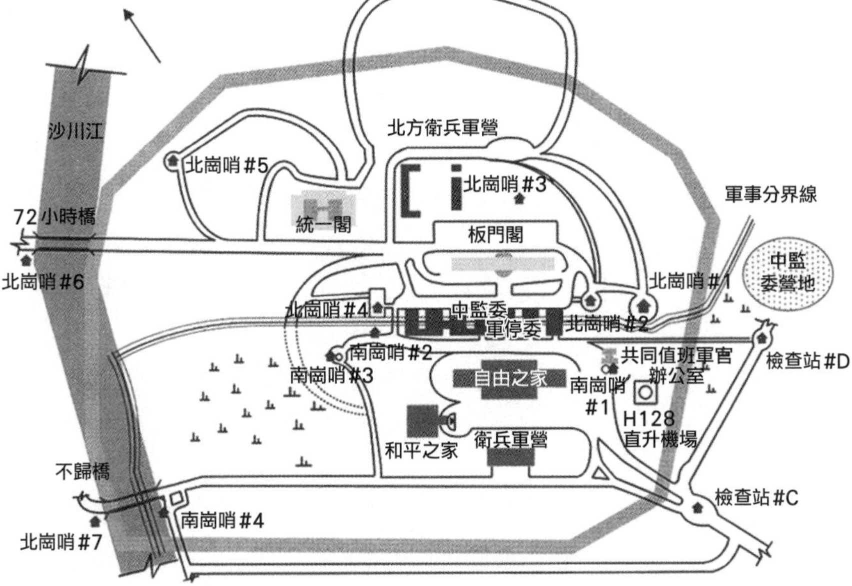
沙川江
北方衛兵軍營
北崗哨 #5
北崗哨 #3
軍事分界線
72 小時橋
統一閣
板門閣
中監委營地
北崗哨 #6
北崗哨 #1
北崗哨 #4
中監委
軍停委
北崗哨 #2
南崗哨 #2
共同值班軍官辦公室
檢查站 #D
南崗哨 #3
自由之家
南崗哨 #1
H128 直升機場
和平之家
衛兵軍營
不歸橋
檢查站 #C
南崗哨 #4
北崗哨 #7

第一節　南韓對北韓：「有限戰爭」的時代

關係改善或惡化並非一瞬間的事。有改善的過程，同樣一定也有惡化的過程。在這種時候可能會有一方的行動者扮演相對關鍵的角色，但畢竟一個巴掌拍不響，關係的狀態都是互動形成的結果。互相往來後關係惡化，惡化到一定程度就會產生衝突。一二一事件、普韋布洛號事件、蔚珍與三陟武裝間諜事件（譯註：一九六八年十月，一百三十名北韓武裝間諜潛入蔚珍和三陟地區殺害平民），都不是憑空發生，而是一九六〇年「對決的時代」所導致的結果。

從軍事衝突轉為有限戰爭

一九六二年北韓提出「四大軍事路線」——全民武裝化、全國要塞化、全軍幹部化、全軍現代化，簡而言之就是宣告成為「軍事國家」。中國與蘇聯的紛爭越演越烈，北韓從這些國家得到的援助減少，於是宣告「自主國防」。成為軍事國家需要動員人民，人民集結成眾後，就會傾注「不惜一戰」的激情。在這種國內政治背景下，「軍事冒險主義」開始登場。

北韓當時強調的是經濟與國防同時發展的「並進路線」。不過北韓的財政與資源有限，所以雖然把並進當成口號，但實踐起來卻有困難。如果增加對國防的投資，經濟上所分配到的就會減少。北韓為了克服資源不足的問題，就在經濟發展上強調以精神力量取代物質。像「千里馬運動」之類的群眾動員雖然在一九五〇年代已經開始，但卻是在進入一九六〇年後才形成制度。

強化國防對經濟帶來了負面影響。政府密集投資國防產業所需的金屬、機械、化學等重工業，就會減少投資與「人民生活」息息相關的輕工業。依照國防軍力強化方針，原本預計在一九六七年結束的第一個七年經濟計劃延遲了三年。

越戰打得火熱，韓半島的冷戰也動盪不安。軍事緊張升高，關於戰爭的討論再度出現，北韓領導階層開始公開強調「南朝鮮革命的重要性」。在一九六六年十月五日召開的「黨代表大會」裡，金日成提議「為了幫助越南人民，將派遣國際支援部隊」，並主張「即使會稍微調整人民經濟的發展速度，也要強化國防力量」。黨代表大會結束後，北韓在非武裝地帶（DMZ）全區發動多次的軍事性攻擊。

一九六六年在非武裝地帶共發生四十二次的武力衝突。那年冬天因為氣候寒冷，狀況稍微平靜，但是到了隔年又再度發生軍事衝突。一九六七年一月十九日南韓海軍的PCE－五六艦在東海遭到北韓軍用海岸砲攻擊後沈沒。到了夏天，軍事攻擊的規模擴大，頻率也更為增加。一九六七年北韓違反停戰協定的行為增加到五百四十三次，和一九六六年的五十件相比，增加的幅度超過十倍以上。一九六七年一整年當中，南韓有四十餘艘漁船遭到北韓扣押。

朴正熙政府也對北韓的軍事挑釁採取積極報復，以暴制暴的惡性循環隨時都可能升高。南北韓的軍事衝突經歷你來我往的過程，規模逐漸擴大，行動也更為果決。美國擔心朴正熙政府的軍事報復會引發戰爭，因為當時作戰控制權雖然掌握在美國主導的聯合國軍司令部手上，但朴正熙政府未與美國事前協商，就逕自越過軍事分界線進行報復作戰。一九六六年十月二十日聯合國軍司令官邦尼斯蒂爾（Charles H. Bonesteel III）和南韓國防長官金聖恩會面，同時警告說：「在詹森總統訪韓及聯合國討論韓國問題之前，韓國軍隊的軍事攻擊太過強烈，有可能在政治及外交上帶來我方不樂見的影響。」邦尼斯蒂爾司令官又在兩天後的二十二日對參謀總長金桂元提出同樣的警告。二十六日韓國軍向北韓軍發動突襲攻擊，射殺了三十多名北韓軍，並將此事告知美方。邦尼斯蒂爾司令官下令指示：「調查韓國軍是否越過了非武裝地帶的北方警戒區。」十月三十一日詹森總統訪問南韓，在之後的十一月二日凌晨，北韓軍對南韓軍的奇襲展開報復攻擊，有七名美軍及一名南韓軍死亡。

一九六七年南北韓的相互報復依然持續不斷。北韓的攻擊次數增加，南韓軍也積極還擊。一九六七年十月二十六日到十二月間，南韓軍共發動十一次的報復攻擊。十一月南韓軍攻擊破壞人民軍師團本部，當時南韓攻擊部隊毫髮無傷歸來。邦尼斯蒂爾司令官持續警告說，南韓的單獨行動將招致危險。一九六八年一月二十一日北韓武裝游擊隊攻擊青瓦台，美國即判斷此為「北韓對南韓軍的滲透所做的報復」。

一九六六年開始白熱化的南北韓軍事衝突可稱之為「有限戰爭」。即便是在北韓與美國為解決普韋布洛號事件而在板門店非公開協商期間，南北韓的有限戰爭依然持續進行。一九六八年四月十四日到二十八日間在軍事分界線發生了衝突，有九名聯合國軍死亡。進入五月後衝突雖然趨於緩和，但卻接連發生北韓企圖攪亂後方的游擊戰。像是十一月二日北韓武裝間諜船在蔚珍上岸散發傳單，流通大量的偽造紙幣等等，這一類游擊戰已經擴大至後方地區。

南北韓的「有限戰爭」提供契機，雙方藉此各自強化國內的對決體制。北韓營造戰爭氛圍，使軍事國家體制更為強化；南韓的反共體制也在回應北韓挑釁的過程中更有制度——像是一九六八年一月二十二日南韓成立「對間諜對策本部」，二月中旬國防部將陸軍服役期間從三十個月延長至三十六個月、海軍服役期間從三十六個月延長至四十二個月，並在四月一日創立鄉土預備軍。2

五月十日《住民登錄法》修正，發給十八歲以上的居民住民登錄證。實施住民登錄的理由是南韓必須辨識潛入的間諜、強化安保，它就是一九六八年的產物。政府製造輿論，同樣地輿論也會影響政府的政策決定。帶著情緒觀看並回應普韋布洛號事件的不是只有朴正熙政府，在該事件協商期間，韓國也有強硬輿論出現，要求美國得採取軍事回應。

北韓的戰爭準備和普韋布洛號扣押事件

襲擊青瓦台的一二一事件可說是延長了一九六六年開始發動的南北韓有限戰爭。美國CIA局長赫姆斯（Richard Helms）認為，北韓至少花了兩個月以上的時間準備一二一事件。那麼，扣押普韋布洛號是北韓有意圖的策劃嗎？

在普韋布洛號航行前，北韓還無法策劃扣押船艦，所以很難評論扣押是否經過長久的準備。美國懷疑，北韓為了支援越戰而打算在韓半島組織可以對美掣肘的「第二戰線」，實際上北韓當時雖然派遣戰鬥機飛行員前往北越，並予以支援物資，但還是難以據此認為北韓扣押美方船艦是事前與蘇聯或北越串連策劃的。

普韋布洛號扣押事件是韓半島情勢緊張下的產物。北韓從一九六八年初起正式導入作戰準備，依據當時駐平壤的波蘭外交官告知羅馬尼亞大使館的情報：「從一月十日到十二日，北韓軍與勞農赤衛隊在北韓的南部地區進行軍事訓練；從二十二日到二十三日之間，大部分的部隊和勞農赤衛隊從平壤地區出發前往南部地區。」

普韋布洛號事件的發生，使韓半島的情勢更為惡化，北韓內部的戰爭氛圍大為高漲。從北韓國內宣傳的角度來看，一二一事件與普韋布洛號各有不同用途。北韓報導說，一二一事件是潛入南韓內部的武裝游擊隊所為[3]，不過卻宣傳說普韋布洛號是被北韓軍親自扣押，所以兩件事對人民所及的影響也不同。自普韋布洛號事件之後，北韓便開始強調美國軍事報復的可能性。

北韓政府將平壤居民遷移至鄰近的農村地區，然後關閉所有學校。二月下旬有一名北韓女性跑來東德大使館，說自己的丈夫在平壤失蹤，詢問如果發生戰爭，是否能將她和孩子送到東德。二月下旬有外務省局長層級的人士來到大使館群聚的外交使館園區，說明「目前的情勢隨時都可能發生戰爭，而戰爭爆發的時間點是由美國決定」，同時勸告使館人員也要準備地下避難處。中央機關的各種文件、國立圖書館與大學的重要文件、主要工廠的機械設備，也都開始搬往平壤城外。

在北韓營造的戰爭氛圍下，當時美國的情報單位卻做了冷處理，判斷北韓並無能力發動全面戰爭。儘管北韓在非武裝地帶的軍事挑釁及游擊戰活動增加，但美軍推測，全面戰爭一旦引發，北韓也很清楚駐韓美軍一定會介入。美國的ＣＩＡ則從「沒有進口糧食或醫療藥品，貿易規模不變」這點來評估，判斷「沒有證據顯示北韓正在準備戰爭」。美國認為北韓營造戰爭氛圍只是為了進行國內宣傳。

從南北韓的軍事力量也可看出，北韓缺乏足以持續進攻六個月以上的能力，如果沒有外部支援，北韓明顯處於劣勢。依據美國的情報判斷：「北韓軍雖有三十四萬五千員可以投入戰鬥準備，但是除了狙擊槍或火箭外，大部分持有的都是二次世界大戰當時的蘇聯製武器，規模可以持續約一個月的攻擊。相較之下，南韓軍有五十三萬二千名——海軍三萬一千五百名，其中有五萬人打過越戰，只不過大部分裝備老舊，所以也不足以久戰。」

不過軍事緊張與戰爭爆發的可能性是兩回事，不只是在陸地，在海上的緊張情勢也開始升高。一月六日平壤的電台放送批判之聲：「在東海有許多美國船隻挑釁。」十一日又宣稱：「偽裝成漁船的美國偵察艦在東海挑釁。」還有在二十日軍事停戰委員會第二百六十次會議中，北韓抨擊美國的偵察艦違反停戰協定，同時也警告說未來如果再違反，「將採取包含砲擊在內的對應措施」。值得注意的是，這裡已經預告了北韓將採取包括在海上扣押船隻在內的軍事行為。

那麼，扣押普韋布洛號到底是何時做出的決定？普韋布洛號在日本的佐世保港停留了兩天，一月十一日凌晨六時出發，十三日左右到達元山外海。船隻繼續北上，一直駛到蘇聯的濱海邊疆區，然後再沿著原來的路徑南下。十五日停在清津港附近，白天在距離北韓海岸十三哩到十六哩處、晚上在距離二十五哩到三十哩處航行。從普韋布洛號抵達元山外海後開始北上的十三日起，一直到被扣押的二十三日為止，北韓極有可能已在追蹤監控船隻的航行路徑。二十三日的扣押不可能是現場偶發性的決定，而且行動也一定有得到高層的指示。

第二節　北韓對中國：戰略考量與關係復原

為了與中蘇紛爭保持距離，一九六〇年代北韓開始主張「自主路線」。朝中關係從一九五〇年代後半開始分裂，一九六〇年代初期稍有恢復，但中期又因為兩國對越戰的認知差異而再度分裂惡化。一九六六年北韓批判中國對越戰的態度過於消極，將中國歸為教條主義。中國的文化大革命使朝中關係更加惡化，紅衛兵從一九六五年開始批判北韓的領導是「修正主義者」，一九六七年左右還以大字報直接批判金日成。一九六七年北韓驅逐中國駐平壤大使，並召回北韓的駐中國大使。

一九六八年紅衛兵持續批判北韓領導階層，兩國邊界的緊張情勢升高。那年夏天訪問朝中邊界的古巴外交官說：「鴨綠江兩岸一天當中會有十到十二小時的時間，聽到雙方互相批判的口號及廣播。」有趣的是雖然雙方互相謾罵，但「北韓和中國的勞動者還是一起修理水力發電廠」。

古巴外交官目擊的景象，代表了朝中關係的雙重特性。即使中央政府在立場上關係惡化，但是在共同邊境的鴨綠江，雙方仍然可以持續生產與共用電力等邊境的交流合作。紅衛兵清算延邊朝鮮族自治州的領導者，有一部分中國人和朝鮮族因此逃到北韓避難，不過在圖們江和鴨綠江之間的親屬交流仍是接續不斷。北韓與中國的政府關係會隨著戰略考量而時好時壞，但是在圖們江和鴨綠江的邊境，卻長久維持著血緣共同體和經濟共同體的型態。

普韋布洛號事件發生時，北韓與中國之間的關係正在惡化。不過在普韋布洛號事件發生後，韓半島的軍事緊張升高，兩國的關係也開始起了變化。一名匈牙利外交官表示，當二月韓半島軍事緊張升高後，中國的周恩來就寫信給金日成，信中提到：「讓我們忘掉過去的不信任，使兩國關係正常化，恢復傳統的友好關係。」同時還說：「中國人民已做好全力支援朝鮮人民的準備」。

匈牙利外交官遇到的中國駐平壤代理大使王彭也清楚表明了立場。王彭說：「一九六八年的朝中貿易較前一年有成長，韓半島若是發生戰爭，中國將會全力支援北韓。」朝中兩國的正式關係原本相當冷淡，中國甚至沒有派遣代表團參加一九六八年十月北韓建國二十週年的活動。不過在普韋布洛號事件之後，兩國開始暗中奔走往來。從這一點可以確認到，兩國感到彼此互不順眼，但是戰略上卻又同時需要對方。

第三節　蘇聯對北韓：尋求局勢緩和的外交策略

蘇聯的角色與中國不同。蘇聯擔憂韓半島局勢惡化，並對北韓刻意誇大戰爭氛圍表示批判。蘇聯無法扮演好美國所期待的角色，但卻能適當地活用自己的影響力，努力追求韓半島局勢的緩和。

美國對朝蘇關係的誤解

北韓扣押普韋布洛號時，美國政府最先採取的行動是去敲蘇聯的大門。美國向蘇聯傳達訊息說：「希望聯繫北韓，要他們治療受傷的船員，並將船隻交回。」不過一月二十三日那天，當派駐莫斯科的美國大使湯普森（Llewellyn Thompson）拜訪蘇聯外交部，請求蘇聯向北韓施壓時，對方卻回答說「北韓也是獨立的國家」，無法代為轉達美國的訊息。蘇聯說自己與此事件毫無關係，還勸告「美國政府應當直接與北韓對話」。

一月二十五日詹森總統再次對蘇聯的柯錫金總理（Aleksei N. Kosygin）傳達訊息，表示不樂見韓半島地區軍事緊張升高。柯錫金回應說：「一切責任在於美國侵犯他國領海與從事軍事活動。」不過，「蘇聯希望能盡速解決，為此美國應當尊重北韓的主權與獨立。」

美國之所以會尋求蘇聯協助，一方面是對於蘇聯的影響力評價過高，另一方面是因為美國懷疑，普韋布洛號事件是由北韓與蘇聯聯手策劃的。普韋布洛號發生後，國防部長麥納瑪拉（Robert S. McNamara）在一次會議上發表評論：「這次事件是經過事前策劃，且蘇聯已知情。」湯普森大使向蘇聯告知船艦遭扣押時，蘇聯當場就表明了立場，他認為這就是證據。他懷疑因為蘇聯事前知情，所以能即時發表「經過整理的立場」。

由於蘇聯在越南問題中對美國施壓，而且意圖組成第二戰線，所以美國國務卿魯斯克（David D. Rusk）也認為蘇聯對船艦扣押事件事先知情。根據CIA局長赫姆斯的分析：「蘇聯阻止韓國參加越戰，又在越南對美國牽制掣肘。」因此，「北韓與蘇聯共同策劃的可能性是存在的」。[4]

白宮國家安全顧問羅斯托（Walt Rostow）更是極度懷疑蘇聯的清白。他剖析認為：「蘇聯對北韓的影響力大，而且會對普韋布洛號的裝備感到興趣。」也因此羅斯托建議南韓扣押當時航行到勇往號航空母艦附近的蘇聯水文觀測研究船，採取「以牙還牙」的方式報復蘇聯。在一月二十五日的會議上，羅斯托推測飛往莫斯科的北韓飛機可能載有從普韋布洛號上扣押的裝備。他再次強調，這可視為蘇聯介入的證據。

不過美國的情報判斷與事實相違，所依據的都是因偏見而產生的錯覺。蘇聯對於一二一事件及普韋布洛號扣押事件完全不知情。一月二十四日北韓外務副相金泰奉（Kim Tae Bong，音譯）告訴派駐平壤的蘇聯大使：「美國船隻侵犯北韓領海，所以扣押。」當時柯錫金總理對派駐莫斯科的北韓大使說：「能理解北韓所處的狀況，但是不清楚北韓有什麼計劃，未來打算怎麼做，所以國際社會也很難幫上忙。」柯錫金說一二一事件或普韋布洛號都是「透過媒體才知悉」，並對此表達不滿。

北韓和蘇聯之間的關係與美國所分析的不同。對蘇聯來說，北韓的戰略價值確實重要。中蘇關係轉趨惡化後，蘇聯開始想積極加強與中國周邊國家的關係，於是擴大對北韓、北越、蒙古的軍事與經濟援助。蘇聯對北韓的援助在一九六五年到一九六八年之間就有明顯增加。趁著文化大革命所導致的朝中關係惡化之際，蘇聯見縫插針，意圖與北韓發展更進一步的關係。

不過蘇聯與北韓對東北亞區域秩序的看法，顯然存在差異。北韓並不同意蘇聯的和平共處論，強調的是與「美國帝國主義」的鬥爭。一月二十五日駐平壤的阿拉伯聯合共和國大使向外務副相許錟詢問：「聽說美國拜託蘇聯對北韓施壓，要求歸還普韋布洛號及船員，這個消息是真的嗎？」當時許錟斷然回答說：「這個問題不容許第三者介入。」同時提到，如果有人請託，「將會視為是干涉朝鮮民主主義人民共和國的內政」。

蘇聯自始就對北韓扣押普韋布洛號一事保持批判。根據駐蘇聯匈牙利大使的說法，北韓曾表示：「普韋布洛號侵犯領海，詢問國籍時船上人員又不回答，而且未懸掛國旗及旗幟，所以扣押。」蘇聯方面卻主張說：「關於海洋航行，根據一九五八年的《日內瓦海洋法公約》第二十三條規定，軍艦和民間船舶不同，侵犯領海時應該以立即驅逐至領海外為原則，而非予以扣押。」蘇聯向北韓傳達了立場，認為扣押軍艦係屬例外、且在國際法上屬於過當之處置。

蘇聯為緩和緊張所扮演的角色

一九六〇年代的蘇聯和北韓關係與史達林時期不同。赫魯雪夫上台後兩國經歷過矛盾衝突，北韓在中蘇關係惡化後開始追求相對自主性。蘇聯無法在政治上對北韓施壓，但北韓卻不能無視於蘇聯的立場。蘇聯在聯合國裡聲援北韓的立場，並在軍事與經濟領域提供最多的援助。

蘇聯顯然反對北韓的軍事冒險主義。北韓的金日成首相在一月三十一日寫信給柯錫金總理，信中要求：「當朝鮮發生戰爭時，蘇聯必須毫不遲疑地動員軍事援助等一切手段。」一九六一年七月的《朝蘇友好合作互助條約》第二條就詳細記載了所謂「自動介入條款」——意即：「當締約任何一方遭受任何國家侵略時，雙方有義務共同採取一切措施，以防止遭受侵略。」

蘇聯共產黨政治局相當重視這封信。一九六一年締結條約當時，共產黨書記長赫魯雪夫曾經強調這是非攻擊性的防禦性條約。對於金日成的信，蘇聯決定以清楚而具體的方式傳達蘇聯的憂慮。共產黨總書記布里茲涅夫（Leonid I. Brezhnev）直接要求金日成首相訪問蘇聯。北韓回應：「以目前局勢，國家不可空著無人，所以會派民族保衛相金昌奉參加蘇聯建軍五十週年紀念儀式。」[5]

蘇聯的想法是先平息北韓境內的戰爭氣氛。二月二十五日金昌奉訪問莫斯科時，布里茲涅夫雖然尊重北韓在當前局勢下的軍事強化政策，但是也清楚提到：「朝蘇友好條約屬於防禦性質，蘇聯希望南北韓統一，反對在任何情況下發動戰爭行為。」同時附帶補充：「無法理解最近發生的平壤居民移居農村等各種戰爭準備。」

布里茲涅夫與金昌奉會面之後，北韓外務省發表聲明說：「朝鮮的和平統一政策沒有改變。」針對蘇聯「為何想開戰」的質疑，北韓則回答：「沒有那樣的意圖。」三月一日金日成接見駐平壤蘇聯大使蘇達利克夫（Nikolai G. Sudarikov），對布里茲涅夫總書記與金昌奉會面一事表示感謝，並強調「我們沒有理由要營造戰爭的氣氛」。之後，北韓的主要媒體對於戰爭氣氛的報導有所節制，北韓政府也停止過度的動員措施。四月一日金日成對蘇達利克夫大使說自己「沒有堅持要開戰」。蘇聯明確表達反對戰爭的立場，確實影響了北韓的決定。

第四節　北韓對美國：板門店協商

為了使普韋布洛號的船員獲得釋放，北韓與美國在板門店啟動協商，這是可以一窺冷戰時期南北韓與美國三角關係惡性循環的象徵性事例。南韓、北韓與美國的關係，是由三種雙方關係所形成，也就是南北韓、韓美與美朝三種關係。在南北韓關係緊張的情勢下要進行朝美對話時，韓美關係往往就會因為對北政策的差異而衍生衝突。

南北韓關係經歷了「有限戰爭」，北韓和美國在這種情況下進行板門店協議，最終也導致了韓美關係惡化。美國決定與北韓進行協商一事，朴正熙政府強烈批判，要求將祕密會談改為公開會談，同時極力強調，不排除獨自發起報復式攻擊。韓國的強烈反彈影響了美國的戰略，詹森政府在板門店會談時不得不顧及朴正熙政府的態度。

另一方面，板門店協議也是人質談判的經典案例。在美國的外交史上，針對個別人質釋放的談判案例不勝枚舉。在冷戰時期發生的人質事件常因當時執政者的政治判斷及與對象國的「關係屬性」，而有不同的解決方式。以韓半島來說，在普韋布洛號扣押事件發生之前就曾經發生美國偵察機或運輸機越過軍事分界線在北韓迫降的情況，也有透過談判遣返駕駛的前例。尤其在一九六三年，美國直升機在軍事分界線以北迫降，經過一年多談判機師才被遣返，此案例更是對一九六八年的普韋布洛號船員釋放談判產生直接的影響。

從經驗中記取教訓的詹森總統

普韋布洛號事件發生當時，詹森總統一開始就努力嘗試從過去的事例中尋找教訓。一九六二年古巴飛彈危機與一九六四年東京灣事件的處理過程，足以用來進行類比推論，「比較類似經驗然後導出結論」，所以有一定的影響。詹森在古巴飛彈危機發生當時任職副總統，具有「危機管理領導」經驗，詹森政府的外交安保官員也都有參與當時決策的經驗。

緊急啟動「東京灣決議案」的經驗，也起了關鍵的作用。一九六四年八月二日美國驅逐艦馬達克斯號（Maddox）在北越沿海進行情資蒐集活動時，遭到北越魚雷艇攻擊，兩天後又再度受到攻擊，詹森政府因此決定採行軍事回應，根據「東京灣決議案」轟炸北越，越戰正式開打。當時的馬達克斯號與普韋布洛號一樣，都是在蒐集通信情報，同樣也遭受魚雷艇攻擊。不過實際上馬達克斯並未受到第二次攻擊，事後軍方澄清那是經驗不足的雷達兵誤判。那時大量回傳至白宮的現場情資有不少相反而矛盾的內容。

詹森總統對於因倉促判斷而高度介入越戰一事，感到後悔。普韋布洛號事件發生時，他要求情報資訊要正確，對應要慎重，理由就是不想重蹈一九六四年誤判的覆轍。詹森多次詢問，普韋布洛號是否真有侵犯北韓的領海。

普韋布洛號遭扣押後，美國國內要求以軍事回應的輿論高漲。包括艾森豪總統在內，尼克森等多數參議員都促求以軍事手段解決。事件發生後，當時的加州州長隆納．雷根還主張：「北韓若不在二十四小時內釋放船隻，美國就應當出動軍艦營救。」

在詹森總統所主持的國家安全會議上，國家安全顧問羅斯托或軍方也不斷討論設置水雷、封鎖海域、扣押北韓船隻等各種軍事對應方案。不過詹森總統從事件發生後就不考慮採取軍事行動。在一月二十五日早上的會議裡詹森轉達了駐蘇聯大使湯普森所說的話，湯普森說：「當對手誇示自身力量時，共產主義者會有隨時反擊的傾向。」詹森認為，眼前美國已深陷越戰的混亂之中，亞洲地區不能再另闢一個戰線。

午餐會議時，詹森總統同樣在聽了各種對應方案後反問說：「我想知道的是要如何使船隻及船員獲得遣返回國？」國務院副國務卿卡心白（Nicholas D. Katzenbach）說：「唯一的方法，就是透過外交管道對話。」國務卿魯斯克呼應說：「而且也找不到北韓船隻可以做為報復對象。」CIA局長還傳達了某位高層脫北者（脫離北韓的住民）的推測，他曾在北韓媒體機構工作，認為：「北韓大可利用這個事件，以人道為由釋放船隻。」詹森總統也異口同聲說：「波特（William J. Porter）大使也這麼說。」接替麥納瑪拉就任新國防部長的柯立福（Clark

Clifford）更是坦率地說：「雖然對船隻及八十三位船員感到抱歉，但我不認為值得再打一次韓戰。」

那天傍晚有關人士再度召開有總統出席的會議。這次眾人稍做整理，盤點了軍事對應方案。首先參謀長聯席會議主席惠勒（Earle Wheeler）將軍列出幾種等同於軍事手段的對應方案，像是：一、削弱北韓空軍，然後在元山港設置水雷；二、在其他港口也設置水雷；三、切斷海路運輸；四、轟炸北韓的特定目標；五、扣押北韓船隻後互相交換等等。國防部次長尼茲（Paul Nitze）追加方案，提議派遣驅逐艦到扣押地點搜索，北韓若是輕取妄動就予以報復。不過柯立福再次強調「唯一的目的是要安全救出船隻和船員」，這點必須銘記在心。

在普韋布洛號遭扣押後的一月二十四日及二十五日會議上，詹森總統想知道的是正確的情報。與會者將可行方案區分為軍事和外交兩種領域，然後針對各項方案具體評估可行性和成效。一直到二月二日與北韓開啟板門店會談時為止，這段期間官員隨時都會召開由總統親自出席的會議，這個模式是受到一九六二年古巴飛彈危機經驗的影響。國家安全會議的與會者分享當時的經驗，依照部門別提出多種意見，進行自由討論，同時沙盤推演細節上的可行性，將決策選擇範圍逐一收斂。詹森總統宛如一九六二年的甘迺迪總統，引領眾人自然而然地討論，並主導最終的決策。

幾個月後，當板門店協商陷入膠著時也是相同情況。人質事件難以處理，時日一久，除了外交途徑外，輿論要求採用軍事對應的聲浪會隨之提高。一九六八年九月有百分之七十八點六的美國國民表示，應該使用武力以求人質獲釋。不過因為詹森沒有連任壓力，所以不需要顧慮輿論壓力。對放棄競選連任的詹森總統而言，已經缺乏動機，不須再藉由強勢回應來達成「政治凝聚」（Rally round the Flag）效果，在決定如何處理普韋布洛號事件時，這一點成為關鍵的變數。

北韓與美國的雙邊會議成功過程

詹森總統一月二十六日對駐日內瓦美國大使指示要善用國際紅十字會，由該會與北韓方面接觸，探視船員的狀況，並要求立即釋放船員。國際紅十字會那天下午要求北韓提供相關資訊，隔天之後又幾度探詢。不過北韓只提供了一篇攻擊帝國主義的北韓報紙社論影本，除此之外沒有任何回應。

美國在事件發生後向北韓表達了美方的立場。普韋布洛號被扣押一天後的一月二十四日，軍事停戰委員會在板門店召開第二百六十一次正式會議，聯合國軍司令部首席代表史密斯（John V. Smith）海軍少將在會議中主張：「北韓應該歸還普韋布洛號船隻及釋放所有船員，並針對不法扣押行為向美國政府道歉。」史密斯少將同時清楚表明：「北韓如果無視於停戰協定與國際法而持續挑釁，和平將因此面臨危機，北韓必須對由此所招致的一切後果負責。」

有一點值得注意，當史密斯少將把包含自己發言在內的文件轉達給北韓代表朴重國少將時，就可以看出美國政府要以什麼形式把警告傳達給北韓政府。曾在板門店擔任通譯將校的李文恒將文件解讀為「明確向北韓表示，要以美國與北韓——即政府對政府的談判來主導此事」。

過去聯合國軍司令部的直升機或飛機侵犯北韓領空而遭擊落時，是透過軍事停戰委員會進行協商，北韓也曾經考慮要比照這個模式處理普韋布洛號事件。不過美國既然已經先提議要進行朝美雙邊協商，北韓自然沒有理由反對。一月二十七日傍晚，軍事停戰委員會北韓代表朴重國與中立國監督委員會共產黨方——波蘭及捷克的代表會面，請他們向西方國家的瑞士及瑞典傳達北韓的立場，也就是將自己的立場透過間接管道告知美國。北韓的立場是「美國若想以武力對應，北韓也將以武力回應，如此一來船員就無法生還」，所以「想解決這個問題，應當將船員視為戰爭俘虜，採取正常的協商及對話方式來回應，以尋求俘虜獲釋遣返」。

從一月二十九日到三十一日，美國與北韓營造可以直接對話的場域。中立國監督委員會的瑞士與瑞典代表轉達了北韓的訊息，軍事停戰委員會的美方代表對此提出了回覆，表示同意與北韓進行非公開對話。會談決定在板門店的中立國監督委員會辦公室舉行，雙方協議各派包含通譯及聯絡軍官在內的四人組成代表團。美國國務部二月一日正式表示接受北韓的提議，舉辦非公開會談。

第一次會談時，史密斯少將發言提到：「普韋布洛號屬於美國，而非屬聯合國軍司令部。」二月四日第二次會談中朴重國少將對此提出疑問：「此事件是否應由朝鮮民主主義人民共和國與美國協商解決，而非由朝鮮人民軍與聯合國軍司令部？」五日的第三次會談中，史密斯再次確認自己是「美國協商普韋布洛號事件的全權代表」。北韓的朴重國也再次確認：「為了實質解決問題，應當由美國與朝鮮民主主義人民共和國舉行雙方代表會談。」

原則上，聯合國軍司令部主管的軍事停戰委員會要聽從該部總司令官的指示，而有關停戰協定的案件則是接受美國參謀長聯席會議主席的指示。不過普韋布洛號的協商卻是透過駐韓的美國大使，由國務卿直接主導完成。在普韋布洛號事件發生後，美國在國務院內部成立了「韓國工作小組」（Korean Task Force），並任命前駐韓大使塞繆爾・伯格（Samuel Berger）為組長。二月時又有另一位前駐韓大使，同時也是國務院東亞暨太平洋事務副助理國務卿布朗（Winthrop G. Brown）擔任組長。韓國工作小組將國務院副國務卿卡心白、美國國務卿魯斯克、詹森總統串連起來，主要負責判斷普韋布洛號事件的相關情資、分析北韓的意圖、建立美國的會談策略，以及擬定美國代表的發言內容。

北韓與美國對於板門店協商各有不同的策略目標。美國的協議目標是要「釋放船員」，但北韓的目標重點卻是想國家體制獲得美國承認及破壞南韓與美國的關係，還有達成國內的宣傳效果。美國也預測到北韓必會在達到充分的宣傳效果後才會釋放船員，所以在做好長期會談的準備後，才重啟協商會議。

第一階段（第一至七次會談）：有關侵犯領海的爭議

會談初期的焦點爭議集中在扣押當時的普韋布洛號所在位置。北韓聲稱扣押船隻是因為普韋布洛號侵犯領海，但美國認為不可能。在一月二十四日召開的緊急會議上，詹森總統特別問到普韋布洛號當初的位置：「是否存在疏失的可能性？」國防部長麥納瑪拉回答：「扣押時間是在白天，那個時間誤判位置的可能性低於百分之一。」他還強調，普韋布洛號最後發出SOS求救信號的地點與透過監聽確認到的北韓船隻位置一致，大約是在一五點五海浬與十七點五海浬之間。也就說依照扣押當時美方客觀取得的多數證據顯示，普韋布洛號的位置是在北韓領海的十二海浬之外。

惠勒將軍在一月二十六日上午的會議中回應，根據監聽情報來看，普韋布洛號並無侵犯領海的可能性，此時麥納瑪拉部長卻改稱「可能性為一半一半」。因為扣押前一日普韋布洛號並未通信，扣押當時通信設備遭到破壞，加上航行紀錄與船隻都在北韓手中，國務卿魯斯克退一步表示「實情如何不得而知」。

二月二日上午十一點召開第一次會議，史密斯代表在會議中提出要求，「由於普韋布洛號並未侵犯領海，北韓應立即送還船隻及船員」。不過北韓的朴重國代表說：「普韋布洛號的船員已承認侵犯領海。」同時主張，「武裝情報船侵犯領海已違反停戰協定」。

第一次會談結束後，美國雖對北韓「交易式的談判風格」感到安心，但北韓的態度不是關鍵，談判的預期結果並不明朗。國務院分析認為：「會談若是由北韓主導，將會造成韓美關係破裂，所以維持現狀本身對北韓來說就是勝利。」美方預料北韓必會「拉長會談時間」，因此對會談的展望感到「相當悲觀」。

第二次會談也一樣，雙方仍在是否侵犯領海的問題上展開攻防。美方強調有指示情報船要在領海基準十二海浬外航行，並主張，「依據北韓軍艦靠近普韋布洛號時的無線通信位置、北韓軍人登上普韋布洛號時的無線通信位置，以及北韓潛水艇回報自己所在位置的通信監聽紀錄」，普韋布洛號至少距離北韓海岸十五海浬以上，當然美國並未握有確實的證據。美國同時強調扣押行為本身已經違法，並舉蘇聯情報船侵犯美國領海為例，指當時美國也僅是要求蘇聯離開領海海域而已。

北韓一直到第五次會談為止，都以船員自白、船隻航行紀錄、從普韋布洛號內部入手的各種資料為依據，回應說確實已經侵犯領海。北韓自二月四日起，開始透過《勞動新聞》報導普韋布洛號船員的自白。各種不同職務的軍事將領輪番登場，說明偵查行動的過程、領海侵犯的證據、敵對行為等等。《勞動新聞》二月十七日還刊登了「美國船艦普韋布洛號全體船員致朝鮮民主主義人民共和國政府的共同道歉文」。在第六次會談中，北韓提到：「只要美國為侵犯領海一事道歉，並停止敵對行為，北韓就會釋放船員。」在第七次會談中，北韓主張：「使用於間諜行為上的裝備，並無歸還前例，所以船隻不在討論範圍內。」這次會議排除了歸還普韋布洛號的可能性，後續的協商便聚焦在船員的遣返問題。

二月密集展開的會談陷入膠著，美國開始討論有實質影響的軍事施壓方案。第六次會談結束後，國務院的韓國工作小組針對協商膠著時可行的施壓手段進行討論，其中包括了：一、擴大對北韓的空中偵察；二、派出另一艘情報船班納號與護衛艦一同沿北韓領海航行，以武力示威；三、扣押北韓船艦；四、對北韓軍艦進行限制封鎖；五、侵犯北韓領空等等。這些多半是一開始就討論過的軍事對應方案，只是加以延伸，但效果不明確，負面影響又大，幾乎缺乏可行性。最重要的是必須考量到軍事施壓有可能波及船員的命運。

第二階段（第八至十五次會談）：道歉的形式與條件

從二月二十日第八次會談起，爭議範圍逐漸縮小。北韓提及美國可以使用「遺憾」（Regret）的字眼來表示道歉，只不過北韓要求美國必須在釋放船員前先行道歉。不過美國的回應是，應當在船員獲釋且經由充分公正的調查後，「如果確定有侵犯領海，我方才能表示遺憾」。美方說明「調查完成前先表示遺憾，美國人民必將難以接受」，並主張應該先由「第三方進行調查」。第九次會談美國提出「必須由國際法院指名的人負責調查」。不過北韓認為由第三者進行調查是對北韓主權的侵犯而予以拒絕。

此外，北韓顯然想伺機破壞南韓與美國的關係。雖然北韓與美國的非公開會談已經使韓美兩國之間產生矛盾，但是北韓仍在會談過程中不斷試圖想擴大韓美兩國的間隙。北韓在第八次會談後向美國提出新提案，內容是以普韋布洛號的船員來交換被監禁在南韓的「愛國人士」。北韓協商代表朴重國少將對中立國監督委員會的捷克代表說，如果美國同意這項交易，北韓就會撤回這段期間的要求，美國不必對侵犯領海一事道歉。朴重國還跟捷克代表說，北韓不會直接對美國提案，而是要透過瑞典或瑞士代表間接了解美國的意願。

平壤的東德大使館從古巴大使館那裡得到更具體的情報，說北韓想要交換的人士有兩位，一位是一九六七年春天在板門店脫北的朝鮮中央通訊社副局長，另一位是一二一事件的唯一生還者金新朝少尉。這個提案南韓絕不可能接受。

早在北韓提議之前的協商初期，美國也曾經想到一種救人對策，就是用監禁於南韓獄中的政治犯去交換船員。不過美方評估南韓政府絕不會接受，所以從一開始就排除此方案。因此當北韓政府間接傳達給美方這項提案時，美國並未認真考慮。南韓強調，要對板門店會議給予制裁的、單獨性的軍事報復行動，美國判斷，在這種情況下，絕無成功說服對方的可能性。

在三月四日的第十次會談中，北韓提到「過去曾經有類似的事件，是以雙方可接受的條件獲得解決」，意即提議以「一九六四年美國直升機事例」做為解決方案。一九六三年五月十七日美國直升機在軍事分界線附近被北韓軍擊落，二名飛行員降落在分界線以北遭到扣留。經過一年多的協商後，他們才在一九六四年五月十六日獲得釋放。當時北韓以釋放飛行員做為條件，要求美國承認有侵犯領空及「從事間諜行為」。

美國的協商代表庫姆斯（Cecil Combs）少將承認有間諜行為與不法侵犯，並承諾「將來不會再有類似犯罪行為」，以預防再犯。當時美國只有在北韓所擬的美國致歉文中加上一句話：「我在此確認接收機組人員。」（I hereby acknowledge receipt of the crews.）。像這樣的「改寫」（overwrite），是一種顧及雙方面子的做法。北韓可以利用美國道歉一事進行國內宣傳；美國則採取這種方式自清，為了使機員獲釋而不得已接受北韓的要求。等飛行員遣返之後，美國即否認有間諜行為。國務院的韓國工作小組指出，當時如此處理是為了使飛行員得以遣返，那是無可避免的決定，我方並不認為有問題。

不過一九六四年的直升機事件與一九六八年的普韋布洛號事件，確實存在明顯的差異。因為一九六四年協議中的美國直升機很明顯已越過軍事分界線，所以美國只好為侵犯領空一事道歉。但是依美國政府的判斷，一九六八年的普韋布洛號並未侵犯領海，所以美國認為不應比照一九六四年的方式「道歉」。美國預測，若是比照一九六四年的事例處理，不僅在國內政治上體面盡失，同時也會引起南韓方面的反彈。

南韓非常不滿，一二一事件未能得到北韓的道歉，而美國又要向北韓道歉。國務院的韓國工作小組建議，美國可以用附帶條件表示遺憾。雖然北韓有提出證據，但並未得到美國的確認，所以提議註明：「普韋布洛號如果違反指示，航行時距離北韓領海不到十二海浬，美國則對此表示遺憾。」北韓當然拒絕附帶條件的內容，並主張美國必須做到：一、承認有敵對行為與侵犯領海；二、適當的道歉；三、預防再犯。

第三階段（第十六至二十九次會談）：以否認為前提的道歉

之後美國陸續提議以各種「附帶條件」表示道歉，不過卻屢遭北韓拒絕。五月八日美國代表更換為伍德華德（Gilbert H. Woodward）少將，但是會談形式並沒有太大的改變。只有在五月八日第十六次會談時，北韓遵循過去直升機案例的處理方式提出道歉文草案。詹森總統高層也同意認可，讓美國代表在北韓文件上簽名。

在文件上要如何附註，北韓與美國的態度大為不同。北韓希望美國代表直接在北韓提出的文件上簽名，美國則針對附註的方式討論了數種方案，其中包括：一、修正北韓提出的道歉文；二、簽名時附加說明；三、發表道歉文時做技術性調整；四、直接像一九六四年一樣加上附註。

北韓強烈反對美國主張的「改寫修正」方案，美國不得已只好放棄其他方案，對北韓一開始提出的草案讓步。這一次反而是北韓變本加厲要求。十月二十三日第二十四次會談時，伍德華德少將詢問是否可以在北韓擬的「道歉文」下方加寫「接收船員」這句話，朴重國少將則要求須直接在道歉文上簽名。北韓要求美國做出選擇：「是要在道歉文上簽名，然後歸還船員？還是要讓船員們為所犯的罪付出代價？」雖然是北韓自己先提到一九六四年的前例，但是當美國要求加寫附註時，北韓卻拒絕。

美國用幾個月的時間，試圖找出對美國顏面傷害最小的方案，不過北韓卻堅持「別想在文件上加註不需要的內容，直接簽名就會立即釋放船員」，然後批評美國「提出修正建議，打亂了討論」。美國決定要以一九六四年的直升機事例做為最後讓步的底線，也就是由美國代表先在道歉文下方加註已從北韓那裡接收船員，然後再簽名。美國決定不再讓步，最後協商在十月三十一日第二十五次會談中陷入膠著狀態。

美國總統大選對協商的影響，是值得注意的一項變數。在會談陷入膠著後，北韓期待能與新政府協商。北韓不疾不徐，放緩步調，即便是在大選後，也不急著要求重啟會談。不過詹森政府的時間表不一樣，十二月三日詹森政府找出間接「道歉」的替代方案。新的方式不是在道歉文上加註，而是另外表達「僅只為了釋放船員而署名」之意的「以否認為前提的道歉」（repudiated apology）。這是國務院韓國科長李奧納（James Leonard）的提議。具體來說，就是在北韓草擬的道歉文件上簽名之前，先發表拒絕道歉的聲明。

十二月十一日國務院向美國代表團傳達了最終處理方針。國務院要求在兩者當中擇其一：一個方案是北韓接受美國的提案，在耶誕節以前將船員遣返；另一個是一月時與新上任的尼克森政府協商，而且清楚表明不會再追加提案 。北韓終於在十七日第二十六次會談時接受美國的提案。對北韓來說，最重要的是要在自己草擬的道歉文件上取得美國的簽名。美國把打算在簽名前朗讀的聲明書交給北韓，這份聲明「就算北韓要求修改也不會接受」，很顯然聲明內容並未經過協商。

十二月十九日第二十七次會談，雙方討論出順序為「美方否認聲明—簽署—釋放」，二十二日的第二十八次會談，雙方達成了細節的最終協議。二十三日第二十九次會談中，美方在簽署北韓所擬的道歉文之前先發表聲明，內容為「在此份文件上簽名的唯一理由，是基於使船員獲釋的人道立場，而非在北韓單方擬定的道歉文內容上簽名」。伍德華德少將還在北韓寫的道歉文加上附註，內容為「簽署本文件的同時，下列人員確認接收原普韋布洛號船員八十二名與遺體一具。」北韓當然是先刪除美國附註的兩行字後，才將道歉文陳列在平壤的戰爭紀念館展示。

第五節　韓國對美國：衝突協調的外交

在南北韓關係惡化的情況下，只要朝美一進行對話，韓美兩國通常就會為對北政策產生衝突。美國希望以外交途徑解決普韋布洛號事件，但是韓國卻主張軍事報復。韓美兩國的戰略優先順位不同，對北政策的差異也因應而生。詹森政府要求韓國自制，並決定以軍事援助安撫韓國、調解衝突。

在對北政策上的韓美衝突

雖然詹森總統決定朝外交途徑解決，但是韓國的立場並不一致。普韋布洛號事件正好發生在一二一事件兩天之後，朴正熙政府情緒正激昂，強烈主張即刻反擊。一月二十四日駐韓美國大使波特與朴正熙總統會面時，更加凸顯韓美之間的立場差異。波特接獲國務院指示，將美方的立場轉達給朴正熙總統。美國政府就自己立場強調：「反對韓國軍方針對一二一事件做任何回擊，美國計劃透過聯合國軍司令部及軍事停戰委員會來解決普韋布洛號問題，同時藉由蘇聯協助要求北韓歸還船隻和船員。」朴正熙主張：「北韓若再挑釁，將立即進行報復。」此外他也要求美國：「普韋布洛號問題若沒有得到解決，就應該削弱北韓的空軍力量，然後沿著東海岸空襲北韓的海軍基地。」波特對此的回應是必須慎重，當務之急應該是思考，而非行動。

一月二十五日美國國務院發電文給美國駐韓大使：「美國對於韓國政府的自制給予高度評價，詹森總統指示立即派遣二百五十架到三百架戰鬥機前往韓國和鄰近地區。」美國試圖以強化軍事力量來消解韓國的不安。不過二月三日朴正熙再一次對波特大使強調：「韓國軍隊雖然沒有單方面行動，但是北韓如果進一步挑釁，韓國必會採取報復手段。」隔天詹森再次傳達請求克制的訊息給朴正熙。

不過韓國對美朝的板門店祕密會談從一開始就強烈反彈。朴正熙把波特找過來，針對美國只討論普韋布洛號問題，卻不把一二一事件及北韓在DMZ的挑釁當一回事，向波特轉達「韓國國會與輿論」的憂慮。此外朴正熙也要求讓韓國政府加入軍事停戰委員會。波特回應說：「美國政府認為，韓國如果不參加，會有助於與北韓的關係進展。」北韓想利用朝美雙邊會談做為宣傳手段，當然也就不希望韓國參加。

北韓的意圖明顯，南韓也不想退讓。二月五日朴正熙在寄給詹森的信中強調：「普韋布洛號的問題與北韓挑釁南韓的問題如果只解決其中一個，韓美兩國的共同目標就不算達成，韓國雖然同意美國慎重對應，不過對於更多的挑釁一定會採取報復措施。」

在二月六日由美國大使波特與聯合國軍司令官邦尼斯蒂爾、韓國總理丁一權、外務部長崔圭夏、國防部長崔榮喜、中央情報部長金炯旭等人參加的會議上，韓國更具體地表達了不滿。丁一權總理批評美國說：「美國只把心思放在解決普韋布洛號的問題上，對於韓國的安保卻不在乎。」

韓國的報復意志與美國的遊說

美國繼續試圖說服韓國。二月七日詹森針對朴正熙的信函給予回覆。朴正熙政府對板門店會議提出兩點要求：第一點是將會議從非公開改為公開；第二點是讓韓國參加。詹森總統在回信裡清楚寫著：「北韓想利用會談做為宣傳的場合，所以舉行公開會議會有困難。」還有，「不知道北韓是否同意韓國參加會談，也不希望因為這個問題導致會議沒有共識」。取而代之的是詹森表示會追加一億美元的軍事經費等軍事援助。

不過當波特大使帶著詹森的回信去青瓦台拜會時，朴正熙卻說：「北韓如果再挑釁，就會發生戰爭。」波特離開青瓦台的一小時後，朴正熙來電提到：「希望能清楚轉達立場，反對板門店非公開會議。」波特評估韓美兩國的立場差距過大，同時向華盛頓報告：「這時候應該要重申立場，過去李承晚主張北進時，我方有提出警告，這次也會。」

即便在板門店會議開始後，朴正熙政府還是鍥而不捨要求讓韓國參加。二月八日丁一權總理和崔圭夏外務部長一同向波特大使呼籲：「要顧及韓國的面子。」並要求詹森總統派遣高層特使來韓，以平息輿論。九日那天，崔圭夏部長直接把波特大使帶到自己的辦公室，將總統指示「板門店會議應以公開會談方式舉行」的文件給他過目。崔圭夏部長請託說如果這樣做有困難，那就讓韓國軍隊的將校參加，同時威脅說：「帶領六十萬大軍的軍方，不可能什麼都不做。」

這讓詹森政府感到為難。美國希望以外交途徑解決普韋布洛號事件，所以不可能接受南韓的要求。不過，對於詹森來信提醒韓國自制，朴正熙直接表示不滿。朴正熙認為波特大使並未正確轉達自己的意思，因而對他發火，同時回信寫道：「除普韋布洛號之外，應另啟會談，處理北韓挑釁的問題，藉此取得北韓對於其攻擊行為的承認、道歉並防止再有類似情事。如果北韓拒絕，聯合國軍應立即採取報復措施。」

美國不得已只好派特使前往韓國遊說。國務院清楚地告知總統特使范錫（Cyrus R. Vance）「無法聽從韓國的要求」，並指示以「要求韓國自制」為核心任務方針。二月十日，對於朴正熙與范錫的共同宣言，外交部國際局長向美國駐韓大使轉達韓國政府的立場，內容包括「為了能立即反擊北韓的侵略，韓國軍方將修改作戰管制規定。當北韓挑釁時，將直搗北韓的攻擊原點，美國也應積極介入」。

二月十二日范錫特使拜訪朴正熙，朴正熙強調：「金日成開戰的心意已決，襲擊青瓦台與扣押普韋布洛號皆屬戰爭行為，我方必須予以報復。」范錫特使對會面持正面評價，認為：「對話氣氛友好，朴正熙理解板門店會議不公開的必要性，且未提及變更作戰控制權。」

不過朴正熙的報復意志明確而強烈。二月十三日丁一權總理與李厚洛祕書室長來找范錫，拜託他去說服朴正熙總統。他們拜託范錫與朴正熙會面，請他明確地告訴朴正熙：「韓國不可以單獨行動。一旦行動，經濟將會崩潰，韓國的未來也會無望，還可能因為單獨行動進一步失去美國的支持。」

丁一權雖然拜託美國特使說服總統克制，但他還是主張要讓南韓參加板門店會議，並強調韓美兩國要對北韓採取共同回應。丁一權甚至威脅說，如果國民對板門店會議的不滿聲浪高漲，國會又對政府施壓的話，韓國有可能會從越南撤軍。范錫依照國務院指示，回應說：「如此一來，駐韓美軍也將撤退。」丁一權在慌忙之下氣喘吁吁地離開。波特大使向國務院助理國務卿再次報告，說：「朴正熙的北進意志似乎不遜於北韓南侵的意志。美國正在面對一九五〇年代經歷過的李承晚時期的難題。」

韓美兩國為了消解衝突，決定著手推動高峰會談。詹森需要設法使朴正熙自制，而朴正熙則需要保住顏面。原本決定一九六八年四月七日要在夏威夷舉行高峰會談，後來因為四月四日民權領袖金恩博士遭暗殺，暴動擴大至華盛頓及各主要城市，詹森最後決定延後夏威夷的行程。但在行程變更的過程中又發生了其他問題，詹森決定在夏威夷先與南越總統阮文紹會面，但朴正熙不願意自己被與阮文紹相提並論，並對詹森中斷轟炸北越及與北越開始協商一事強烈反彈。當然詹森放棄競選連任也有些影響。經過一段曲折後，十六日詹森與朴正熙終於在檀香山國際機場進行高峰會談。美國取消與阮文紹的會談，挽回了朴正熙的顏面。

朴正熙要求比照美國與菲律賓的條約，將《美韓共同防禦條約》修改為「當韓國遭受攻擊時，美國得自動介入」。此外朴正熙也擔憂，美國可能在尋求普韋布洛號問題解決的過程中承認北韓。在高峰會談結束的四月十九日，朴正熙向祕書室長李厚洛、國防部長崔榮喜表達不滿：「對於韓國的軍事援助，詹森不僅態度消極，而且迴避修改《美韓共同防禦條約》。」然後又失望地說：「詹森發表不參選宣言後，已經失去權力和影響力，在國會無法實質行使職權了。」

第六節　對決體制的教訓

一九六八年十二月二十三日上午十一點三十分，抬著遺體的兩名普韋布洛號船員走在前頭，其他船員在後面一名接著一名越過「不歸橋」，向南方走來。這是一場為期超過十個月的談判，過程中不斷有人要求要採取強硬的軍事回應，詹森政府內部也持續提出軍事應對方案，每當會議陷入膠著時就討論如何施壓。主要立場雖有明顯差距，但會議依然持續進行而未中斷，最後終於達成結論。

有分析認為，當初北韓打算依照過去的慣例，透過軍事停戰委員會解決問題，如果美國能夠同意，並遵循一九六四年直升機事件的前例，在道歉文件上簽名，爭端很快就能化解了。也有評論指出，一開始普韋布洛號坦承不屬於聯合國軍司令部，而是隸屬美軍太平洋司令部，就已經犯了錯誤，接著美國國務院主導協商，最後由政府道歉，這是「從一開始就犯錯」。

不過也有評論認為不能這樣解讀。北韓考量的是政治宣傳效果，於是可能希望拉長協商期間。儘管北韓提議，解決辦法比照一九六四年直升機事例的處理方式，但在協商過程中，卻又拒絕了自己提議過的「改寫」方案等等，對於早日解決問題又持消極態度。即便美國一開始就同意比照一九六四年的事例處理，北韓能否盡速釋放船員還是一個疑問。當然，因為美國不承認普韋布洛號已侵犯領海，所以無法比照前例，這一點也是協商膠著的原因。

從談判技巧的層面來看，美國主張的「附帶條件道歉」或「修正改寫」並沒有成功。雖然最後確實是因為提出「以否認為前提的道歉」而打開僵局，使協商得以完成，不過卻很難把它視為協商成功的決定性因素。北韓對板門店會議設定的目標很清楚，判斷會議已經充分達到目的，包括主權被承認、韓美分裂、具有國內政治宣傳效果時，那就是釋放船員的時機點。

從全球性及東亞區域性角度來看，越戰雖然開打，但美國與蘇聯並不希望對決擴散。一九六七年美蘇兩國在格拉斯薄洛（Glassboro）舉行高峰會談，一九六八年兩國同意簽訂《核武禁擴條約》（*NPT, Nuclear Non-Proliferation Treaty*）。美蘇兩國雖然對韓半島問題沒有共識，但是兩國都不願見到情勢惡化，因此美國與蘇聯分別積極要求南韓與北韓自制，訴求維持現況的區域秩序，阻止了韓半島情勢的惡化。

一九六九年美國提出尼克森主義，東北亞局勢逐漸趨向緩和。當然過去「對決時代」的慣性還是持續產生影響。那一年四月，從日本厚木空軍基地起飛的美國海軍ＥＣ－一二一偵察機，在距九十海浬的公海上空遭北韓兩架米格機攻擊墜毀。飛機上三十一名機員全部罹難，只有兩具遺體被蘇聯艦隊發現運返美國。當時尼克森總統正在推動對中關係的改善，不希望發生衝突，於是下令指示，在第二百九十次軍事停戰委員會中，聯合國軍司令部發表文要以「安靜自制」為主軸。

一九六九年之後北韓內部經濟惡化，人民武力省的首相金昌奉等軍方強硬派遭到肅清，北韓領導將責任推給軍方強硬派的軍事冒險主義。為了因應隨尼克森主義發表而產生的東北亞區域秩序變化，朴正熙政府也逐漸試著摸索，將對決政策轉換為對話政策。

第三章

開啟對話的對決時代：一九七〇年代與《七・四南北共同宣言》

「您好嗎？」（안녕하십니까？）這是南北韓在韓戰後首次見面講的第一句話。一九七一年八月二十日中午十二點，南北韓的紅十字會代表在做完自我介紹後互相交換委任狀。南方代表李昌烈問：「前陣子的大雨，北韓有沒有損失？」北方代表徐成哲答非所問地說：「我們的正式名稱是『朝鮮民主主義人民共和國紅十字會中央委員會』，以後請這樣稱呼。」李昌烈代表回應說：「我們的正式名稱是『大韓紅十字會』，簡單又好記吧。」雙方在稱呼上展開心理作戰。雙方問候完畢立即離開，分裂二十六年後的會面歷時四分鐘就結束了。

幸好對話已經出現轉機。分裂後的第一次直撥熱線在八月二十二日開通，南方「自由之家」與北方「板門閣」之間的距離七十公尺，雙方隔著這樣的距離手持電話機，通話時間十八分鐘。南北韓紅十字會會談的第一次預備會議決定在九月二十日舉行，這是之前第一次會面的成果。

這場歷史性的會談由誰先發言，也是會場中爭議的焦點。北方代表金泰熙一介紹完，就馬上開始進入主題說：「各位代表，國家分裂、民族崩解，已經過了二十六年的漫長歲月。」這時南方的代表金鍊珠覺得大事不妙，因為南韓擬好的會談方針，是歷史性的首次會談務必由南韓代表第一個發言。於是金鍊珠代表也跟著開始朗讀起發言稿。兩方代表同時發言的時間超過一分鐘，北方的團長立即大聲喊著：「金先生，金先生。」不過金鍊珠代表置之不理，繼續朗讀發言稿。

雖然對話就此開啟，但對決體制卻依然未變。那是一段雙方互不信任，受到仇恨記憶所主導的時期。對話一開始，國內外都有高度期待，實際接觸後也產生不少變化，但是終究無法跨越從對決轉成對話的門檻。這是時代的侷限嗎？或者是意志的不足呢？

第一節　邁向《七・四南北共同宣言》之路

南北韓關係的變化契機始自於朴正熙政權一九七〇年的八・一五宣言。致詞的主要內容為「朝鮮傀儡政權如果能放棄赤化統一，而且願意提出有助於推動人道立場與打造統一基礎的實際方案，那南北韓就來進行善意的競爭，看看哪一方更有能力提升國民的福利。」一九六九年尼克森總統發表的關島宣言提到「亞洲國家需負起自己的安全保衛責任」，隨後決定縮減美國的駐韓美軍規模，朴正熙的演說是對此項決定的回應。雖然南韓要改變對北韓的態度有附帶條件，但終究是對北政策的明顯轉變。

官僚體制內部的衝突

八・一五宣言兼具了以往對決時期的政策風格與轉換新政策的意圖，草擬內容的過程是一連串的曲折。根據當時相關參與者的說法，朴正熙總統雖然認為宣言有其必要性，但各級部會卻對內容有不同意見。尤其是法務部，強調宣言內容如果脫離《反共法》架構，將會造成困擾。最後由於法務部的強烈反對，原本含括在演說文草案的具體事項——包括離散家族重聚及返鄉、非政治領域的交流、南北經濟合作等，都遭到刪除。

朴正熙總統接受了官員們的反對意見。宣言內容之所以顯得模糊，原因在於朴正熙總統對於改變南北關係的自信不足。當時美國對八・一五宣言的評價是：「韓國既有立場已有所轉變，不再認為近期難以統一。」但也同時分析說：「這個提案北韓不可能接受。或許只是想在聯合國討論『韓國問題』及選舉時間逼近的情況下，藉此形成輿論。」

政府官員在提議一九七一年舉行紅十字會會談時，也有過一番爭執。八月六日中央情報部長李厚洛告訴波特大使，大韓紅十字會將向北韓提議，針對離散家族重聚議題進行對話，同時提到：「還未告知反對南北韓接觸的國防部。」提案提出後，李厚洛在與波特大使再次會面的場合中說明：「紅十字會會談的提案，是為了回應日漸升高的輿論壓力，民眾要求與北韓接觸。」

在八月十二日，雙方提議南北紅十字會會談當時，朴正熙對於實現的可能性毫無把握。除了對北韓仍有高度疑慮外，另一個原因是南北韓自韓戰後，對彼此的連番提案從來不曾有過正面回應。不過這次不同，北韓才兩天就接受了南韓的提案。根據波特大使的觀察，朴正熙及政府高層人士對北韓閃電同意會談一事，都顯露出驚訝的神情。

為什麼要舉行紅十字會會談？因為人道提案是敵對關係中最容易拉近距離的領域，而且國民也高度渴望離散家族的重聚。一九七一年九月大統領政務特別輔佐官咸秉春訪問華盛頓，他在與國家安全副顧問海格（Alexander M. Haig）會面時說明：「朴正熙若要在一九七〇年的八・一五宣言中實際承認北韓，必然無法得到輿論支持，畢竟眾人都認為韓半島分裂可能成為既定事實，所以決定從人道性的提案，也就是離散家族重聚議題著手。」

非祕密接觸與密使交換

提議紅十字會會談後，南北韓從一九七二年八月起總共召開二十五次的紅十字會預備會議，一九七二年八月到一九七三年七月止召開了七次正式會議。在這段過程裡，雙方決議採取《七‧四南北共同宣言》的模式，同時成立處理政治事務的「南北協調委員會」。

從紅十會的會談形式轉換成政治對話，是經由紅十字會會談代表的南韓鄭洪鎮（中央情報部協議調整局長）與北韓金德賢（朝鮮勞動黨中央委員會政治委員會直屬責任指導員）的祕密對話所達成的。鄭洪鎮與金德賢在一九七一年十二月十七日的第三次祕密接觸中互相表明身分，金德賢提議互換使節委任狀。不過要從紅十字會對話轉換為政府當局之間的對話，南韓仍有所遲疑，所以一開始就拒絕了北韓的祕密接觸提議。

大概要到一九七二年二月，南韓才同意與北韓互換使節委任狀。之後鄭洪鎮與金德賢還各自祕密互訪。鄭洪鎮先於三月二十八日到三十一日間訪問平壤，接著金德賢在四月十九日到二十一日間訪問首爾。鄭洪鎮見到了金日成的弟弟金英柱，金德賢則是與李厚洛見面。當時美國認為：「若考量朴正熙對北韓的疑慮，這算是值得注意的一大進展，也或許這是對尼克森的中國倡議所做的回應。」一九七一年十二月初，李厚洛和哈比布（Philip C. Habib）大使見面時強調：「韓國與北韓協商時，絕不會做出有違美國立場的行動。」不過哈比布只轉達了美方意見：「希望南北韓關係能有結果。」

一九七二年五月二日中央情報部長李厚洛循著鄭洪鎮走過的路徑去到平壤。朴正熙總統親筆寫了日期為四月二十六日的「特殊地區差旅相關訓令」，以此為基本方針。這份訓令強調所謂的「人道主義－經濟與文化交流－政治會談」三階段交流，內容還提到「把重點放在掌握對方的思考模式及實際狀況」。李厚洛到達平壤時，首爾和平壤之間首度架起直通熱線。李厚洛一抵達平壤，就透過南北直通熱線向在首爾的太太介紹平壤的風景。

李厚洛事前並沒有得到通知說要與當時的內閣首相金日成見面。李厚洛與金日成的弟弟金英柱會面結束後，回到牡丹峰招待所已經是晚上十點十分。正當要入睡時，大約凌晨一點有北韓的相關人士來敲房門，傳達口信要他穿好衣服，然後趕緊去一個地方。金日成一見到李厚洛，就針對一九六八年一月的青瓦台襲擊事件表示道歉。當時北韓有三十一名特種部隊隊員越過停戰線，穿過北漢山到紫霞門崗哨附近，不過除了金新朝一人外，其他隊員都遭到射殺。金日成說：「是青瓦台事件嗎？那個事件對朴總統真是感到相當抱歉。這是我們內部左傾盲動主義者做的。當時我不知情，所以保衛部參謀長都被撤職了。」

李厚洛邀請形同夥伴的金英柱前往南韓訪問，金日成聽了立刻請求諒解，說：「金英柱患了自律神經失調症，完全無法參加會議之類的工作。我會找比起弟弟絲毫不遜色、且可信任的朴成哲同志代替前往。」於是朴成哲在五月二十九日到六月一日間訪問首爾。

五月二十九日朴成哲抵達首爾與李厚洛見面，三十一日又與朴正熙總統會談兩小時。朴成哲提議組成南北協調委員會，舉行朴正熙與金日成的高峰會談，將祕密會談轉換為公開會談。朴正熙總統對此回應說：「有參加過考試吧。考試不都是簡單的問題先寫，難的問題放在最後回答嗎？南北韓對話也應當要用這種方式來解決。」同時拒絕了高峰會談的提議。

六月十日朴正熙與哈比布大使會面，朴正熙轉達說，北韓雖然希望舉行高峰會，但朴自認為不需要，因為北韓難以信任，他們說話的真實性必須確認，紅十字會會談是試驗北韓的事例。哈比布聽了朴正熙的說明後，評論道：「大致看來，韓國政府對於首爾與平壤的高峰政治會談不感興趣。」

第二節　在對決的時代中展開南北對話：《七・四南北共同宣言》

南北韓關係是互動的結果，《七・四南北共同宣言》也是南北韓一致期待關係有所進展，才會做出這項選擇。南韓是為了因應東北亞局勢，北韓也認為需要採取積極的「和平攻勢」。不過南北韓的對話策略不同，目標與優先順位也有差異。

拒絕公開《七・四南北共同宣言》的朴正熙

一九七二年的南北共同宣言達成協議後，並未立即公布，朴正熙政府也不想公開協議內容。其實從六月十三日哈比布大使與李厚洛的對話內容來看，即可看出朴正熙政府原本的態度是拒絕發表共同宣言。在這場會面中，李厚洛轉達兩份文件給哈比布，一份是李厚洛四月訪北時的文件，另一份是朴成哲訪問首爾的文件。

李厚洛表明：「雖然朴成哲提議發表共同宣言，但朴正熙總統當時拒絕了。」他說：「朴正熙總統以『還未到公開的時機』為由，擔心『美國、日本等周邊國家以為韓半島的緊張情勢已經解除』，而且『也需要準備時間讓韓國國民團結一致』。」對此，哈比布大使的意見是：「外交專家都已經知道，他們在韓國政府內部也有不少認識的人，消息很快就會傳開的。」哈比布也嘗試要說服南韓：「韓國擔心一旦南北韓關係產生變化，駐韓美軍將會縮減。這個憂慮毫無根據。」哈比布大使說：「即便發表共同宣言，『美國政府也不打算在這個時間點縮減駐韓美軍規模』。」他還轉達意見表示：「共同宣言也將是『韓國國民所樂見』。」

既然如此，那原本不願意發表南北共同宣言的朴正熙政府，為什麼最後會同意公開？美國分析認為因為北韓採取積極的和平攻勢，所以演變成朴正熙也不得不同意的局面。北韓的相關和平提議從一九七二年初已經開始。一月十日金日成首相在與《讀賣新聞》記者的會面中就曾經提議，希望南北韓先簽署和平協定，接著再分階段實施南北韓互不侵犯條約簽署、駐韓美軍撤離、南北韓縮減軍力。

促使朴正熙政府發表《七・四南北共同宣言》的直接關鍵，是六月二十一日金日成與美國的新聞工作者哈里遜（Selig S. Harrison）會面時說明的四階段裁軍方案。方案內容為：第一階段DMZ的非武裝化；第二階段南北韓兵力各自裁減為十五萬到二十萬人；第三階段南北韓和平協定；最後階段則是美軍撤離及南北韓兵力各裁減為十萬人。美國國務院將金日成的提案解讀為極具積極性的和平攻勢，並評論說：「這是在對南韓施壓，要求公開南北韓的祕密會談。」由此分析，朴正熙便可能決定，要在七月四日公開曾在首爾祕密協商一事及共同宣言的內容。

四月及五月透過李厚洛與朴成哲的互訪，雙方對共同宣言的大致架構達成協議。五月四日李厚洛見金日成時，雙方已經協議好統一的三大原則，對成立南北協調委員會的看法也取得一致。特別是朴成哲五月二十七日到六月一日期間訪問首爾拜會朴正熙時，就主張要公開共同宣言，不過當時卻遭到朴正熙反對。北韓藉積極的和平攻勢，營造出迫使朴正熙政權不得不公開的氛圍。自六月中旬起，鄭洪鎮與金德賢開始在板門店進行實務接觸，討論共同宣言的文案。接著在六月二十八日簽署，七月四日分別在首爾與平壤發表。

朴正熙對共同宣言的內容並不滿意，所以對於公開一事裹足不前。從七月六日訪問首爾的助理國務卿格林（Marshall Green）與朴正熙的談話中可以一窺朴正熙的想法。朴正熙首先說：「北韓對於會談的回應，並不能解讀為是值得信賴的舉動或是有正面的意圖。」同時聲明立場說：「北韓雖然提議直接討論政治問題，然後立即舉行高峰會談，但是現在並非討論高難度政治問題的時機，高峰會談也不切實際，所以先從簡單的問題談起吧。」然後又提到：「至於和平措施的部分，可能讓人感覺北韓積極而南韓消極，但是清楚狀況的人就明白了。」

協議過程中表現出來的消極，在協議執行時也一樣顯露出來。《七・四南北共同宣言》發表後，金鍾泌總理在國會明確地說：「北韓是共產主義分子違法形成的集團，所以不能承認它是國家；共產主義分子也不會因為發表共同宣言，就會改變。北韓發動戰爭的危險性一直存在。」《七・四南北共同宣言》發表後第四天的七月七日，朴正熙總統也在國務會議上提出警告，不可過度樂觀，他強調：「反共教育必須持續進行，沒有任何改變。」

一九七二年十一月金鍾泌總理與哈比布大使的談話內容裡，就透露出朴正熙政府對《七・四南北共同宣言》的認知。金鍾泌在談話中貶抑地說：「李厚洛急著協商是為了要建立個人威信。」他還轉達說：「雖然明年可能會有文化體育的交流互訪，但是經濟交流仍有困難，而且我已經向朴正熙總統建議降低協調委員會的位階，撤換李厚洛。」這番話顯示出南韓的立場，即認為南北韓對話速度有調整必要。

哈比布大使根據這段對話判斷認為：「金鍾泌與李厚洛不和，而且兩人的對北政策看法對立，朴正熙則是介於兩人之間。」並向美國回報說：「近來朴正熙不斷在牽制李厚洛的協商進度。」

就當時的決策結構來看，以金鍾泌為首的大多數官僚在對北政策上的立場偏向保守，缺乏接受改變的意願。相較之下，身為協商當事人的李厚洛對於和北韓協商一事就顯得積極。朴正熙總統在南北韓會談初期的目標模糊，而且處於守勢，到會談接近尾聲時，終於與保守官僚的意見趨向一致，順應保守的媒體輿論。

南韓與北韓，否認彼此的存在

《七・四南北共同宣言》發表那天，有一位記者問中央情報部長李厚洛：「在共同宣言中有公開提到，南北雙方已協議不再互相中傷誹謗。那未來像『北傀』（譯註：北朝鮮傀儡政權）這樣的用語還要延用嗎？又該如何稱呼金日成呢 ？」李厚洛部長回答說：「我們稱北韓『北傀』，北韓也有『南朝鮮傀儡』這種用語，我認為雙方都應該改用其他好一點的表達方式。」

對談時一定要互稱，一旦互稱就會改變態度，雖然有違現實的敵對狀態。簽署共同宣言的隔天，文化公報部下達了指示。七月五日在各部門與地方自治團體的公報館會議中，文化公報部指示說：「以往使用的『北傀』稱呼，改為『北韓』；對金日成的中傷誹謗應節制。」從此之後，在所有輿論與政府的正式宣傳品中「北傀」一詞消失，取而代之的是「北韓」。

《七・四南北共同宣言》讓「禁忌的想像力」得到鬆綁。國會七月五日開議，新民黨議員金守漢質詢：「如果訪問北韓，然後與金日成見面，我自己會不會被抓走呢？」金泳三議員問：「過去被定義為侵略者、當成仇敵的北韓，是否承認其為一個對等的政權？」金相賢議員則更進一步說：「應該稱北韓為『DPRK』——也就是『朝鮮民主主義人民共和國』。」才不過十個月前的事，一九七一年八月二十三日統一社會黨黨魁金哲在記者會上說：「應該承認北韓為事實上的政權。」還依《反共法》被逮捕。

就像這樣，稱呼雖然改變，但敵對的現實依然未變。朴正熙政權把當時混亂的情況歸結成「開啟對話的對決時代」，意思是指雖然有對話，但對決狀況並未改變。金鍾泌總理在國會答詢時將北韓視為「違法形成的一個集團」，並做出結論，無法承認北韓是國家。

南北韓在《七・四南北共同宣言》中並未承認對方為政治實體，因此協議文上的簽署主體寫著「相互遵照上述意旨，李厚洛，金英柱」。因為互不承認，所以不能寫出正式職銜。在發表《七・四南北共同宣言》同一天所公布的《南北直通電話架設及使用相關協議書》中，雙方註記為「首爾中央情報部長李厚洛，平壤組織指導部長金英柱」。以都市名稱取代國名同樣反映出當時的狀況。

李厚洛部長在向記者說明《七・四南北共同宣言》的決定過程時，也發生一樣的問題。他公開提到，五月時北韓第二副首相朴成哲來過首爾，結果兩天後朴炳培議員就在國會裡做以下質詢。「說沒有兩個韓國，然後又稱『第二副首相』，是美人啤酒屋裡有那種官銜，還是新世界百貨公司裡有那樣的位置？那就是DPRK的第二副首相。」

一九七二年十一月四日簽署的《南北協調委員會組成及運作相關協議書》也一樣，簽署者是「南北協調委員會共同委員長——首爾方：李厚洛部長，平壤方：金英柱部長」。有一段時間皆以都市名稱——首爾和平壤來取代國名。在緊接著召開的南北紅十字正式會談中，也是對協議書上要如何簽署展開激烈的心理作戰。協議書上應該要寫國名，但是南北韓對於互相承認一事還有所猶豫。那年八月在紅十字會會談協議書上，雙方共同簽署時，原本應該署名「大韓紅十字會代表團首席代表李範錫」及「朝鮮民主主義人民共和國紅十字會代表團團長金泰熙」，不過那樣簽署就形同承認對方，所以當時參加會談的相關者都不得不為此感到苦惱。於是最後產生一個「絕妙提案」，採用共同署名的方式，但各自宣讀。做法是在宣讀完協議書的內容後，北方只宣讀到「朝鮮民主主義人民共和國紅十字會代表團團長金泰熙」為止，略過「大韓紅十字會代表團首席代表李範錫」不唸；接著南方也不唸出對方的簽署當事人，只唸自己的簽署代表。

外交舞台的競爭

一九七〇年代南北韓在國際舞台上的競爭越趨激烈。用一句話形容那個年代的韓國外交，可說是在國際舞台上你爭我奪的「人脈競爭」，也就是與北韓競爭有多少建交國。大韓民國傾所有外交力量，使自己成為韓半島唯一被承認的政權，同時拼命阻撓北韓被承認為國家。

朴正熙政權強力阻止其他國家接觸北韓。一九七二年二月美國國務卿羅傑斯（William P. Rogers）與外務長官金溶植談話時提到：「美國在對北政策上雖然沒有計劃改變，但是萬一有的話，韓國也不應反對。」羅傑斯國務卿轉達美國的基本立場說：「美國政府不會再阻止美國公民去北韓旅行，也相信多交流和貿易是更好的方案。」

接著助理國務卿格林也對外務長官金溶植提出建議說：「韓國政府應再評估，是否要繼續投入過多的政治努力，去阻擋其他國家試圖改善與北韓的外交關係。」他同時表明立場，說美國目前還不需要承認北韓，但是第三國與北韓接觸將有助於修正北韓的行為，這點符合南韓擴大對北接觸的意願，美國無法理解為何南韓要阻止。當時澳洲總理惠特蘭（Gough Whitlam）說過要擴大與北韓接觸，日本也持續緩慢地與北韓進行非政治交流。

國務卿羅傑斯於一九七二年六月二十七日在澳洲坎培拉召開的「東南亞公約組織」外長會議中稱北韓為「DPRK」，外長金溶植立刻向美國駐韓大使哈比布表達抗議。對於南韓的抗議，美國政府回應說：「雖然使用『DPRK』一詞，但是並不代表承認它是國家。」那個時期必須聽到這種聲明，才能感到安心。

對日本也一樣。日本政府一九七〇年七月二十七日首度發給兩名日本國民前往北韓的護照，護照目的地欄寫的不是國名，而是「平壤」，這是考量到因為韓國不承認北韓。不過日本十二月修改《護照法》，在地名標示欄上寫了國名——也就是「朝鮮民主主義人民共和國」。日本解釋說對於未建立外交關係的分裂國家——像是東德、越南、中國，從以前至今一直都是在地名欄記載正式國名，所以這個註記不代表承認北韓。不過這在韓國已經引起騷動。韓國政府把駐韓日本大使找來抗議，強烈要求修改。在一九七一年三月九日外務部向青瓦台報告的對外祕密文件中，出現一段內容寫道：「這是因為規定要在地名上註記正式名稱，與北傀承認問題無關。」

北韓趁著一九七一年尼克森訪問中國所營造的和緩國際局勢，以及一九七二年《七・四南北共同宣言》發表時的和平氛圍，極力在國際舞台上爭取其他國家對的認同。從一九七二年七月到一九七三年三月為止，北韓共與十一個國家建交，這些國家全都承認南韓，也有外交關係；反過來與北韓有外交關係的國家當中，卻沒有任何國家與南韓建立新關係。一九七一年南北韓的建交國數目為八十對三十四，到了一九七五年差距卻縮小為九十對八十八。這種情勢使北韓得以在一九七三年五月順利加入聯合國所屬機構的世界衛生組織（WHO）。

第三節　緩和危機論與韓美衝突

從南北紅十字會會談開始，南北韓進一步簽署了一九七二年的《七・四南北共同宣言》，而五個月前美國尼克森總統才剛首度訪問中國。尼克森訪問中國所形成的「低盪」（Détente）——也就是世界的緊張局勢緩和下來，是戰後南北韓首次會面與首次達成協議的重要背景。美國也積極地向朴正熙政府強烈要求南北展開對話。

在一九七〇年二月美國參議院外交委員會的韓國事務聽證會上，駐韓美國大使波特發言說：「應該採取強硬些的手段，要求南北韓以直接接觸來緩和緊張。」還有，一九七一年二月波特大使在所發的外交專文中提到：「必須告知韓國政府，若不採取足以緩和緊張情勢的措施，美國將尋求與北韓對話的管道。」這些都是美國要求南北對話的重要依據。

美國認為，國際需要靠南北韓對話來緩和韓半島的緊張情勢，所以直接向韓國政府施壓，要求開始與北韓對話。不過美國期望的緩和局勢，程度也僅止於改善美國與中國的關係而已。儘管美國在一九七〇年與一九七一年初期曾經施壓要求南北韓對話，但是當南韓一九七一年十二月宣布進入非常狀態及一九七二年十月推動維新體制時，美國明知朴正熙濫用外部局勢來遂行其國內政治目的，卻未積極介入，甚至還對一九七三年以後南北對話的倒退袖手旁觀。

要解讀美國如何介入南北韓對話，需要套用美國關於韓半島政策的「介入範圍」（American boundary）概念。《七・四南北共同宣言》發表時，美國在韓國政治上的介入範圍最低限度是維持分裂國家的安定，若能維持該國基本的民主架構就更好了。外交上同時考量東北亞區域戰略，介入範圍保持彈性，一方面在韓半島局勢往中國靠攏時盡可能維持安定，另一方面又要嚴守底線，不能破壞韓美同盟。

圍繞北韓威脅論而起的韓美衝突

尼克森政府要求改善南北韓關係時，起初遭到了朴正熙政府的拒絕。理由顯見是因為北韓南侵的威脅。即便是與北韓開始對話，朴正熙政府仍然懷疑北韓會一邊談、一邊藉機南侵。不過這個疑慮缺乏根據。一九七〇年時北韓仍有持續的軍事挑釁行動，像是六月五日北韓在西海劫持了負責保護漁船的南韓海軍廣播船，二十二日又發生了國立墓地顯忠院爆炸事件。不過自一九六九年以後，北韓的武裝突襲侵略挑釁確實已經減少。

在一九七一年四月的總統選舉中，朴正熙政權利用北韓的南侵威脅做為政治工具。面對候選人金大中提出的訴求，包括南北韓交流及改變對北政策，候選人朴正熙更為急迫地強調北韓的南侵威脅。當時民主共和黨的選舉口號是：「在北傀的野心面前，誰能守護安定的生活？」四月二十一日身為候選人的朴正熙評論：「近來的局勢就像『六二五事變』（譯註：指韓戰）前一夜。」同時強調北韓正在準備南侵。在總統選舉四天前的二十四日，國防部判斷「北傀已在策動挑釁行動」，並對軍隊下達特別警戒令。候選人金大中承諾當選後將縮短服役期間至兩年及廢止鄉土預備軍，相比之下，朴正熙強調的是北韓南侵威脅的真實性。

即使在紅十字會會談開始後，朴正熙政權仍持續誇大北韓的威脅挑釁。一九七一年十一月二十九日金鍾泌總理在與法新社會面時，提到「北傀的南侵威脅正在擴大」，而那一天華盛頓與北京也正好同時公布，尼克森決定在一九七二年二月二十一日出訪中國。隔天十一月三十日，國防部長劉載興親上火線，具體強調北韓南侵的威脅。部長在記者會上聲明：「已找到實際證據，顯示北傀擬定了所謂二十日戰爭的新戰略，準備挑起戰爭，因此政府不得不改變施政，轉以國防為主，即使犧牲經濟建設也在所不惜。」

不過美國並不同意韓國的情資判斷，甚至加以批判，認為韓國故意扭曲消息。國防部長劉載興誇大北韓的挑釁威脅，對此美國國務院指示在首爾的大使館轉達美國的憂慮。具體內容主要在於警告：「所謂北韓準備要南侵的情資缺乏依據，韓國為了國內政治目的扭曲情資，無視於各國都在努力緩和亞洲緊張局勢，這會影響韓國的投資振興，也會產生負面影響，阻礙美國協助韓國軍隊現代化。」

不過朴正熙政權仍是以北韓南侵威脅為由，在一九七一年十二月六日宣布「國家進入非常狀態」。在與哈比布大使會面的場合裡，金鍾泌總理說明：「宣布非常狀態是為了因應日後國際局勢可能產生的不確定性。」他所舉的理由是：「聯合國至今一直保護韓國，但是因為中國加入聯合國，未來要保護可能會有困難。而且北韓的國力達到顛峰，正在準備戰爭。」

朴正熙政權強調北韓南侵的威脅，不過美國並不同意朴正熙政權對局勢的認知。因為沒有具體情資足以判斷北韓的南侵企圖，美國認為朴正熙政權扭曲情資是有國內的政治性目的。一九七一年十二月當時，美國評論指出：「朴正熙政府是以北韓的南侵威脅為由，正當化高壓統治及犧牲國民的權益。然而在與北韓開始會談後，這樣的說法受到了質疑，朴正熙也沒有把握是否能在不以北韓武力威脅為藉口的情況下維持秩序。」

儘管朴正熙政權習慣性地公開強調北韓南侵的威脅，但是真正憂慮的還是緊張局勢緩和後所帶來的國內政治效應。一九七二年四月二十五日，中央情報部長李厚洛透過美國CIA的管道告知，自己將於五月二日到五日之間訪問北韓，CIA說：「朴正熙政權擔憂南北韓關係發展所帶來的國內效應。」同時預期：「當南北韓會談破局或是出現政治上的負面效果時，朴正熙政府的腳步就會立即後退到一九七一年以前的情況。」

對話帶來的緩和效果

南北韓對話的發展確實能緩和緊張的情勢。中央情報部長李厚洛訪問北韓見到金日成時，金日成親口強調沒有南侵的意圖。李厚洛部長向哈比布大使說明一九七二年五月十日訪北的結果，他說：「有感受到北韓真心期望緊張緩和下來。」李厚洛部長歷經五月四日和五日與金日成四小時的會談，對此他說明：「金日成憂心南韓攻擊北韓的可能性，還不斷要求向朴正熙轉達，說北韓沒有發動戰爭的意圖。」

在南北韓關係中也有過緊張舒緩的明確事例。一九七二年六月十三日李厚洛在與哈比布大使會面時，提到北韓曾經兩度使用「李厚洛—金英柱熱線」。第一次熱線是在一九七一年十二月十五日，當時DMZ的韓國軍隊開了五百多槍，北韓告知將開槍反擊。李厚洛要求北韓先延後射擊，並解釋韓國軍隊射擊的理由是「因光線問題誤射枯死樹枝」，平壤接受了這個理由而取消射擊。第二次熱線則是告知「已經鳴槍警告徘徊警戒線北邊的三、四名韓國士兵」。

南北韓開始對話後，韓半島的軍事緊張隨之趨於緩和。金日成明白強調沒有南侵的意圖，雖然令人難以信任，但是自從南北展開對話後，北韓確實沒有再挑釁。軍方也有透過直通電話建立軍事信任，儘管只是第一步。不過朴正熙政權依然持續強調北韓的南侵威脅。

將緩和視為危機的朴正熙

朴正熙在一九七二年十月十七日以南北對話及國際局勢的變化為由，宣布非常戒嚴令。他列舉了幾項整頓的藉口：第一，在緩和緊張的名義下，列強有可能會犧牲小國；第二，實施非常措施能為和平統一與繁榮的基礎做準備；第三，南北對話積極展開與周邊情勢劇變，我方須有所因應。

朴正熙政權將韓半島秩序的變化當成宣布進入非常狀態的藉口。在板門店進行的祕密接觸開始後，他於一九七一年十二月宣布非常狀態；發表《七・四南北共同宣言》後接著是朴成哲訪問首爾，他又在一個月後的一九七二年十月十七日宣布戒嚴令。朴正熙相信美國與中國的關係一旦改善，危機就會浮現，這也就是所謂的「緩和危機論」。一九七一年十月二十五日台灣脫離聯合國，席位由中國取代，中國取得聯合國會員國資格的同時成為安全理事會的常任理事國。那年四月的「乒乓外交」改變了美國輿論對中國的看法，這是尼克森政府要展現決心，以期待改善對中關係。

看到台灣的聯合國席位被中國取代，朴正熙政府受到很大的衝擊。朴正熙擔心美中兩國進行祕密協商時，美國可能會接受中國的要求，撤出駐韓美軍。朴正熙政府不僅不希望美中改善關係過程中討論到韓半島問題，甚至極力想阻撓。

為了安撫這些不安，尼克森在一九七一年十一月親自寫信給朴正熙。尼克森在這封信裡提到，希望南北韓對話能自然發展成南北韓交流，同時也努力安撫朴正熙的不安。尼克森承諾說：「不會忽視同盟國家的利益，與中國的對話將集中在美中兩國的未決案件上，不會處理第三國的相關問題。」此外美國政府還向哈比布大使傳達立場，說：「在尼克森訪問中國前不可能舉行朴正熙與尼克森的高峰會，所以希望能以這封信使敏感的朴正熙安心。」並要他轉達說：「收到尼克森私人信件一事可以公開，也可向大眾提及，美方保證不會在北京協商韓國問題。」

不過那年十二月宣布非常狀態當時，朴正熙仍然以緩和危機論及北韓的持續南侵威脅做藉口。朴正熙與哈比布大使見面時強調說：「由於尼克森訪問中國，韓國擔心會像台灣一樣被犧牲。中國加入聯合國又會站在北韓那一邊，這對韓國的安保問題是嚴酷的挑戰，韓國必須有所因應。」這就是緩和危機論。

朴正熙同時強烈表達：「雖然眼前沒有北韓南侵的證據，但不能排除那樣的可能性。」按照朴正熙的說法，宣布非常狀態有兩個目的：第一，是對金日成的警告，要讓他知道即使紅十字會會談使緊張情勢緩和，但韓國人還是不會輕易受騙；第二，要警告韓國人民，即使國際環境產生變化，北韓的南侵威脅依然持續。對此哈比布大使強調說：「並沒有證據顯示北韓的軍事威脅正在逼進。」他也警告說：「突然宣布非常狀態，使投資韓國的美國企業受到驚嚇。」

維新體制與韓美衝突

一九七二年十二月，美國認為朴正熙政權下的民主嚴重倒退。當時的國務次卿強森（Ural A. Johnson）把大使金東祚找去，說明了美方立場。強森說：「關於宣布非常狀態一事，雖然國內政治是貴國政府所管轄，但已經帶給韓國境內的美國人不安，希望朴正熙政權不要限縮國會的功能。」

跨過一九七二年後，朴正熙政權再也無法以北韓的南侵威脅當藉口。紅十字會會談和《七・四南北共同宣言》、南北協調委員會等對話的進展，對韓半島的緊張局勢帶來明顯的緩和效果。最後朴正熙政權只能強調美中關係改善所造成的緩和危機論，但那也成了引發韓美衝突的重要因素。

在十月十七日宣布非常戒嚴令的總統談話文草案中，朴正熙提到，美中靠攏正是國際局勢變化的證據，還提到，中國加入聯合國後，在討論韓半島問題時有顯露出敵意，日本也開始對北韓靠攏。金鍾泌總理在發表前一日把文稿轉達給哈比布大使，國務卿羅傑斯從首爾的大使館收到轉交的草案後，馬上把金東祚大使找來，直接批評韓國政府說：「我們無法接受宣布戒嚴令的理由，更難以理解總統在談話文中為何要列舉美國在亞洲推動的政策。」

國務卿羅傑斯還特別警告說：「尼克森總統對於這部分感到不滿，總統的談話文有可能在兩國之間引發嚴重的問題。」金東祚大使回問，如果刪掉談話文中具有攻擊性的文句，美國是否能對宣布戒嚴令一事給予公開的正面評價。國務卿羅傑斯清楚地指出：「問題在於憲法被修改的內容。」助理國務卿格林更進一步警告：「與美國國會的關係會受到影響，韓國軍隊現代化及美軍駐韓問題將遇到困難。」金東祚大使回答：「我不清楚，也沒有收到過關於這項問題的指示，我會向政府高層轉達美國的立場。」

國務卿羅傑斯十月十六日指示哈比布大使與朴正熙見面，要他轉告對方：「雖然不會公開提及朴的行動，但是這樣的行動難免會導致韓美關係惡化。」不過哈比布沒有見到朴正熙，只好向金鍾泌總理轉達這個立場。十七日哈比布大使報告說金鍾泌總理已經把談話文修改後傳過來了。CIA局長赫姆斯報告說：「雖然金鍾泌要求朴正熙將戒嚴令的宣布時間延到美國選舉後，但是朴正熙相信美國出賣了（越南的）阮文紹政權，因而決定強行宣布。」

同一天在華盛頓的金東祚大使去找助理國務卿格林，提到：「已向李厚洛轉達美國政府的立場，或許會刪掉具攻擊性的文句。」格林說：「我方認為，朴正熙政府批判美國的亞洲政策，這件事很嚴重，也擔心歷史會再重演，就像當年李承晚的高壓統治引爆韓國人民的怒火。」他還指出：「無法理解朴正熙政府為何把外部因素當做改變國內施政的理由，更不該將其正當化。」接著助理國務卿格林評論說：「朴在談話文中公開宣稱，國民投票顯示出，人民都信任政府的對北政策，這種說法很類似李承晚的北進統一主張。」他表示強烈不滿：「韓國政府將會付出代價。」還清楚地說：「美國的軍事經費援助能在國會通過，是因為對韓國有正面的印象，未來可能就會有困難。」

十月十七日在朴正熙總統的非常戒嚴令最終發表文中，尼克森訪問中國一事並沒有被具體點出來，不過卻提到韓半島勢力均衡關係有變，他依然堅持著緩和危機論的立場，主張必須小心「在緩和緊張的名義下，列強極有可能把第三國或小國當成犧牲的祭品」。因為這是唯一能做為解散國會、破壞憲政體制、否定民主體制的藉口。

那天季辛吉在寄給尼克森的文件中提到：「朴正熙決定放棄對北關係中能獲取的短期政治利益，所以韓半島的緊張局勢已不可能緩和，也不令人期待，在國內政治也得不到任何利益。」尼克森政府判斷，朴正熙政權的緩和危機論是虛構的，而且決定的根據不是南北韓關係發展，而是政權的延長。

韓美衝突的本質不只是雙方對「緩和」的認知差異，還包含美方對朴正熙政權的高度疑慮及警告，因為韓國正在民主倒退。哈比布大使認為，在宣告維新體制的時間點上，美國有兩個選項。一個是與朴正熙政權直接對立；另一個是為阻止其濫權而持續施壓。哈比布大使認為需要採取間接施壓的方式，而非直接介入，並主張：「美國不干涉韓國內政，但至少需要明確告知對方，想從美國這裡取得政治及物質支援將會有困難。」他還提議說：「除了努力緩和朴正熙政權的高壓統治，也需要將維新體制與美國切割。」

美國做出這樣的選擇，可以定義為「以不介入的方式介入」。韓戰及一九五〇年代時，美國曾經計劃要推翻李承晚體制，但最後結果與不介入的情況是一樣的。雖然擔憂民主倒退而給予警告和施壓，不過卻是採取間接的方式。最後就維持底限，韓國不脫離與美國的同盟關係，美國選擇對維新體制袖手旁觀，以縫合雙方裂痕。

緩和是危機還是轉機？比較朴正熙與威利・布蘭德的做法

朴正熙把全球性的局勢緩和解讀成危機，但另一個分裂國西德的總理威利・布蘭德（Willy Brandt）卻認為緩和是轉機。朴正熙認為西德的東進政策（Ostpolitik）日後可以運用在與北韓關係的改善，曾經指示將相關情報呈報給祕書室。西德的東進政策是要趁國際局勢緩和時改變與東德的關係。東進政策是從一九六三年開始的，布蘭德在西柏林市長任內，於那年的耶誕節連假推動東西柏林離散家族重聚，這點啟發了朴正熙政權率先推動紅十字會會談。

西德社會民主黨一九六六年與基督教民主黨組成大聯合政府，任命布蘭德為外交部長，同時發表東進政策。一九六九年由社會民主黨主導與自由民主黨組成的聯合政府更為具體推動，幾乎可稱之為「新東進政策」。尼克森的緩和政策無異營造出東進政策得以執行的國際環境。

在此針對《七・四南北共同宣言》的背景與「東進政策」進行比較。第一，朴正熙政府希望維持現狀，但布蘭德政府卻想克服現狀。布蘭德一九六三年曾經透過在圖青（Tutzing）的演說，將「東進政策」概念定義為「在軍事上維持現狀，同時又在政治上克服它」。之後的東進政策由幕僚艾岡・巴爾（Egon Bahr）做更細膩的定義。巴爾強調東進政策有兩大原則，包括從國際層面解決德國問題（與蘇聯合作營造有利於統一的環境）以及透過和解尋求改變。但是朴正熙政府卻只想維持對決體制，而非追求改變。

第二，朴正熙政府不承認北韓的實體，但是布蘭德政府卻能接受共存。一九七〇年三月十九日在艾爾福特（Erfurt）舉行第一次東西德高峰會談時，東德總理維利・史托夫（Willi Stoph）堅持先討論東德的承認問題。蘇聯外長葛羅米柯（Andrey A. Gromyko）也在與艾岡・巴爾的會談中強調承認東德主權的重要性。當時布蘭德在一封寫給尼克森的信中就表明立場說：「承認東德雖然時機上言之過早，但是因為有緩和緊張的效果，所以不排除其可能性。」最後布蘭德政府為了東西德關係正常化及相互合作而承認了東德實體。一九七二年十二月的東西德《基礎條約》就包含了承認東德為國家、同時使其加入聯合國、設置常駐代表部等。「承認對方」成為合作基礎，有助於通行規定的鬆綁、離散家族團圓、郵件互寄等。

第三，朴正熙政府缺乏區域戰略思考，布蘭德政府則是同步推動區域戰略與東德政策。東進政策除了改變與東德的關係，也改變了與波蘭等華沙公約組織國家以及蘇聯等國的關係。特別是西德在改善與東德的關係之前，已經先推動與蘇聯友好往來。就像尼克森政府利用中蘇衝突擬定連鎖策略（linkage strategy）來推動美中蘇三角外交一樣，布蘭德政府也是為了改善東西德關係而積極活用「蘇聯牌」。

從這點來看，東進政策在區域戰略上具有重要的意義。布蘭德政府在推動東進政策時曾與尼克森政府之間產生衝突。季辛吉將東進政策視為附屬的結構要素，看是否有助於美國推動中蘇關係，但布蘭德卻想將東西德關係從美蘇競爭的版圖上切割出來。一九六九年十月一日季辛吉第一次打電話給艾岡・巴爾時，對方這麼說：「西德外交政策要走自己的路，計劃要加入《核武禁擴條約》，東進政策的第一步是與蘇聯締結互不侵犯協定。」布蘭德政府將全球性趨向緩和的國際情勢變化當成機會。蘇聯及東歐國家的區域關係改善，西德才能透過東德政策建立友好的區域秩序，進而改善東西德關係，創造永續環境，以改變歐洲的冷戰秩序。

第四節　做為國內政治手段運用的對北政策

朴正熙政權利用南北關係做為國內的政治性手段。布蘭德把局勢緩和視為東西德關係改變的機會，朴正熙政府卻拿來做為獨裁政權延續的藉口。《七・四南北共同宣言》是「做為國內政治運用的對北政策」代表性案例。對北韓根深蒂固的仇視影響了政府的政策，朴正熙政府藉機動員了潛在的冷戰意識。

期待與敵對：觀察南北韓對話的雙重性

對於韓戰後首次展開的南北對話，南韓國民懷著一體兩面的雙重心情，期待的心情像就從敵對的大海中竄起的水氣。北韓代表團在一九七二年九月十二日首度訪問首爾，當時是為了參加紅十字會會談第二次預備會議。那天過了板門店後，在途經汶山、薄石嶺、弘恩洞、社稷隧道到中央廳、市廳的沿路上，許多市民都出來觀看。北韓的紅十字會代表團及記者團一行五十四人在上午十點三分越過板門店，從汶山開始在現場取材的小說家李浩哲寫道：「這股情緒隨著人潮聚集自然形成，一路上都有這獨特的群眾熱情。」

站在路邊觀看的市民表情顯得錯綜複雜，其中有許多是離散家庭。在三十八度線的阻隔下，與父母手足分離倏忽已過三十年。或許是因為能與分離的家人再次見面的模糊期待感，沿著北方代表走過的路上人潮一一湧現。

不過「期待」持續沒有多久，就再度墜入「敵對」的大海裡。九月十三日展開的會談透過電視實況轉播，全國國民都聚集圍坐，豎起耳朵專注聆聽分裂後首度接觸的北方代表發言。然而北方代表的演說卻喚醒了眾人「心中的三十八度線」，那是在離散家族重聚的期待感下一度擱置的。曾擔任北方諮詢委員的尹基福發表帶有「我們民族敬愛的金日成領袖」、「光榮的民族首都平壤」等內容的政治演說，立即引起一陣譁然。

那天首爾市警局接到的一一二及一一三報警電話中，約有六十件是「譴責北韓政治宣傳的市民抗議電話」。中央情報局長李厚洛在晚宴場所中提出抗議：「在促成彼此理解的場合中談論金日成首相，這不是強人所難嗎？我們有說過偉大的指導者朴總統這種話嗎？」諮詢委員尹基福聽了以後回答說：「那些話已經說習慣了，只是引用而已。」這一番對答經過新聞報導後，北方馬上否認說過這些話，聲稱是新聞誤報。朴正熙總統在九月十五日與記者會談時提到：「反而更加凸顯國民的反共精神。」

維新體制是為了統一？

對《七・四南北共同宣言》的態度，北韓積極而南韓消極的原因，正是與統一的立場有關。北韓認為要先從基本問題開始討論，南韓則認為應先從容易處理的問題著手，但像統一之類的基本問題還未到討論的時機點。

朴正熙政府對「統一」的概念具有雙重性。在與北韓對話時，南韓將「統一」視為基本卻非屬當務之急的課題而加以迴避，但在國內政治上卻又賦予「統一」最優先的價值。統一的概念當然是以「吸收統一」為前提，既不具體又抽象，而且沒有提及「怎麼做」，只是以「烏托邦」型態存在著。統一不是政策，而是名義，也是意識型態。在一九七二年十二月二十三日統一主體國民會議開幕式中，朴正熙就曾說：「十月維新的終極目標，是要以我們自己的力量和睿智去爭取並建設統一祖國。」

從一九七三年二月國務卿季辛吉與外務長官金溶植的談話中，可以一窺朴正熙政府對統一問題的矛盾態度。季辛吉問金溶植部長：「為什麼韓國反對邦聯（confederation）？」季辛吉又追問：「聯邦（federation）或許會有爭議，但邦聯不就是兩個國家並存嗎？」同時問說如果是那樣，不就可以接受了？

金溶植部長答非所問，只是原則性地回覆說：「北韓是在軍事上及經濟上具有攻擊性的體制，韓國政府必須強力保護國民免於受到這種外部的威脅。」他甚至向季辛吉反問美國的立場。季辛吉提及：「我方未曾思考過統一方案，也認為沒有需要二選一，能理解韓國的立場。」季辛吉說：「只希望韓國能與北韓維持對話。」從季辛吉與金溶植的談話中可以看出，韓國從未檢討過統一的進程與方法。因為韓國不認為統一是需要與北韓協商的議題，只當成操弄國內政治與保持維新體制的名義藉口罷了。

到了一九七三年，南北對話急速失去動力。雖然仍維持接觸，但是已經陷入對話不再有進展的停頓狀態。金鍾泌於美國大選後的一月三日訪問華盛頓，他在與尼克森談話時提到：「南北對話不再有實質進展，任何人都不相信對話能成就什麼事。」以此說明南北對話的現況。

美國同樣在一九七三年中半後，就不再要求朴正熙政府推動南北對話。七月時，季辛吉向國務部及國防部轉達了尼克森總統對於美國韓半島政策的認可事項，內容包括：「會避免要求韓國政府加快南北對話速度，美國對首爾的直接介入僅限於出面遏阻會造成對話中斷的威脅情事。」在與韓國政府高層碰面時，季辛吉重申將遵守總統的這些指示。

《七・四南北共同宣言》被當成維新體制的藉口。朴正熙政權的邏輯是，為了統一需要先整頓國內體制。國內政治目的達成後，南北對話局勢的必要性消失，最後只留下維新體制。從一九七二年下半年起，陷入停滯狀態的南北對話終於趁一九七三年發表《六・二三宣言》時關閉大門。雖然宣言裡南韓宣示「在互惠平等的原則下對所有國家門戶開放」和「不反對北韓與南韓一同加入聯合國」，但終究仍是在國際舞台上採取「不承認北韓」政策。布蘭德政府已經放棄過去不承認東德的政策依據——「赫爾斯坦」（Hallstein）原則，但是朴正熙政府卻沒有放棄。在南北對話局勢終結的時間點「對共產集團門戶開放」，目的是想保有在對北外交競爭中的優勢，以及在國際社會中孤立北韓。《六・二三宣言》基本上具有外交領域上「體制競爭的冷戰意識」。當時南北協調委員會的北方委員長金英柱曾在一九七三年八月二十八日要求廢止形同容許「兩個朝鮮」的《六・二三宣言》，並聲明終止南北韓對話。

第五節　再次從對話到對決

尼克森政府的緩和政策，雖然開啟了改善對中關係的大門，不過卻在一九七四年八月因為尼克森辭任而難以延續。一九七三至一九七六年福特執政期間，緩和的速度急遽降溫。到了一九七六年總統選戰時，美國共和及民主兩黨都在批判緩和政策。四月時福特總統指示勿再使用「低盪」一詞，要改用「以實力謀求和平」（peace through strength）的說法。尼克森與季辛吉的外交政策可說是暴露了中央集權式個人化外交政策的侷限。美中建交最後在一九七九年進入卡特政府時期後開花結果。

朴正熙政權將局勢緩和視為危機而非轉機，不僅拒絕了北韓的高峰會談提議，也對《七・四南北共同宣言》的協議及發表持否定的態度。他不承認北韓是政治實體，甚至極力阻撓其他國家靠攏北韓。當時朴正熙政權把國內政治放在最重要的順位。在維新體制形成的過程中，南北關係與外部局勢變化都是重要的藉口，像一開始就以北韓南侵威脅合理化民主開倒車的做法。

不過在南北對話展開後，緊張局勢隨之舒緩，傳統的反共理論也失去了依據，於是朴正熙開始端出緩和危機論，利用與外部環境變化完全相反的狀況，做為建立維新體制的藉口。對話情勢終結時，南北關係再度回歸冷戰的對立局面。在統一可能性消失的位置上，最後只留下號稱「維新體制」的獨裁。

韓戰後雙方首度接觸的紅十字會會談雖然到一九七二年十一月還進行四次會談，但後來未再繼續。一九七三年八月二十八日北方正式宣布中止會談，兩年多的首度對話局面就此落幕。雖然是國際政治變化所創造出來的接觸，但是要真正跨越敵對的現實，仍是心有餘而力不足。

奔走板門店的腳步聲逐漸沈寂，緊張的情勢再度湧現。對話一旦中斷，取而代之的就是槍聲了。一九七六年八月十八日在板門店發生相當驚悚的衝突事件，美國稱為「砍樹事件」（Tree Cutting Incident），韓國教科書則稱為「八・一八斧頭暴行事件」。事件的開端是起因於板門店會議室西側聯合國軍觀測站之間的一棵白楊木。兩名隸屬聯合國軍司令部的美軍軍官在砍伐遮蔽觀測所視野的樹木時，遭到北韓警衛兵殺害身亡，一同前往的韓國工人嚇得驚惶逃離。這是史無前例的事件。

事件發生後，聯合國軍司令部總司令官——同時也是美國陸軍指揮官的理查・史蒂威爾（Richard G. Stilwell）下令：「將那些該死的樹砍掉！」作戰名稱訂為「保羅・班揚」（Operation Paul Bunyan）。保羅・班揚是美國傳說中巨人樵夫的名字，這是史無前例的「白楊木砍伐作戰」。八月二十一日由一個小隊的衛兵在前，十六名美軍戰鬥工兵團員在六十四名韓國特戰隊員的護衛下朝白楊木前進。事件發生後發布的戒備狀態從三級（預備警戒狀態）升高到二級（作戰準備狀態）。即便是三級戒備狀態，在韓戰後也是首次發布。

航空母艦「中途島」搭載七十五架轟炸機從日本駛入韓國東海，由四十架戰鬥機組成的兩個戰鬥隊伍從沖繩美軍基地移動到韓國空軍基地；F－一一一轟炸機二十架與B－五二轟炸機也分別從美國本土和關島空軍基地出動到韓國。美軍擬好因應交戰狀況的具體作戰「突發計劃」，但是不清楚這件事的韓國軍卻自行擬定了「誘發挑釁計劃」，想誘使北韓軍做出回應。

就在戰爭逼近的驚險瞬間，幸好作戰計劃成功，在未發生衝突的狀況下砍掉白楊木。這個事件使韓半島上唯一的中立地帶——板門店也劃上了三十八度線。高七公分、寬四十公分的小塊水泥將南與北隔開，心中的三十八度線也更為牢固。

第四章

協議的時代：北方政策與南北基本協議書

一九八四年夏天南韓下起大雨。集中豪雨一直下到七月中旬，死傷人數達到七十多人；八月底時再度下雨，這次又有約三百三十九人傷亡。北韓在九月八日透過電視提議，表示將援助米五萬石（約七千八百噸）、布料五十萬公尺、水泥十萬噸，以及其他醫藥品。自一九五〇年起只要有類似的情況，北韓就會提議要給予人道援助。

自從北韓的南日外相在一九五四年日內瓦會議中提議南北經濟合作後，北韓就持續週期性提出像是配送電力（一九五五年）、水災難民援助（一九五六年）、救災米無償提供（一九五七年）、風災和水災救援物品提供（一九五九年）等提案，到一九六〇年也是如此。每當北韓提案時，南韓便以不回應「政治宣傳」為由而拒絕。不過一九八四年的全斗煥政府卻不同，對於北韓老套且習慣性的援助提案，很快就接受了。

全斗煥政府接受北韓的人道援助是異乎尋常的舉動。當時距一九八三年北韓在緬甸翁山將軍墓地策動以全斗煥總統為攻擊目標的恐怖事件，才剛過一年。雖然全斗煥總統因為稍晚到達而逃過一劫，但是外務長官李範錫及多數部長級官員等人遇害。此外，當時北韓的狀況也沒有餘力可以援助南韓，那段時期北韓還需要從泰國進口稻米，一九八三年的南韓稻米生產量（五百四十萬噸）較北韓（二百一十二萬噸）多二點五倍，南韓的水泥生產量也足足多了北韓二點七倍。

第一節 最初的人道援助與離散家族的重逢

全斗煥政府之所以決定接受北韓的水災物資援助，理由是為了改善南北關係。正在宣傳一九八六年亞運和一九八八年奧運的全斗煥政府，必須要維持韓半島的情勢穩定。一九八〇年莫斯科奧運在世界新冷戰的氛圍下，遭到美國等西方國家的抵制；反過來一九八四年在美國舉行的洛杉磯奧運，同樣也受到蘇聯等社會主義國家的抵制，競賽等於只舉行半場。一九八八年漢城奧運（編按：南韓在二〇〇五年才將漢城正式更名為首爾）若要圓滿成功，勢必要讓蘇聯和中國等社會主義國家參加，南北關係也必須解套，所以南韓就抓住北韓的人道援助提議做為解套的機會。

一九八四年北韓提供水災物資，是韓戰以後第一次的人道援助事例。那一年南北韓紅十字會會談討論到北韓的水災救援物資交付，北韓主張要用汽車和輪船直接運送物資，還要拜訪受災地區，安慰災民；南韓則依照世界紅十字總會災難救護原則，反駁說應該由接受物資的一方決定物資交付地點。最後米、布、醫療用品在板門店交付，水泥則從仁川港和北坪港（今東海港）進來。當時在國會或報紙媒體都提到，拒絕北韓接近災區的理由是因為「北韓想以人道主義進行政治宣傳」。

北韓首先要求「透明分配」，表示想確認救援物資是否有確實轉達，但是被南韓視為政治理由而予以拒絕。在報導北韓救援物資交付過程的新聞畫面旁，還可以看到「越是提供人道主義物資，越要對共產黨有自覺」的反共標語。援助米依照受災農戶的損失程度分別發放三十三公斤到六十六公斤不等，收到北韓米的人當然各有不同的反應。有人說「心裡總覺得不安」，而決定退還；有人覺得米不好而拿去做成年糕；當然還有不少離開故鄉的民眾，要了一把北方的米回去祭祀。大韓紅十字會這邊也沒有忘記給朝鮮紅十字會的相關人士回禮。重約二十二公斤的一千六百個大包包裡裝了卡式收錄音機、電子手錶、西裝料、內衣、襪子等禮物準備致贈。

「不認得這個人嗎？」

在南北關係中最重要的人道未決問題是離散家族的重聚。推動人道援助的同時，也創造出離散家族得以重聚的機會。南韓內部對離散家族重聚的渴望早已達到顛峰，一九七〇年代的南北對話雖然是從討論離散家族重聚的紅十字會會談開始，但在當時只有高度期待，卻沒有完成任何事。

離散家族重聚的渴望噴發是偶然形成的。一九八三年六月，韓國放送公社ＫＢＳ企劃以兩天左右的時間，連續四十八小時直播尋找離散家族的節目。節目才剛推出便大受歡迎，後來竟播出了一百三十六日，有超過十萬名觀眾收看，節目介紹了五萬三千多人悲悽的故事，沒有人知道這一萬一百八十九個家庭是否能戲劇性地重逢。

六月三十日節目一播出，全南韓各地的離散家族開始湧向ＫＢＳ建築物。寫著一則又一則故事的紙張，開始被張貼在電視台建築物的每一面牆，大家讀著密密麻麻，寫滿故鄉和姓名、離散時間等血淚斑斑的壁報，茫然地四處流連徘徊。其中還有一張小紙條，讓大家忍不住停下腳步，揪心不已。上面什麼內容也沒有，只寫著：「我的父母姓名、生年不詳，到底是誰呢？」這是一名男子哀痛的吶喊，因為自小就和父母離散，所以不知道自己原來的名字，更遑論父母的名字。原本被壓抑的戰爭傷痛，都在一瞬間爆發了。

隨著時間經過，哭牆不斷擴大，最後政府終於在汝夷島設置相見廣場。有人是看到壁報而重逢；也有人看了告示板的內容後，發現要找的人很像在那邊排隊，因而一家團圓。團圓的人們流下喜悅的淚水，無法團圓的人拖著落寞的步伐，徘徊數日。

即是全國都已哭成淚海，還是有人找不到親人，大家很自然地把視線轉向了三十八度線以北。「如果住在南方，應該會出現才對。既然音訊全無，有可能是因為在北方。」這些心聲匯聚成南北離散家族重逢的期待。最後，一九八四年的北韓水災救援物資成了重啟南北會談的契機，分裂後的首次離散家族交換訪問，安排在一九八五年九月的中秋節。九月二十二日那天，三十五年以來一直想大聲呼喊母親、父親、兄弟等家人的聲音，在首爾和平壤響徹雲霄。

在會面現場所感受到的分裂隔閡

要用什麼來比喻重逢的喜悅呢？一位住在首爾的八旬老母，認不出來自北邊的長子。五十四歲的長子將嘴巴附在已經聽不到聲音的老母耳邊，大聲說：「媽，老大炯碩來了。」但是老母還是沒有認出已經滿臉皺紋、上了年紀的兒子，焦急的兒子給老母看左眼旁的疤痕，同時哽咽地說：「為了這個疤痕，母親當時不知吃了多少苦？」不知不覺間，老母也開始落下眼淚。

隔壁房間是父女重逢，父親和女兒已經認不出彼此的臉。出生後兩歲不到就分離的中年女兒，怎麼可能記得父親的臉？父女只是緊緊擁抱彼此一直哭。重逢會結束吃午餐時，父親一直握著女兒的手，餵她吃東西，接著又幫哭泣的女兒擦眼淚。父親的兩頰也是不停流淚，連一旁的記者、引導員、端菜的飯店服務生都跟著哭了起來。連續按下快門的攝影記者臉龐也滿是淚水。

那天前往平壤的首爾訪問團二十人以及前往首爾的平壤訪問團十五人，都見到了夢中思念的家人。一千萬離散家族中僅有三十五個家庭能夠見面，在電視上看到淚眼重逢畫面的離散家族，心中又是什麼滋味？一九八五年九月二十三日住在京畿道富川的車哲煥在看過離散家族重聚的現場後過世了。他和大家一起哭，然後因為思念過深而昏厥，最後心臟麻痹離世。十四歲時獨自來到南邊的車哲煥，每到中秋和年節就會像其他人一樣去到臨津閣，一邊遙望另一頭的北方土地，一邊焦急地祈禱父母健在。

相見的喜悅讓人鬆了一口氣，接著就會從家人身上感受到分裂的隔閡。九月二十一日在平壤的高麗飯店三樓，趙昌石見到哥哥喜極而泣，聽到父母過世的消息又悲從中來。他抓著一旁的電視攝影機麥克風，滿懷感激地問候大家。北邊的哥哥一聽到他說：「謝謝。我們家人能夠重逢，都是因為上帝。」就大聲說：「你變成基督徒啦。什麼上帝？我們能見面，是因為領導的恩德！」手足無措的弟弟趕緊轉移話題說：「哥，我們聊聊以前的事吧。」

隔壁房的池學淳主教也一樣。在和妹妹見面時，南邊的記者問妹妹：「知道哥哥是南韓有名的天主教主教嗎？」妹妹卻冷冷地回答：「我們就活在天堂裡，哥哥竟然說死了才能上天堂。」主教帶著錯雜的神情，只對妹妹說了一句話：「原來妳在這裡被洗腦得這麼深。」隔天池主教在高麗飯店三樓主持分裂後的第一次彌撒。原本讀著祈禱文的老主教突然淚流不止，彌撒一度無法繼續。參加藝術團公演的歌手河春花等信眾看到主教百感交集，也一起陪同流淚。分裂的鴻溝竟與家族的重逢一樣深刻。

第二節　全斗煥政府的南北對話

只要展開南北對話，很自然就會接著討論高峰會談。如同一九七〇年代一樣，為了討論離散家族重聚而開啟紅十字會會談的大門，進而在會談中有了非公開接觸，接著就是互派高層特使討論高峰會談的問題。一九八五年五月二十九日晚上十一點，安企部長祕書室長韓相一去敲了華克山莊飯店五〇一號房門，曾經參與第八次紅十字會正式會談的北方代表林春吉（祖國和平統一委員會副委員長）和崔逢春（朝鮮勞動黨祕書局課長）正在房裡等他。在一個月前的印尼萬隆會議裡，時任國土統一院長官的李世基曾向北方的參加代表——最高人民會議副議長孫成弼試探祕密接觸的可能性，所以孫成弼對他們透露，如果去到南方，應該會討論到這個問題。那天晚上他們就討論為了日後接觸而成立祕密窗口的問題。

無疾而終的南北高峰會談

後來經過幾次接觸，決定南邊窗口為當時的安企部長第二特別輔佐官朴哲彥，北邊窗口為曾任聯合國大使的韓時海。安企部（國家安全企劃部）將這條接觸管道取名為「八八熱線」，然後推動所謂的「八八計劃」。一九八五年九月四日黨祕書許錟帶著韓時海和崔逢春等人跨過板門店，訪問首爾。他們一行人搭乘的四台車及運送禮物的一台貨車經過了統一路，然後再路過市中心，但是卻沒有人知道。

他們下榻在喜來登華克山莊飯店，隔天九月五日上午十一點全斗煥總統前往京畿道器興區，在東亞集團崔元碩會長的別墅中迎接許錟等一行人。這棟別墅名為「迎春齋」，宛如青瓦台的渡假行館。許錟和全斗煥總統見面時，轉達了金日成的親筆信函，內容與推動高峰會談有關。南北雙方對高峰會談已有原則性的協議，這個階段是要透過密使接觸，協議高峰會談所要納入的議題。

北韓要求中止韓美軍事演習，主張共同宣言裡必須包含南北互不侵犯協定。全斗煥總統認同防止戰爭的必要性，建議要建立信任及南北交叉承認，不要在國際社會過度競爭。大約進行一小時的對話後，雙方前往餐廳繼續討論。最後全斗煥總統問：「平壤也有高爾夫球場嗎？」許錟回答說：「高爾夫球還沒有普及，有一座高爾夫球場。」全斗煥又說：「像在美國那裡，聽說打高爾夫球比打網球還便宜。」許錟轉交所帶來的禮物，是以個人名義送的石杯組、螺鈿花瓶、人蔘酒十瓶等。全斗煥總統則送給許錟電視機一台、VTR一台、西裝布料、手錶以及南韓的松樹香菸二十包。

不過這一段祕密接觸很快就被外國媒體報導出來。青瓦台立刻表示報導沒有事實根據，平壤廣播電台也否認說不是事實。不過因為這則報導的影響，張世東一行的訪北行程較原定計劃晚了一個月。

十月十六日張世東、朴徹言、姜在涉（安企部研究室長）等人搭乘兩台車經過板門店到開城，然後在開城火車站搭專列前往平壤。第二天上午張世東和朴哲彥去見金日成，姜在涉等其他隨行人員則留在下榻住所欣賞一部電影名叫「朝鮮的星星」。金日成首先問張世東有抽菸嗎？張世東回答沒有，接著金日成說：「那我要抽了。」對話就此展開。張世東朗讀全斗煥的親筆信函，關鍵內容是「期待南北雙方層峰見面，並在奠定和平統一基礎上達成具實現可行性的劃時代協議」。[1]

張世東對前一年的水災救援物資表示感謝，金日成呼應說：「接受的一方更勇敢吧。」張世東要求遣返十月八日在西海白翎島附近捕魚而遭北方扣押的第二啟英號，隔天北韓就馬上遣返。

雙方在檯面下達成的協議，一浮上水面就形成軒然大波。檯面下協商是在另一個次元「該給的給、該拿的拿」，但檯面上的協商是公開完成的。而所謂內部協商又存在其他次元，內部協商大致可以分為政府內部的協商、跨黨派的協商以及國民的協商。全斗煥政府內部早已存在不少反對南北對話的聲音。

十月十九日在釜山海雲台旁的青沙浦前海發生了衝突事件，北韓間諜船滲透被發現而遭擊沈。確認敵對的現實後，輿論開始惡化，政府內部的反對聲浪也跟著高漲。檯面上的情勢變化當然也會影響檯面下的協商。雖然在漁船遭到扣押以及有間諜船侵入的情況下，還是可以完成檯面下的對話，但是只要一浮出水面，其他因素就會開始運作。而南北韓還沒有做好準備足以進行檯面上的協商。

經濟會談的成果

有關一九八四至八五年的對話局面，我們要特別注意經濟會談的部分。從一九八四年十一月到一九八五年十一月為止的一年間，總共召開了五次正式會議。經濟會談反映了當時的南北關係，反覆走走停停，即使召開會談也沒有達成結論，最後就在沒有簽署協議的情況下關起會談大門。不過會談還是有不少成果，雙方不僅得知彼此在經濟合作上的優先順位，經濟領域有哪些必須解決的課題，也更加清晰。

在一九八四年第一次會談裡，南方重視的是具體合作內容，北方則主張討論合作的條件和模式。南方認為要從簡單的問題開始著手，再朝困難的問題跨出去；北方的回應是強調政治、軍事問題的重要性，以及需要建立一個合作的架構。不過雙方也有不少的共通點。

最重要的一點是，南北韓在當時會談中確定了「交流、協力」為共同用語。起初南韓提議使用「交易與協力」，北韓主張使用「合作與交流」。一九八五年六月二十日第三次會談，南北雙方採取折衷立場，達成協議改以「交流和協力」。雖然雙方確認在日後的南北關係中使用「交流、協力」一詞，但是到了一九九一年十二月，北韓通過《南北基本協議書》時，又主張採用「協力、交流」，將「協力」的優先順位擺在「交流」前面。有評論認為，北韓這樣做是為了強調經濟協力的政治意義，而非著墨在經濟觀點。

雙方對於交易品項的意見也趨於一致。當時南韓希望能賣鋼鐵材、纖維、鹽巴、柑橘類、南海水產物（海苔、昆布、牡蠣），然後購買北韓的無煙煤、鐵礦石、熔結氧化鎂、明太魚、玉米。南韓主張互相交易對方具有優勢的商品，北韓也有類似的想法。因為是民族內部的交易，所以零關稅是雙方一開始就有的共識。

還有在南北鐵道連結、劃定共同漁區、自然資源共同開發、設置經濟協力委員會等議題上，雙方的意見也有一定程度的相近。在第三次會談進行時，雙方還對付款方式及銀行交換了意見。南韓主張以結算付款為原則，然後漸進改用第三國的銀行信用狀；北韓堅持採用結算付款的方式。結算付款是東西德交易過程中採用的模式，雙方以現貨交易，將金額記錄在帳簿上，以年度為結算單位。大致上西德從東德進口的商品較多，但是西德用財政補貼差額，使東西德交易持續進行。

有關結算銀行的指定，南韓主張先由雙方指定的南北韓銀行結算，之後再逐步擴大到第三國銀行；北韓主張由南北韓指定的雙方銀行進行。這方面雙方立場沒有太大的差異。南韓提議結算貨幣使用英鎊及瑞士法郎，不過北韓沒有提出不同的意見。

南北韓原本協議要在一九八六年一月二十二日舉行第六次南北經濟會談，但是在南韓發表韓美軍事演習——團隊精神（Team spirit）的一九八六年訓練計劃後，北韓就在第六次會談

【表】第四次南北經濟會談（1985.11）雙方協議書

議題	南	北
協議中註記的原則	僅限經濟原則	加入祖國統一的三大原則
交流品項	將第二次會談時協議的品項註明在協議書中，從協議品項開始交流 —南韓可販售品項：鋼鐵材、纖維、鹽巴、柑橘類、南海水產物（海苔、昆布、牡蠣等） —北韓可販售品項：無煙煤、鐵礦石、熔結氧化鎂、明太魚、玉米	參考第一次會談時雙方提議的品項，再由共同委員會協議決定
交易方式	以結算付款為原則，再逐步採用第三國銀行信用狀的方式	結算付款的方式
結算業務處理銀行	由雙方指定的南北韓銀行結算，之後逐步委託第三國銀行	由雙方指定的南北韓銀行
合作事業規模、方法、時機等	事業當事者決定	在共同委員會協議決定
分組委員會數目	分二組（物資交流、經濟合作） ＊必要時得設置特別小組、小委員會	分六組（資源開發、工業及技術、農業及水產、商品交換、運輸及郵政、金融財政）

召開兩天前，通知會談時間延後，之後就沒有再舉行經濟會談。經濟會談雖然沒有簽署協議文，但是當時大部分的討論都有反映在一九九一至九二年《南北基本協議書與交流合作附屬協議書》的主要內容裡。回顧經濟領域的南北對話，雙方先在一九七二年的《七・四南北共同宣言》裡闡述合作原則，在一九八四至八五年的經濟會談中對主要爭點交換意見，最後在一九九一至九二年簽署《南北基本協議書與附屬協議書》使其具體化。由此可見經濟會談的進展過程。

第三節　從全斗煥到盧泰愚：北方政策的形成

所謂「北方政策」、「北方外交」的用語，從一九七三年朴正熙政府簽署對共產主義國家門戶開放的《六・二三宣言》後開始使用。[2]學界認為《六・二三宣言》裡提到的「那些和我們理念及體制不同的國家」，是指位於韓國北方的中國和蘇聯，對共產主義集團開放門戶令人聯想到西德的東進政策，於是稱之為「北方政策」（Nordpolitik）。[3]不過一九七〇年代冷戰時期美國與蘇聯在外交上各自形成陣營，南北韓在國際外交舞台上的競爭越趨激烈，在落實北方外交的意志與能力不足的情況下，政策就更難推動。

真開始具體摸索北方政策是在全斗煥政府時期，當時是為了讓一九八八年的漢城奧運順利舉辦，所以需要拓展與共產主義集團的外交。一九八一年九月三十日，國際奧會在第八十四屆大會中確定由漢城舉辦奧運，南韓在十月二日就立即擬定政策方針，準備改善與共產國家及尚未建交國家的外交關係。北方政策始於全斗煥政府時期，到盧泰愚政府時開花結果。尤其盧泰愚政府在一九八八年的《七・七宣言》裡宣告展開北方政策後，就持續致力於南北關係的改善及與蘇聯、中國建交。

一九七〇年代北方政策失敗的教訓

為了順利推動北方政策，與社會主義國家改善關係時，也要注意是否對南北關係有良性影響。南北關係若不改善，南韓與社會主義國家之間的關係也將難以改善，因為蘇聯和中國等社會主義國家會優先顧及北韓的立場。這一點可以解釋為什麼一九七〇年代的北方政策會失敗，但盧泰愚政府的北方政策卻得以成功。

首次正式提到「北方政策」的概念，是外務長官李範錫一九八三年六月二十九日在國防大學院一場題為「為創造先進祖國的外交課題」演講中。李範錫長官強調：「蘇聯和中國身為聯合國安理會的常任理事國，既是歷史上長久與韓半島接鄰的強國，同時也是與北韓締結同盟條約的國家。這兩個國家與韓戰有直接關聯，為了維持韓半島的和平，需要與這兩個國家維持睦鄰的關係。」

當時的演講就是為了紀念一九七三年《六・二三宣言》十週年。不過，《六・二三宣言》的內容是對非同盟國家開放門戶，並未表明想積極改善與中國、蘇聯等共產國家的關係，所以一開始較為侷限消極。就如同一九八〇年代北方政策的要角朴哲彥所評論，宣言可解讀為「既然不與北韓邦交國往來，實質的目的是如何避免此外交方針產生的問題點」。由此可知《六・二三宣言》在外交領域上仍將「體制競爭的冷戰意識」當做基礎。《六・二三宣言》的北方政策和對北政策互相衝突，最後難免失敗收場。

盧泰愚政府的《七・七宣言》

盧泰愚政府的北方政策於一九八八年七月七日公開發表在《為民族自尊與統一繁榮的總統特別宣言》中。有關南北韓關係的部分包含「南北互相交流、解決離散家族問題、將南北間的貿易視為跟同胞做生意、民族經濟的均衡發展」，宣言還表示「為了打造韓半島和平穩定的條件，我們有意協助北韓改善與美國、日本等我友邦的關係，同時也將致力於與蘇聯、中國等社會主義國家改善關係」。盧泰愚總統在發表《七・七宣言》時說明：「在準備這場演說時，我心中所想的聽眾不只是南北韓同胞，還包括美國、蘇聯、中國、日本的領導階層。」

《七・七宣言》如同朴哲彥的評論：「這個提案首次將民族整合與北方政策議題直接連結。」進一步來說，這個政策同時考量到東北亞區域與韓半島秩序的變化，同時強調南北要在韓半島內部共存，並在國際外交舞台上合作。此外，宣言還提出韓半島的後冷戰秩序方案——也就是建議北韓改善與美國、日本的關係，南韓則改善與蘇聯、中國的關係。韓半島周邊四強交叉承認，才能重整韓戰的戰後秩序，是韓半島真正進入後冷戰時期的轉捩點。當然這時對北韓的認知開始有了改變，盧泰愚政府不再將北韓視為競爭與敵對的對象，而是定義為民族共同體的一員。

如何使這樣的「新事件」成真？外交政策是經由政府、議會、媒體的複雜互動而具體形成，這時總統個人的認知與目標意識扮演著相當重要的角色，因為現代外交是以高峰會談為中心而展開，外交的核心就是總統。所以從盧泰愚總統個人的思維來觀察北方政策形成的過程，會是件有趣的事。

盧泰愚總統在回憶錄中曾經提到，在青瓦台事件後就任保安司令官，是他開始深入思考南北韓問題的契機。他從此時開始構思北方政策，認為政策的核心在於營造國際性條件去改善南北關係，為了達到這個目的，就「必須在聯合國內確保有壓倒性的多數支持」，畢竟外交重視的是「實力優勢」。之後盧泰愚在一九八一年被任命為漢城奧運申辦委員長，他再度認知到北方政策的重要性。西方國家沒有參加一九八〇年的莫斯科奧運，社會主義國家也沒有參加一九八四年的洛杉磯奧運，一九八〇年代前期處於新冷戰狀態，使得兩屆奧運只有半邊國家參與。漢城奧運想圓滿成功，關鍵就在於社會主義國家的參與。盧泰愚在一九八三年到一九八六年約三年的時間裡擔任漢城奧運組織委員長，任內即致力於吸引社會主義國家參與奧運。

在一九八八年的總統就任演說中，盧泰愚強調北方外交的必要性，並闡明：「通往北方的這條外交路徑，也將開啟通往統一的道路。」一九九〇年七月二十日盧泰愚提議：「宣布今年八月十五為民族大交流日，實現南北韓的全面開放及自由往來。」之後又在那年八一五慶祝演說中表示：「關於南北韓簽署放棄武力宣言及互不侵犯協定、停戰協定改成和平協定等問題，已經到了該由南北韓決策當局討論的時候了。」這是關於南北韓關係的前瞻性認知，盧泰愚展現意志，定要使韓半島冷戰結構解體。

盧泰愚總統所構思的北方戰略分為三個階段。第一階段是要營造條件，推動與蘇聯、中國、東歐國家建交；第二階段是改善南北韓關係，後來簽署了《南北基本協議書》；第三階段是北方政策的最終目標，要「將我們的生活與文化圈擴大到延邊、濱海邊疆區」。4

盧泰愚政府能夠充滿自信地推動北方政策，國際情勢的變化發揮了重要的作用。首先是全球後冷戰的國際局勢變化，德國完成統一，蘇聯完成了多黨制的政治改革與市場經濟的轉換，中國當局也加速推動改革開放。也就是說，因為蘇聯和中國內部產生變化，才出現南北關係改善的契機，而社會主義陣營的外交立場在後冷戰時期出現分裂，也擴展了韓國可以運作的空間。盧泰愚政府讀出東北亞秩序的變化，伸手掌握住機會。

與中國、蘇聯建交

韓國能和蘇聯、中國建交，最重要因素就是國際環境的變化。這一段歷史轉折發生的原因是戈巴契夫上台。蘇聯的戈巴契夫在推動國內改革與開放的同時，需要適當維繫對外關係。他積極與美國、歐洲維持外交關係，使冷戰局勢開始轉為後冷戰，並放棄過去社會主義陣營傳統的外交模式。戈巴契夫在一九八六年七月訪問海參崴，提出包含在亞洲裁軍等的新願景。一九八八年九月十六日他在西伯利亞的中心都市——克拉斯諾亞爾斯克（Krasnoyarsk）所舉辦的演說中提議亞太地區凍結核武，還有裁減太平洋的海軍和空軍，緩和蘇聯、中國、日本、南北韓當事者之間的軍事對峙，以及設立亞太地區的多國安保協議機構。

美國的雷根總統和戈巴契夫分別在一九八五年的日內瓦、一九八六年的雷克雅維克、一九八七年的華盛頓舉行高峰會，開啟了全球後冷戰及核武縮減時代的大門。不過雷根政府並不希望亞洲的安保秩序產生急遽變化，所以美國和蘇聯在亞洲的合作受到了侷限。然而戈巴契夫的提議化解了蘇聯和中國長久以來的衝突，一方面提供契機，以重啟長期陷入膠著的中蘇邊境協商，還創造情勢讓盧泰愚政府推動政策來改善對蘇聯關係。

蘇聯和中國改善對韓關係的核心動機，是基於經濟利益的考量。當時蘇聯正遭逢經濟危機，中國正在推動改革開放，需要擴大對外經濟關係，兩國都在重新評估韓國做為經濟合作對象的價值。盧泰愚政府同樣也打算以經濟實力做為外交的重要工具，北方外交政策的第一項成果是與匈牙利建交，就是韓國提供的經濟合作貸款發揮了作用。[5] 在一九八八年八月十二日朴哲彥和匈牙利特使巴薩（Ferenc Bartha）協商簽署的《備忘錄》中，韓國決定四年當中提供有償貸款共六億五千萬美元的經濟合作。蘇聯在一九八八年十一月十日的蘇聯共產黨政治局會議裡以肯定的態度討論了對韓關係，蘇聯副總理弗拉基米爾・卡緬采夫（Vladimir M. Kamentsev）評論說：「韓國是遠東地區最有希望的經濟夥伴。」而且下結論說：「若不加快與韓國關係正常化的腳步，將會錯失機會。」戈巴契夫全面採納了這些意見。

一九九〇年六月四日在舊金山舉行的首次韓蘇高峰會是韓蘇建交的轉捩點。從這場高峰會成功舉辦的過程來看，朴哲彥團隊的非公開活動與戈巴契夫的積極度格外搶眼。戈巴契夫認為，在國內經濟面臨危機的情況下，韓國的經濟援助比起與北韓的傳統外交關係更為重要。在這個過程中，朴哲彥與俄羅斯新聞社（RIA Novosti）東京支社長杜納耶夫（Vladislav Dunayev）的溝通管道扮演了重要的角色。

透過這些非公開接觸，五月下旬戈巴契夫的外交首席顧問杜布萊寧（Anatoly F. Dobrynin）暗中訪問首爾，轉達了高層的意思，建議在舊金山舉行高峰會。[6]杜布萊寧在甘迺迪政府到雷根政府的二十五年間擔任蘇聯駐美大使，是在職中的傳奇外交官。杜布萊寧並未與蘇聯的外交部商議韓蘇高峰會一事，因為外交部長謝瓦納茲（Eduard A. Shevardnadze）考量到與北韓的關係，對於和南韓建交的態度比較消極。

杜布萊寧一邊推動與韓國舉行高峰會，一邊加上但書說：「不得企圖透過任何管道確認消息。」當時盧泰愚政府內部也有人表示憂慮：「會不會被蘇聯人的一句話耍弄，而捲入一場罕見的詐騙戲碼中？」最後韓國與蘇聯兩國的外交部長終於在一九九〇年九月三十日於紐約聯合國安理會主席辦公室發表建交聲明。當時蘇聯還有另一個考量，就是想藉由與韓國的建交刺激日本，因北方四島的爭議，當時日本對蘇聯的經濟援助表現冷漠。正在推動改革開放的中國同樣認為與韓國建交最重要的考量就是經濟利益。中國趁一九八八年漢城奧運舉辦時，開始與韓國討論建交。一九八五年四月鄧小平已指出韓中關係有發展的必要，他所持的理由是：「第一，可以做生意，在經濟上有好處；第二，可以使韓國割斷同台灣的關係。」之後一九九〇年十月中國國際商會與大韓貿易振興公社協議互設聯絡辦事處，一九九一年初又在北京和首爾設立貿易聯絡辦事處。

祕密外交在韓中建交的過程中扮演了重要的角色。貿易辦事處成立後，朴哲彥與外交部長錢其琛展開祕密活動，同時依照盧泰愚的指示組成以金宗輝、外務部長李相玉等人為核心的祕密代表團，與中國展開預備會談及實務會談，最後於一九九二年八月建交。媒體對韓蘇建交與韓中建交的評論大致是善意的。與蘇聯及中國的關係改善也強化了韓國的外交地位。

北韓在國際外交舞台的地位相對萎縮，南韓則轉守為攻。尤其在加入聯合國問題上，正好象徵了轉變後南北韓外交實力的落差。這段期間北韓對於入聯的看法是主張南北韓以單一席次加入，然後輪流擔任代表；南韓則傾向南北韓同時加入，但若北韓反對到底，南韓就算單獨申請也一定要加入聯合國。南韓想善用有利的國際情勢轉為攻勢。

盧泰愚政府在一九九〇年十月第二次南北高層會談中強烈表示：「如果北韓堅持單一席次，則南韓將全力爭取自行加入。」一九九一年四月七日駐聯合國大使盧昌熹分發備忘錄給聯合國會員國：「我方努力推動南北同時加入聯合國，北韓若不呼應，我們就會在今年九月十七日第四十六屆聯合國大會開幕前遞交單獨加入的申請書。」面對盧泰愚政府的攻勢，北韓只好接受南北韓同時加入。在一九九一年九月十八日舉行的第四十六屆聯合國大會中，南北韓終於加入聯合國，擁有會員國身分，並且各自擁有席次。

第四節　對北政策與韓美關係：當事者主導原則

美國如何看待北方政策？盧泰愚政府發表《七・七宣言》時並未與美國協議。在宣言發表前兩天的七月五日，盧泰愚總統要外務部長申東元去美國大使館找李潔明（James R. Lilley）大使，並在轉達《七・七宣言》的副本後，拜託美方告知蘇聯及中國。美國對這項提案抱持相當肯定的態度。美國國務院在內部文件中提到「韓國政府目前的對北政策是劃時代且歷史性的轉變」。

韓國宣布主導原則

美國對盧泰愚政府的對北政策表示歡迎，原因在於它符合美國所推動的東亞戰略轉變。為了因應柏林圍牆倒塌及冷戰解體的情勢，美國擬定了新的東亞戰略。這份名為「東亞戰略構想」（East Asia Strategic Initiative）的報告書在一九九〇年四月由美國行政部門提交給國會。這份報告書指出：「蘇聯的變化使得美軍在東亞的戰術布局失去以往的效果，所以必須重新評估戰術布局與防衛戰略。」同時表示：「美國不會主導韓國防衛事務，而是擔任支援性角色。」報告中並發表了駐韓美軍的階段性裁減計劃。

美國在後冷戰時期除了維護自身的安保利益外，也想減輕經濟上的負擔，並將外交政策的優先順位擺放在協助蘇聯和中國的政治經濟轉型。此外一九九〇年八月二日伊拉克入侵科威特，老布希政府把注意力轉為集中在波斯灣戰爭，韓半島政策在美國外交政策上的順位隨之降低。盧泰愚政府得以在全球後冷戰時期以及美國戰略變化的彈性空間裡維持外交自主性。

盧泰愚政府強調「南北韓問題由南北韓解決」的當事者解決原則。當美國國務卿貝克（James A. Baker）建議舉行六方會談時，盧泰愚就以「韓半島問題由我們主導解決」為由予以拒絕了。韓半島非核化共同宣言也是由韓國主導的象徵性案例。一九九一年十二月十八日盧泰愚總統發表無核宣言：「此刻在我國任何地方都不存在核武。」接著布希總統也表示：「不否認盧泰愚總統的無核宣言。」暗示韓半島上的美軍戰術核武器已經全面撤出。裝在誠實約翰（Honest John）導彈和二八〇厘米大砲的美國戰術核武器於一九五七年十二月經艾森豪總統同意後部署在韓國。一九七二年時最多曾經部署到七百六十三件，在卡特政府時期縮減到二百五十件，在一九八九年前後布希政府上台時又再減少到一百餘件。這些核武就存放在群山空軍基地保管。

當時美國正在苦惱，蘇聯崩解時分散四處的核武不知要如何安全處理？美國同時也想透過先發制人的核武縮減計劃，來誘導蘇聯呼應跟進。一九九一年九月二十七日美國表示，部署在全世界美軍地面及海上發射的戰術核武器將全部撤出，戈巴契夫總統也隨之在十月五日回應，將廢棄所有的短程戰術核彈，美國的目的得以達成。盧泰愚總統聽完美國撤出戰術核武方針的情資報告，隨即指示：「這樣夠了，在政策上好好運用美軍的核武撤出計劃吧。」盧泰愚政府的無核宣言就是利用美國的撤出戰術核武方針，來展現「韓國主導」先行發制的事例。

《韓半島非核化共同宣言》雖然也有美國的戰略利害和需求，但是形式上仍是韓國主導。盧泰愚政府當時的立場是「北韓核武也是南北問題，應該由韓國主導」。宣言中明文表示設置「核管制共同委員會」做為解決核武問題的主體，就是打算要由南北韓做為當事者來解決。當時韓美高峰會談中所確認的原則，也是「與北韓的所有協商，都要在韓國主導下經由韓美協議」。在有關北方政策的議題上，韓美兩國都尊重對方的立場。在朝美接觸的過程裡，美國均會密切與南韓協商，而南韓也會與美國討論南北關係的狀況。

美國介入和韓國喪失主導權

南韓之所以能在韓美關係裡行使對北政策的主導權，是因為南北關係有所好轉。當南韓開啟對話管道與北韓討論未決問題時，美國可以接受南韓扮演的角色。畢竟南韓如果有能力說服北韓，美國當然有必要分享情報以及和南韓協商南北關係。不過南北關係如果惡化，南韓無法說服北韓時，美國也不會再認可南韓的主導權。

韓國要擁有外交自主性，前提是至少不能背離美國的戰略利益。美國對於與自己戰略利益衝突的部分絕不會讓步。在協議韓半島非核化共同宣言的過程中韓國甚至放棄核再處理設備，這就是美國施壓的結果。南韓放棄在原子能和平用途上具有經濟意義的核再處理設備，目的是為了要阻止北韓保有核再處理設備，所以韓國接受了美國的強力要求。根據當時外務部長官李相玉的證詞，大約在一九九一年五月美國國防部次長伍佛維茲（Paul D. Wolfowitz）訪問首爾時，他提到：「關於南北韓一同放棄核再處理設備的方案，我建議在南北對話中討論。」至於《韓半島非核化共同宣言》，雖然立場是為了阻止北韓開發核武而無可避免的選擇，但是從另一個角度切入，也證實了韓美關係的不平等性。《美日核能協定》允許日本核廢料的再處理，但是韓國卻不行，兩者之間就有差別待遇。南韓核能產業發展上所需的「核燃料循環」被徹底封鎖，這一點被批評是屈服於美國的壓力。[7]

還有，雖然在討論核武問題的初期，美國容許韓國具有主導權，但是當核武問題陷入緊張局面時，美國的政策就會轉為積極介入。一九九三年三月北韓退出《核武擴散禁止條約》，這是決定性契機，美國這段期間對韓半島政策採取的友善放任立場就開始轉變。北韓核武問題惡化後，美國開始強力介入，韓國外交的自主空間也隨之縮減。

美國對韓半島政策的介入程度，從盧泰愚政府後期開始強化。以北韓核武問題來說，美國如果強力介入，韓國的「當事者解決原則」就難以落實。盧泰愚政府後期只能被動地配合美國與國際原子能總署的檢查要求。北韓核武問題浮上檯面後，對於拆解韓半島的冷戰結構，盧泰愚政府的主導意志也隨之弱化。北韓核武問題是冷戰結構的產物，必須對如何拆解韓半島的冷戰結構具有戰略及遠見，才有可能解決。然而盧泰愚政府當時並未能提出綜合性的北韓核武問題解決對策，於是在解決北韓核武問題的過程中失去了「韓國的主導權」。

第五節　南北基本協議書的意義與成效

盧泰愚政府的對北政策是在有利的情勢下展開的。不僅在全球後冷戰時期的國際局勢變化中得到助力，還有承繼自全斗煥政府時期的南北對話管道。一九八四年接受北韓的水災物資援助，同時舉行離散家族的重聚與經濟會談，之後又自然發展到非公開接觸。由朴哲彥與韓時海牽起的這條線，自一九八五年五月到一九九一年十一月為止總共會面四十二次，會面的場所也遍及平壤、首爾、板門店、白頭山、濟州島、新加坡等許多地方。

朴哲彥在盧泰愚政府時期的北方政策與對北政策中扮演重要的角色。盧泰愚總統上台後任命朴哲彥為掌管北方政策的政策輔佐官。政策輔佐官室底下設有政策企劃祕書官、政策調查研究擔當祕書官、南北問題擔當祕書官，總攬北方政策與對北政策。當時青瓦台公開的外交安保人事是由金宗輝擔任外交安全首席祕書，但是當有需要派遣特使或進行非正式事務的祕密接觸時，都是由朴哲彥擔任，就連《七‧七宣言》也是由朴哲彥團隊準備的。自全斗煥政府時期開始的高層祕密接觸，到盧泰愚政府時期終於啟動正式的對話管道，成果是簽署了《南北基本協議書》。

《南北基本協議書》──共存與和平的約定

南北韓於一九九一年十二月三十一日在首爾召開的第五次南北高層會談中簽署了《南北基本協議書》（全名為「關於南北韓間的和解、互不侵犯及交流合作協議書」）。南北高層會談是正式會談，雙方政府派出總理級的代表，具有「全面協商」的特質，而非討論個案。[8] 過去受到韓半島冷戰氣氛的影響，高層會談帶有「為會談而會談」的特性，這個時期的高層會談則反映出協商環境的變化，包括國際冷戰終結及北韓為了生存所擬定的戰略。尋求南北韓共同利益的互惠動機，成為南北對話展開的重要背景。

《南北基本協議書》包含全盤性的南北關係，全文共四章二十五條，第一章是南北和解（一至八條）；第二章是南北互不侵犯（九至十四條）；第三章是南北交流合作（十五至二十三條）；還有第四章修訂及生效（二十四至二十五條）。《南北基本協議書》在文件中將南北關係的基本特性定義為「邁向統一的過程中所暫時形成的特殊關係」。南韓與北韓雖然各自都是聯合國會員並具有自己的國家型態，但是南北關係並非國與國之間的關係，而是邁向統一的民族內部關係。以南北經濟合作來說，因為是「民族內部交易」，所以適用零關稅原則。同樣的道理，「出口」和「進口」的用語也分別以「搬出」、「搬入」來取代。

有關南北經濟合作的細部協議，在一九九二年九月十七日生效的《南北交流合作的履行與遵守附屬協議書》裡更為具體。附屬協議書條文共二十條，內容區分為經濟交流合作、社會文化交流合作、人道問題等。諸如貨款結算、關稅、帳戶結算、開設海路及空路、郵務及電信、國際合作等大部分的細部內容均已列入。

《南北基本協議書》包含了與韓半島和平有關的詳細內容。前言揭示，南北韓要「為達成和平統一而共同傾注全力」，並協議由當事者主導建立和平體制。《南北基本協議書》第五條內容為：「南北韓將共同致力使目前的停戰狀態轉為鞏固彼此關係的和平狀態，且在達成此和平狀態前，將遵守現有的軍事停戰協定。」這是南北韓協議首度有條文提及和平體制的當事者，可說深具意義。以此為出發點，在韓半島全面性和平體制的形成過程中，包括建立軍事信任，以南北韓做為當事者的結構開始扎根。

與韓半島和平體制相關的內容在基本協議書前言、第一章第五條及第二章第九至十四條均有規範。第九條是「雙方約定不使用武力、不侵犯」的互不侵犯協議，第十條是「和平解決紛爭的原則」，「意見對立與爭議要透過對話及協商和平解決」。基本協議書第十一條的協議內容為：「南北韓互不侵犯警戒線及區域，以《軍事停戰協定》所定之軍事分界線與目前雙方管轄之區域為準。」後來南韓便以「雙方管轄之區域」的說法為依據，主張北韓同意北方限界線（NLL）。

協議書的另一個重點，是雙方首次約定以和平管理機構「南北軍事共同委員會」取代原本管理休戰體制的「軍事停戰委員會」。基本協議書第十二條明文列出「南北軍事共同委員會」的任務：「為了建立軍事信任及落實裁減軍備，由南北軍事共同委員會推動協商，包括大規模部隊移防與軍事演習的通報及管制、和平使用非武裝地帶、軍方人士交流及資訊交換、拆除大規模殺傷性武器、降低攻擊能力以及階段性落實裁軍與查核等問題。」值得注意的是這裡包含了建立軍事信任在內的大部分課題。

基本協議書第十三條是設立為防止偶發衝突的直撥熱線。一九八二年二月一日國土統一院長官孫在植在北韓提議了二十項示範工作，其一就是設置軍方指揮部直撥熱線。當時全斗煥政府向北韓提議連結首爾至平壤的道路、安排離散家族重聚、開放雪嶽山與金剛山自由觀光、設置共同漁區、共同研究非武裝地帶生態及拆除軍事設施等。之後一九八八年十一月北韓在「全面和平計劃」中提議「設立直通熱線」，一九九〇年九月在首爾召開的第一次南北高層會談中，南韓再度提議將此列為「軍事對決狀態緩和方案」中的一項。

北韓抱怨：「這是你們的協定。」

《南北基本協議書》為什麼無法履行？由於金泳三政府對北韓採取強硬政策以及其所造成「空白的五年」，使得《南北基本協議書》形同失效，但是仔細分析的話，會發現早在盧泰愚政府後期，南北關係的動力就已經開始減弱。以「新思維」出發的盧泰愚政府，其對北政策為何會受挫？

以北韓的立場來說，《南北基本協議書》保有了過去艱困時期的痛苦記憶。一九九一年十二月《南北基本協議書》簽署完成，在從平壤到開城的車上，北韓的金永哲少將對南韓的朴庸玉少將說的話相當反映時事。他當時不平地說：「這是你們的協定，不是我們的。」南韓善用有利的國際局勢，採取攻勢切入，北韓卻只能處於守方的位置回應。

北韓處於守勢的立場，是使對話反覆走走停停的重要變數。在南北高層會談的具體推進過程中，我們可以發現不少迂迴曲折。一九八九年四月十二日原本預定召開第三次預備會談，北韓以文益煥牧師的司法問題為由拒絕參加會談；一九九〇年一月三十一日的第六次預備會談中，北韓則提出拆除邊界水泥牆、停止韓美「團隊精神」軍事演習等要求，造成會議空轉。之後北韓以這兩個要求做為會談的前提條件，使預備會談有超過五個月以上的時間無法進行。

正式會議推動的過程中，雙方對話也是不斷走走停停。從一九九〇年十二月的第三次會談後到第四次高層會談召開，中間約有十個月的膠著期，原本第四次會談預計從一九九一年二月二十五日展開，但北韓以波斯灣戰爭及「團隊精神」演習未停止為由拒絕參加。八月二十日原本預計要針對第四次會談做實務接觸，結果北韓又以南韓發生霍亂為由，拒絕進行會談。

不過北韓無法全面否認《南北基本協議書》。社會主義國家體制正面臨巨變，與蘇聯、中國的同盟關係也開始動搖，北韓為了安定韓半島情勢，只好維持南北對話。北韓評估認為，與任期即將屆滿的盧泰愚政府妥協是有利的，同時必須阻止「團隊精神」演習，還有藉由改善對外關係以穩定不安的國內局勢。

在這段過程中，北韓只能對《南北基本協議書》裡的具體項目讓步。北韓妥協同意了數個條文，最具代表性的算是關於海上警戒線那一條。一九五三年七月二十七日簽署《停戰協定》時，南北韓尚未協議海上警戒線的問題。當時共產軍的海軍潰敗，西海島嶼多半被聯合國軍隊所掌控。聯合國軍方雖然讓出北韓海域的島嶼，但卻沒有放棄具有戰略價值的白翎島和延坪島等西海五島。東海沒有島嶼，所以把陸上警戒線延伸當做海上警戒線，但是西海不能這麼做。西海的海上警戒線是停戰協定中未能協議的「未完成課題」，停戰後的西海就成了紛爭之海。這段時間南韓主張以北方限界線做為海上警戒線，但是北韓不同意。

《南北基本協議書》中「南北互不侵犯的履行與遵守附屬協議書」第十條內容為：「南與北的海上互不侵犯警戒線未來將持續協議。在警戒線確定之前，海上互不侵犯區域以雙方現有管轄區域定之。」北韓接受了南方向來以北方限界線為管轄區域的主張。根據當時參與這項條文協商過程的相關人士表示，北韓出乎意外地在海上警戒線上讓步，「我方也很驚訝」。一九九九年和二〇〇二年西海發生軍事衝突時，南方以北方違反《南北基本協議書》、侵犯北方限界線為由，要求北方道歉。北韓在重要的爭議上提供了不利自己的依據。

由此可見，《南北基本協議書》是北韓在最艱困時以最保守消極的立場所協議的文件，因此成了「痛苦的記憶」。北韓對二〇〇〇年的《六・一五南北共同宣言》有正面評價：「承續《七・四北南共同宣言》中所闡明祖國統一的三大原則，且更加發揚光大。」但同時又把南北協議文件中簽署《南北基本協議書》一事略過不提，原因就在這裡。

盧泰愚政府內部的混亂

盧泰愚政府任內後期的領導弱化與政策調整能力改變，也是南北關係膠著的原因。在推動北方政策初期，政府內部已經存在不同的立場。一九八九年一月四日由總統主持召開首席祕書官及輔佐官會議，會議中政治特別助理盧在鳳主張：「北方外交的推動速度需要調整。應該要先加強與美國、日本、台灣的關係。」對此，朴哲彥在日後自己的回憶錄裡評論說：「這番話脫離現實……有如為一邊倒的親美立場及極右保守主義代言及提問。」

執政初期，政府內部意見分歧是常見的，這些差異可以靠盧泰愚總統的意志與領導克服。要與敵對國家改善關係，一開始也常會有許多阻礙，這時就需要有所決斷。雙方沒有認知到關係必須改善，協商又有困難，過去的舊觀念與新思維共存，在此過渡期中，最重要的就是總統的意志與決斷力。

即使到了盧泰愚政府時期，為推動高峰會談的密使接觸仍在持續進行。一九九〇年十月一日安企部部長徐東權訪問北韓，部長是唯一同時見到金日成主席與金正日總書記的特使。主席對每項議題都會詢問金正日的意見，部長說這一點令他印象相當深刻。他說北韓當時已經實質啟動繼承體制，處於金日成、金正日共同執政的階段。每當金日成主席詢問金正日意見時，後者就會與陪同出席的工作人員耳語交換意見，然後表明自己的立場。

金日成主席在這個場合裡強調，「必須觸及統一方案」是高峰會談的必要條件。不過十月一日那天是南韓與蘇聯宣布建交的日子，對北韓來說並不具備推動高峰會談的環境條件。徐東權部長的訪北，繞過了這段期間以朴哲彥團隊為核心的「八八熱線」，這點讓朴哲彥感到不快。當時南北對話正從檯面下轉為檯面上。從一九八九年起，南北為了高層會談做實務接觸的準備，在這個基礎上，一九九〇年九月終於舉行第一次的總理會談。公開會談正式展開後，密使角色的分量必然會減輕。一九九二年春天，北韓的尹基福帶著金日成的親筆信函訪問首爾，還在三清洞的安家（譯註：南韓總統的隱密住所）和盧泰愚總統見面。

即便是一九九一年十二月簽署《南北基本協議書》的當時，盧泰愚政府內部強硬派與溫和派在南北關係上的矛盾，也在推動對北政策的過程中引起混亂。在南北關係制度化的前期，政府的做法常缺乏一貫性而互相扞格。儘管一九八八年發表了《七・七宣言》，政府依然不同意學生們召開南北學生會談的訴求，並在同意鄭周永會長訪問北韓的同時，卻又將文益煥、黃晳暎、徐敬元、林秀卿等人以涉嫌祕密訪北為由逮捕。總統雖然宣示要開啟民間交流的時代，但相關法令沒有鬆綁，交流還是會被懲罰。南北交流的相關法律和制度標準模糊，而且缺乏執行的一貫原則。

以一九九二年的情況來看，南韓政府內部的保守傾向因為北韓核問題未決而更加強烈。在核武安全協定批准問題上，國際原子能總署與北韓的衝突浮出檯面，盧泰愚政府決定要讓北韓接受核武檢查，並以南北經濟合作當做談判籌碼。二月，大宇集團南浦開發調查團的訪北行程便未獲政府許可。雖然三月三日南北韓的核議題相關代表在板門店接觸，但是北韓拒絕表明互相檢查的期限和接受特別檢查，盧泰愚政府因而全面禁止商品交易等民間企業的對北接觸。五月發生「間諜吳吉男的自首事件」，停戰線附近又發生武裝間諜滲透事件，使得緊張情勢隨之升高。9

跛腳鴨及訓令造假事件

缺乏信任的南北關係，難免一路走走停停，重要的是陷入膠著時，要有嘗試克服問題的堅定前瞻意志、理念與方法論，還有政策調整能力。必須有克服膠著狀況的強烈意志，南北關係才會有實質發展。從這一點來看，盧泰愚任內後期發生的「訓令造假事件」充分顯示出政策調整系統的崩潰。

「訓令造假事件」發生在一九九二年九月第八次高層會談過程中。事件的真相是議員李富榮揭露出來的，一九九三年十一月他在國會公開三份文件，包括一九九二年九月二十五日統一院次官林東源完成的事件經過報告書、外交安全首席祕書金宗輝的報告書、統一部總理的立場聲明。之後監查院在十二月二十一日發表了「第八次南北高層會談的訓令造假疑點監查結果」。

事件的過程重現如下。第八次高層會談當時，北方向南方的林東源次長轉達：「只要保證將李仁模遣返，北方就願意即刻召開紅十字會會談，討論設置板門店會面所及離散家族的問題。」北韓強烈要求遣返韓戰時遭逮捕且已經服刑三十年的李仁模。盧泰愚政府針對此要求整理出三大條件，包括定期安排故鄉訪問團、設置板門店會面所、遣返東進號船員。代表團判斷，第三個條件比較難實現，但是總統有指示要先解決離散家族的問題，那應該是可執行且「值得討論的提案」。於是代表團向首爾請求附有指示的總統訓令。

會談發言人李東馥知道代表團已經向首爾請示，便利用安企部的通信網，要求「請再確認，針對李仁模案，北方必須三大條件都接受才可以協商」。一直到早上都未收到首爾的回覆，李東馥便向鄭元植代表報告了造假的訓令，那是為了因應當平壤戰情室回覆「堅持現有指示」時，所事先擬好的預備訓令。正式的訓令請示到下午三點才報告給盧泰愚。總統下了指示，內容是「雖然希望三個條件都能被接受，但在無可避免的情況下，如果定期故鄉訪問與另兩項條件之一能實現，就可以同意把這名老人遣返」。下午四點左右總統訓令已經透過電報發給平壤，不過因為李東馥已經捏造事實，說假訓令來自首爾，所以並未向鄭元植報告真的訓令。鄭元植等人不知道總統訓令已經傳到，最後會談決裂，代表團空手而歸。

總統訓令遭到捏造，代表當時總統已經失去權威。政府內有一部分勢力為了未來的當權者——總統候選人金泳三的政治利益，並不在意南北關係破局。最後離散家庭相聚在盧泰愚政府時期並沒有達成，相較之下，一九八五年全斗煥執政時期，就成功推動韓戰後首次離散家庭故鄉互訪團。訓令造假事件發生後，盧泰愚政府雖然簽訂了《南北基本協議書》，但卻被外界評論為沒有實際執行成效的政府。

盧泰愚政府在最後的任期傾向保守。在一九九二年十月選前爆發了「南韓朝鮮勞動黨事件」，接著隔天韓美國防長官就發表一九九三年將重啟「團隊精神」軍事演習，所有的南北韓關係發展自此中斷。原本預定十一月舉行的分組共同委員會及十二月要舉行的第九次高層會談因此決裂，《南北基本協議書》開啟的新局面也宣告落幕。最後，為了抵制韓美兩國要求的南北互相檢查及國際原子能總署的特別檢查，以及抗議「團隊精神」軍事演習重啟，北韓在一九九三年三月十二日退出《核武禁擴條約》。

第五章

空白的五年：金泳三政府的南北關係

一九九四年六月的某一天，有人開始騷動不安地搶購泡麵。從六月十四日到十六日為止，三天內全國總共銷售五千四百萬包泡麵，這個數量根本無法在保存期限六個月內全數吃完。百貨公司火速設立了「緊急用品銷售專櫃」販賣防毒面具；人們為了保留現金，買東西都使用信用卡，而且遲繳大樓管理費。首爾狎鷗亭公寓大樓附近的一間銀行平常外匯交易只有每日三萬美元左右，十四日那一天達到五萬美元，十五日更是大幅增加到十二萬美元。

金泳三總統在回憶錄裡提到：「與柯林頓總統大吵一番。當時不吵的話，恐怕就發生『南北韓戰爭』了。」很多人都記得一九九四年六月「美國在韓國人不知情之下評估戰爭」，或是「南韓站出來阻止戰爭」。不過事實卻非如此。在戰爭危機一觸即發的六月第二週，並沒有金泳三總統與柯林頓總統的通話紀錄。在一本書裡，作者包括當時美國北韓核武協商代表羅伯特・賈魯奇（Robert L. Gallucci）在內的三名柯林頓政府核心人士，證明了世人的記憶顯非事實。「自始至終緊逼著對北韓制裁的人是金泳三總統本人，韓國對美軍增加兵力一事也全都知情。」

一九九四年六月，既不是「和平」一詞被禁的一九五〇年代，也不是武裝間諜無時無刻神出鬼沒的一九六〇年代，更不是非戰爭也非和平、氛圍曖昧的一九七〇至八〇年代。在前任總統盧泰愚時期，不僅南北韓的總理互相往來，雙方還簽署了基本協議書。但是不過幾年的時間，《南北基本協議書》已經成了「被遺忘的協議」。交流中斷，充滿憎恨，南北關係急遽變化，幾乎就要面臨戰爭的危機。

金泳三政府的對北政策搖擺不定，先是從強硬到溫和，然後又轉趨強硬。金泳三總統雖然常說要主導韓半島局勢，不過卻不曾實現過，大部分的時間只是一名旁觀者。南北關係乘著情緒的波浪搖晃，經常陷入惡性循環的泥沼裡。雖然陰天後偶爾會見到陽光，但多半是由美國的斡旋或介入而改變情勢，不久後又會轉為陰雨，甚至是狂風暴雨。韓國喪失了主導權，韓半島問題「國際化」，南北關係再度回到過去。

第一節　製造出的恐怖：一九九四年六月的戰爭危機

南北關係波濤洶湧，雖然有不少危機時刻，但是韓國人還感受不到戰爭的恐怖。「一回生、二回熟」是世間不變的道理，公民們的「無感」是受到過往經驗影響，是極為合理的感受。南北韓的武裝程度無法輕易打破「恐怖平衡」，早已意味著戰爭的終結，這是相當具常識性且合理的判斷。也因此一九九四年六月的戰爭危機是「製造出來的恐懼」。

譴責無感，製造恐懼

一九九四年六月初和平常沒有什麼不同。六月五日和六日是顯忠日（譯註：顯忠日是六月六日，韓國悼念為國犧牲者的國定紀念日）連休，高速公路因為人潮而塞車。在一星期內從「無感」轉為真正「戰爭的恐懼」是有原因的，這個結果不是自然形成，而是政府介入的結果。金泳三總統看到顯忠日連休出遊的人感到惱怒，於是在青瓦台拜託電視台增加有關北韓核武的報導。從六月八日起電視台開始報導國際社會的戰爭危機，KBS九點新聞製作了「韓半島有戰爭危機嗎？」專輯，總長六十分鐘的節目裡有五十分鐘在報導北韓核武的相關新聞。同一天MBC也用了大約三分之一的時間報導北韓核武，保守媒體譴責國民對國家安全的無感。

政府也說出強硬的話助長戰爭危機。金泳三總統六月六日警告說：「北韓不顧一切盲目冒險，是走向自我毀滅及破滅之路。」七日統一院長官李洪九發表聲明展現決心：「不惜付出任何代價，要壓制北韓的戰爭企圖。」八日金泳三政府召開就任後的首次國家安全保障會議，這天的會議主題是對假想戰爭進行戰術推演。在街頭一度消失的「滅共車輛」重新登場，車頂掛著四個擴音器，一邊感慨「國人的戰爭無感症」，一邊發出警告「勿忘六・二五越南的滅亡」。執政的民自黨也發聲檢討國民對國家安全的無感。

政府和政黨不惜一戰的意識就這樣開始向韓國人民散播。六月十一日首爾市副市長召開主持「非常時期對策會議」，政府甚至透過居民的例會傳達訊息，要儲備泡麵等緊急食糧，備妥生化戰的防具。美國前總統卡特在十五日跨過停戰線，南邊就發出空襲警報。那天是民防訓練的日子，自一九九二年以來經過兩年六個月，民防訓練轉變為戰備訓練。只要發出空襲警報，首爾車站前的大宇大樓就會升起遭化學武器攻擊的黃色警報煙霧，接著就展開救援作戰訓練。內務部分發「戰時國民行動綱領」的修訂版，內容寫有核武戰爭發生時以及遭到北韓化學武器攻擊時的行動要領，還警告「非常時期必須配合政府實施配給制度，不得囤積物資」。

一九九四年六月的戰爭危機是「製造出的恐懼」。政府譴責日常的無感，同時動員恐懼來滲透人民的意識。特別是藉由媒體先營造危機感，政府再運用公權力加溫。囤積是由「無感」轉為「敏感」的警訊，不安感瞬間快速傳遞開來。

戰爭危機與卡特訪北

金泳三總統在就職演說裡宣告：「任何同盟國都比不上民族。」還任命進步學者韓完相為第一任統一部總理。國民對第一位文人總統的期待也相當高。不過對北政策卻從此搖擺不定，南北關係逐漸惡化，最後終於面臨戰爭危機。金泳三政府的對北政策會漂流、觸礁、最後沈沒，就是因為「北韓核問題」的暗礁。

北韓意圖擁有核武，雖然是為了在長期的緊張情勢下維持自身體制，但是韓國與美國卻不這麼認為，因為北韓的核開發已經逾越了不應超過的紅線。金泳三政府就任還不到一個月，北韓就在一九九三年三月宣告退出《核武禁擴條約》。北韓身為核武禁擴條約的會員，得向國際原子能總署報告寧邊的五MW反應爐啟動紀錄，不過專家發現報告疑有不實，於是原子能總署決議要對北韓進行特別檢查。

金泳三政府的對北政策因為北韓核武問題而觸礁，而韓國與美國對北韓核武問題的解決方法卻有差異。北韓五月四日開始從寧邊的原子爐抽取燃料棒，如果放任進行，北韓可能會開始進行核廢料再處理，接著就生產可以製造核武器的鈽。從這時起華盛頓開始失去耐性，美國考慮軍事行動大約也是這個時候開始的。

五月十九日參謀首長聯席會議主席約翰．夏利卡什維利將軍（John Shalikashvili）向柯林頓總統報告韓半島模擬戰爭的結果，只需九十天就可以壓制北韓。不過問題在於勝利要付出的代價。韓半島如果發生戰爭的話，預料將有美軍三萬人、南韓軍四十五萬人受害，以及一百萬名的平民死傷，戰爭經費將投入六百億美元，韓國的經濟損失也將高達一兆美元。一旦發生戰爭，當然韓美兩國會獲勝，但是也會有難以預估的損失。

當時美國有一部分聲音主張對寧邊反應爐施以「外科手術式打擊」（surgical strike），不過並沒有可以除去傷口卻又不受傷的方法。韓半島面積狹小，是一個已經過度武裝的地帶，任何先發制人的攻擊都無法壓制對方的反擊。在韓半島若採取「外科手術式打擊」，結果就形同「手術成功，患者卻死亡」。

阻止韓半島戰爭危機爆發的是美國前總統卡特，而公開主張由卡特訪問北韓的人則是當時亞太和平財團理事長金大中。五月十八日，美國的韓美親善團體韓國協會（Korea Society）舉辦演說，講者金大中提議朝美兩國舉行總括性會商，還強調得特聘前總統卡特等有力人士擔任訪北韓特使。總統金泳三當然公開反對這項提案，認為「不適當，而且有違我國政府的南北當事者解決原則」。

使卡特訪北能實際成行的人是駐韓美國大使詹姆斯・藍尼（James T. Laney）。他拜託老朋友卡特，務必站出來阻止「第二次韓戰」發生。卡特決定訪北的行程時，金泳三總統打電話向柯林頓總統表達不滿：「卡特訪問北韓是個錯誤。」或許因為提案人是金大中理事長，使金泳三總統更加排斥。金泳三政府阻斷了協商的管道，將北韓核問題帶往危機之路。

卡特赴北韓與金日成主席進行談判，北韓將卡特訪北當成由危機局面轉為開啟協商局面的機會。當卡特在平壤舉行CNN轉播記者會時，白宮正在討論大規模增派兵力到朝鮮半島的方案。卡特公布金日成主席的提議，表示：「若能重啟朝美三階段會談，北韓會重新接受讓國際原子能總署進行核查，並繼續凍結核設施。如果美國更進一步提供新型反應爐，則北韓將永久凍結石墨減速反應爐。」

柯林頓政府起初並不樂見身為民主黨元老的前總統訪問北韓。白宮官員中斷會議、盯著CNN平壤直播，大家各有不同反應。強硬派顯得憤怒，溫和派卻鬆了一口氣；滿腹疑惑的人帶著冷笑，足智多謀者則開始計算得失。雖然有許多想法在瞬間衝撞，但是結論很自然地聚焦了。柯林頓政府決定以卡特與金日成的會談結果當做契機，找尋協商的轉圜局面。

第二節　弔唁風波：受國內政治左右的對北政策

一九九四年六月前後陷入戰爭危機的南北關係，在卡特訪問北韓後急遽反轉。卡特與金日成的協議事項裡有納入南北高峰會談，南北韓開始著手為此準備事務性協商。如果那時高峰會談順利進行，南北關係的歷史將會改寫，經濟合作也會正式展開。據當時推動高峰會談的相關人士說，金泳三總統發揮了他終結軍政的理念，他的想法是：「難道不能給些錢，讓北韓把軍隊分配到大後方嗎？」當時北韓經濟困頓，所以想尋求外交關係正常化。

金泳三總統採取的途徑很單純，韓國確實也有充裕的經濟能力，剛好柯林頓政府也急著想進行北韓核武協商，這是南韓、北韓及美國的三角關係形成良性循環的時機。如果當時金泳三大筆撒錢的思維落實的話，韓國所謂的「金援意識型態」（퍼주기 이데올로기）或許就會永遠消失了。

弔唁爭議：對北韓的認知過度政治化

不過歷史並不是這麼寫的。金日成主席出乎意料地過世了，但他死後「冷戰政治」的到來卻可預期。金日成死後第四天的七月十一日，統一院長官到臨時國會的外務統一委員會裡報告，說北韓的對南擔當祕書金容淳已經通知高峰會延期。議員李富榮將其解讀為「進入金正日體制後仍將延續高峰會談的和解訊號」，並且探問政府，基於南北對話的必要性，我方是否有前往弔唁的打算，不過當時保守勢力並不贊同。冷戰支持者對突如其來的情勢變化感到慌張不安，而且有許多不滿。是因為前總統卡特有勇氣訪問北韓，才能使瀕臨戰爭的韓半島情勢轉為高峰會談的局面。十二日民自黨發言人朴範珍批評：「我們去弔唁殺害數百萬人的戰犯，然後又對光州事件究責到底，這邏輯上有矛盾。」同時下結論說：「金日成在現有法律上仍是反國家組織的首謀。」

當時以學生運動為核心的進步陣營內也有爭論。民族解放派NL（National Liberty）所掌握的部分學校裡甚至設立了靈堂。不過民眾民主PD（People's Democracy）系統則以大字報回應：「親北的主體思想派主張派遣弔唁團，我們強烈反對。」當時民族解放派無法看出輿論的走向，對北韓的看法也不夠客觀，當然也就無法得到共鳴，甚至讓人有機可乘「獵殺主體思想派」。

西江大學校長朴弘發表一系列警告言論，從一開始的威攝，後來變質成為搞笑劇。七月十八日在青瓦台午餐時，朴弘校長發言說：「主思派就在大學城裡。」幾天後主思派的範圍擴大為「大學教授」，接著又逐漸擴大到「在野黨、宗教界、輿論界」，一九五〇年代美國的麥卡錫主義儼然在韓國復活。不過這種情況沒有持續太久，輿論由受到衝擊轉為疑惑，最後再變成嘲弄。保守媒體將朴弘校長吹捧為有勇氣的知識分子，但是在發現社會彌漫冷嘲熱諷後，才適可而止。

弔唁外交：韓、美、日的差異

金泳三政府製造新公安政局（譯註：「公安政局」指執政者打壓反對力量以鞏固自身勢力的保守化政局），同時涉入弔唁風波的爭論。李榮德總理七月十八日在國務會議中整理了政府的基本立場，將金日成定調為「同族自相殘殺戰爭等不幸事件的罪魁禍首」，並對社會上一些人的弔唁舉動表示「遺憾」。北韓立即譴責回應，南北關係開始走向長期惡化之路。

金泳三政府重視國內政治勝於外交。弔唁外交是「有需要的話，對敵人也要送上微笑的外交行為」。或許有人認為因為南北韓經歷過戰爭，情況與其他國家不同，但也不盡然如此。蔣介石一九七五年在台灣死亡以及毛澤東一九七六年死亡時，雙方有表示弔唁之意，並派出弔唁代表團。兩邊是打過國共內戰的當事者，但接班人透過弔唁告知對決的時代結束了。

當時李富榮議員有說明弔唁外交的必要性，一九八九年日本裕仁天皇過世時，國務總理姜英勳便以使節身分前往致意，當時並沒有人批判這是忘記日帝強佔期三十六年的壓迫和強取豪奪，因為韓日關係的未來比歷史評價更為重要。柯林頓政府在金日成過世後發表聲明說：「謹代表美國國民向北韓人民致上深深的哀悼之意。」退而求其次以聲明代替弔唁電文，內容也力求中立、簡短。當時在日內瓦與北韓進行核武協商的助理國務卿賈魯奇也前往日內瓦的北韓大使館弔唁。雖然在內容和形式上有所節制，但是美國仍表現出對協商國的禮節。當然美國內部也有不少爭論，因為美國和北韓曾經交戰，共和黨更是抨擊柯林頓總統沒有考慮過曾經參加韓戰的美軍及其家屬的立場。共和黨替保守陣營發聲，不過也遭指責，其言論未從弔唁外交角度思考。最具代表性的是《紐約時報》在七月十二日的版面刊登社論批判共和黨黨團領袖，標題是「參議員，這叫外交」（It's called diplomacy, Senator.）。

美國的弔唁外交經驗豐富，一九七六年九月九日毛澤東死亡時，不僅時任總統的福特，還有使美中關係出現轉圜的前總統尼克森，都以弔唁使者的身分前往北京，這些全是共和黨的前任、現任總統。共和黨身為執政黨時，在政務處理上也是以外交優先。看到美國表達弔唁之意，金泳三政府開始慌張。民自黨政策委員會議長李世基乾脆不滿地表示：「柯林頓也有問題。」

那麼日本政府又是如何對應呢？總理村山富市以社會黨黨魁身分發出唁電，而非以政府首長身分。當時日本是由社會黨、自民黨、先驅新黨組成三黨聯合政府，三黨都是以黨代表的名義發表唁電。日本三黨還決定共同派遣弔唁團前往平壤，當然因為北韓拒絕而未成行，不過自民黨副總裁小淵惠三等三黨的高層幹部還是去設置在東京朝鮮總連（在日本朝鮮人總聯合會）中央本部的靈堂弔唁。三黨聯合政府將朝日關係的改善視為戰後外交的重要課題，所以會考量與北韓的外交關係。金泳三政府在弔唁爭論上順應國內的保守輿論，拒絕弔唁外交的機會，考慮的是南北關係的過去，而不是未來。政治上利用冷戰反共主義，最後對南北關係造成長期負面影響。南韓當局沒有考慮到北韓具有首領制國家以及宣告「遺訓統治」的特性，只把國內政治利益擺在前頭，結果已經很清楚，原本走到高峰會談門檻的南北關係受到難以回復的傷害。一直到任期結束為止，金泳三政府還來不及召開一次具規模的會談就落幕了。

第三節　通美封南：對南北韓與美國三角關係的誤解

一九九〇年代初期社會主義國家的劇變，使得北韓、中國、蘇聯的北方三角體制因此瓦解。冷戰時期的傳統同盟關係結束，北方三角彼此算計，轉為戰略利害關係。以韓半島秩序來說，美國和南北韓的三角關係因此變得更為重要。南北韓與美國各自採取雙軌模式（two-track approach），北韓有朝美關係與南北關係，南韓也有韓美合作與南北關係，都是採取雙重途徑，依局勢變化而調整戰略順位。但金泳三時期只有朝美關係有發展，南北關係則趨於惡化，韓美兩國也在對北政策上呈現極大的立場歧異。

這時出現了「通美封南」的概念，意指北韓只與美國溝通，但排除南韓。「通美封南」被指為是南北關係惡化的原因，金泳三政府認為南北關係的惡化是因為北韓的通美封南戰略，不過這並非事實。回顧金泳三時期以前的南北關係，也就是簽署《南北基本協議書》的當時，是由南北當事者透過雙邊關係在主導韓半島秩序。北韓的對南政策為何轉為「通美封南」，其過程和原因需要好好探究。

北韓的對南政策並非一成不變

冷戰時期的北韓主要是從革命戰略的角度推動對南關係，一九六〇年代的地下黨路線或「有限戰爭」即屬此類。一九九〇年代社會主義陣營發生劇變，南北韓的力量開始形成差距，北韓的對南政策也由攻勢改為守勢，轉向維持現狀而非打破現狀。

一九九一年金日成主席在與文益煥牧師會面時提出的統一方案，不再是過去的「高麗民主聯邦制」，而是「鬆散的聯邦制」。通常提出統一方案時，實力較強的一方會選擇結合程度較高的聯邦制，較弱的一方則傾向選擇結合程度較低的邦聯制。南北韓力量形成差距的同時，北韓開始主張「鬆散的聯邦制」，降低聯邦制的結合程度，這種態度變化也反映出北韓轉為守勢的局面。

加入聯合國的情況也一樣。北韓一向主張南北韓以單一會員國身分加入，還提出批判，南北韓以個別會員國身分入聯是形同「使分裂永久化」。不過南韓在韓蘇建交及韓中關係有所進展的情況下推動同時入聯，北韓也只好接受。

一九九〇年代受到蘇聯解體及中國改革開放的影響，北韓開始面臨貿易危機。過去蘇聯會以「友好價格」提供原油及糧食等戰略物資給包含北韓在內的社會主義國家，社會主義國家之間採取以物易物的交易模式也時有所見。在蘇聯解體、中國正式推動改革開放後，社會主義的友好貿易模式中斷，付款流程大多開始納入國際市場價格。北韓沒有充裕的外匯可以購買能源和主要原材、工廠設備及糧食，於是對外貿易開始萎縮，同時也面臨了物資缺乏與能源危機。

北韓的經濟危機雖然一部分出於國內計劃經濟的缺失，但是對外經濟關係的急速變化卻使情況更加惡化。想克服危機，需要先安定對外關係，因此外部變數在北韓決策過程中也更加重要。在前所未有的韓半島危機狀況中，北韓所能端出來的對策就是「核」。對北韓而言，所謂「核」一方面是做為原子能的和平使用，以解決能源不足的問題；另一方面的意義在於保有核遏制力，以挽回在傳統軍備競賽中逐漸不利的局面。北韓核武問題不僅是韓半島冷戰體制的產物，同時也是北韓面對整體性危機的結果。

北韓的協商戰略並不獨特，也不奇怪。有人相信北韓在外交政策上追求的是理念，但也有人相信北韓跟其他國家一樣是為了追求利益。不同時期各有不同的協商目標，為了達成目標會不惜使用「退出核武禁擴條約」之類的「戰爭邊緣策略」，但反過來如果是處於守勢，就會採取退讓的戰術。

隨著南北關係惡化，北韓開始思索以朝美關係為中心重整韓半島情勢。金泳三時期北韓重視朝美關係勝於南北關係，因此固守著排除南韓、只與美國溝通的「通美封南」戰略。

「首爾火海發言」的真相

金泳三時期南北當事者關係惡化，導致美國主導韓半島局勢，關鍵原因就是北韓核武問題。北韓在一九九三年三月十二日退出《核武禁擴條約》，所以金泳三就任與北韓核武問題發生是相同時間。一開始金泳三政府的立場是採取「以特別檢查為前提的強硬政策」，主張北韓必須先接受核設施檢查，雙方才能進行會談。這一點和美國的立場不同。

一九九三年十一月的韓美高峰會談已經預告了韓美在對北政策上的矛盾。美國準備採取「整體途徑」（comprehensive approach）與北韓協商，這樣可以一併處理北韓核武及朝美關係正常化問題。這是一項包裹協議方案，只要北韓立即同意接受國際原子能總署的檢查，就馬上中止「團隊精神」軍事演習，以滿足北韓的要求。美國國家安全會議及國務院也與韓方負責人充分協調過意見。

不過隔天的高峰會卻讓美國大吃一驚。金泳三總統的發言與實務協議結論完全相反，金泳三總統以「反對整體途徑」這句話開啟會談，索性不聽柯林頓總統的說明。顧問雷克慌張盯著負責事前協議的外交安保首席鄭鍾旭，但對方也是一臉慘澹。尷尬的柯林頓總統不知該如何是好，便向韓美兩國的助理提議，想想其他的表達方式，最後想出來的是「徹底而廣泛的」（thorough and broad）的途徑。

當時為何突然發生這起有違外交慣例的意外？就在前一天，在國賓館布萊爾宮有一場關於韓國的策略會議，外務部長官韓昇洲看到聯合國大使柳宗夏也在現場時嚇了一跳，原來是總統祕書室長朴寬用把他找來的。韓昇洲說明與美國事前所協商的「整體途徑」後，柳宗夏大使馬上表示反對。他強烈主張，要中斷「團隊精神」軍事演習，南北韓就應該落實互相檢查，而不只是接受國際原子能總署的例行檢查。金泳三總統在高峰會談裡的發言，就是前一天柳宗夏大使的主張。

柯林頓政府是以不同於金泳三的思維去啟動與北韓的協商。北韓與美國的對話始於一九九三年十月，對話反覆走走停停，經過一番曲折後，終於在一九九四年二月十八日完成最終協議。兩國以整體途徑為核心，提出日後各自該做的事。如果按照協議，三月一日可謂是「超級星期二」，當天原定由韓美兩國宣布中斷「團隊精神」軍事演習，北韓將接受國際原子能總署的檢查，南北韓也會交換特使。此外三週後的二十一日將召開朝美會談一事，也將一併宣布。

柯林頓政府認為這是一個可以同時滿足國際原子能總署、北韓以及南韓的方案，不過金泳三政府有不同的想法。金泳三政府不願接受北韓與美國的協議，堅持南北對話必須在朝美會談之前舉行，想在南北韓仍然互不信任的狀況下，將南北對話與朝美對話綁在一起。

三月十九日，雙方在討論特使交換的業務性接觸中，北方代表朴英洙擦槍走火引爆「首爾火海發言」。南方代表宋榮大發言說：「貴方核武問題若不盡速解決，引發的後果將難以預測。」朴英洙聽了馬上回應說：「我們不希望戰爭，但是如果對方不惜一戰，我們絕不迴避。首爾離這裡不遠，如果發生戰爭，首爾就會陷入火海。」

那天是第八次的業務性接觸。之前雙方也曾經展開尖銳攻防，不過這一天雙方的爭執卻被公開，造成媒體騷動。為什麼過去不曾公開的南北會談實況畫面，這一次會被公開？通常在板門店進行的南北會談是非公開的，但是青瓦台和相關部門都能夠即時看到會談內容。如果會談是在北方的統一閣進行，南韓只能聽到聲音而看不到畫面；如果會談是在南方的和平之家進行，南韓不只可以聽到聲音，還可以利用閉路電視看到畫面。

剛好第八次的業務性接觸在和平之家召開。統一院相關人士下午兩點左右詢問電視台，如果提供錄影帶，是否會在九點鐘的新聞播出。那時會談才結束不到三小時，五十四分鐘會談內容當中最刺激的二分四十秒長度錄影帶已經交給電視台了。電視台還將其中混有「半語」（譯註：韓語中的非敬語）、激動的一分鐘剪輯播出。新聞一播出，觀眾紛紛對北韓的胡言亂語感到不滿，執政的民自黨議員也要求撤換像傻瓜一樣的南方代表宋榮大。

北韓的「首爾火海發言」被公開，朝美兩國的「超級星期二」協議也因此破局。三月二十三日金泳三總統宣告將再度舉行「團隊精神」軍事演習，加強對北韓的國際施壓，同時宣布將部署愛國者飛彈。事實上愛國者飛彈原本預定一九九五年以後才部署在韓國，不過蘇聯解體後美國在歐洲的駐軍人數縮減，攔截導彈的數量因此相形充裕，柯林頓政府開始感到心急。韓美兩國對於可能會刺激北韓的愛國者飛彈部署時機原本抱持不同立場，但因為「首爾火海發言」被公開，雙方的歧異自然化解。首批出發的愛國者飛彈在四月十八日抵達了韓國。

北韓核武問題陷入膠著，一九九四年六月韓半島經歷了戰爭危機。由於卡特訪問北韓，使得一度停歇的協商再度恢復，北韓與美國再度展開協商。十月時北韓與美國終於在日內瓦會談中達成「包裹協議」。北韓同意停止寧邊反應爐運轉及接受核設施檢查，美國則承諾提供兩座輕水反應爐，並在完工前每年提供五十萬噸原油。兩座輕水爐一旦完工，寧邊的反應爐就會關閉。

金泳三政府一直到日內瓦協議達成前，都堅持對北韓進行核設施特別檢查，而且以南北對話為前提條件，反對朝美協商。因為南韓反對朝美對話，所以在日內瓦協議過程中並未扮演任何角色，不過在費用分攤過程中，韓國包下輕水爐工程費的百分之七十，其餘百分之二十由日本負責，百分之十由歐盟等其他國家負責。在選擇輕水爐爐型時，韓國願意負擔大部分費用，是因為要讓反應爐標上「韓國型輕水爐」。由於北韓反對，美國自然無法同意南韓的要求。美國認為，韓國實際上是籌建輕水反應爐的主要負責人，所以輕水爐本質上就是韓國製造，於是提出解決的妥協方案，保障韓國在建造輕水反應爐的工程中居於核心地位，藉此取代所謂「韓國型」的命名。

美國代為接受道歉的江陵潛艇滲透事件

「江陵潛艇滲透事件」足以代表南北韓與美國三角關係的特性。一九九六年九月十八日在江陵海岸邊駕車的一名計程車司機發現觸礁的北韓潛水艇，艇上的北韓人民武力部特種部隊隊員全身武裝逃入山裡，之後一直到十一月五日止，南韓展開了為期四十九天的掃蕩作戰。二十六名武裝特種兵當中有一人被俘，一人逃跑，其餘全部死亡。南韓軍的死傷也相當慘重，共有十一人陣亡，一人被誤射，二十七人受傷。

北韓在事件發生後六天定調這是偶發事故，不過金泳三總統的結論是「自始即為故意」，決定對此採取強硬的政策。南韓不僅中斷對北韓的援助，同時還禁止企業訪問北韓，並撤出南浦工業區的大宇公司職員。統一院長官權五琦宣布「要令其付出代價」。即便如此，政府也沒有其他可以動員的手段，於是金泳三政府訴諸國際合作。聯合國請會員在專題演說中譴責北韓的行為，並簽署安全理事會主席的聲明。

江陵潛艇事件使金泳三政府漂流不定的對北政策開始下沈，強硬派得勢，輿論急速轉為保守。南北韓關係惡化後，美國試圖出面解套。國務卿克里斯多福（Warren M. Christopher）九月十九日發表聲明說：「呼籲所有當事者不要有額外的挑釁行為。」十一月十九日《紐約時報》刊登一篇報導，內容提到國務院職員認為「韓半島最令人頭痛的就是韓國政府」。韓美關係可謂達到史上最糟的狀況。

那年十一月的總統大選柯林頓挑戰連任成功，議員比爾・理察遜（Bill Richardson）選後以特使身分訪問北韓。美國大選時決定重新發展原本停滯不前的朝美關係，以凝聚共識。北韓外務省和美國國務院開始直接協商，經過三週的實務協商後，北韓外務省發表了道歉聲明，內容為「對一九九六年九月的江陵潛艇事件深表遺憾，也會避免再發生同樣情事」。北韓態度上並非向南韓直接道歉。三個月後的道歉，完全沒有改變南北關係。對金泳三總統的批評仍在持續，已經死亡的南北關係也沒有因此復活。

第四節　隨媒體起舞的對北政策

金泳三政府的對北政策毫無策略，原則搖擺不定，內容缺乏一貫性，因此常隨著情勢起舞。總統說的話如果動搖，首長的角色分量減輕，外交安保部門的運作就難以協調。通常決策過程混淆及缺乏一貫性，責任是在於總統。因為在外交安保領域中，總統的理念和意志會超越制度的運作。金泳三總統說的話經常反覆，總是乘著媒體的浪頭，隨著非理性的情緒波動。

每六個月更換一次首長

金泳三總統在就職演說裡提過：「任何同盟國都比不上民族。」才過沒多久，他又說：「不可能與擁有核武的北韓握手。」總統把狠話說在前頭的同時，政策就會沈浮或消失。總統的話帶有情緒，緊接著情報就會失靈。情報機關通常有考量總統喜好而蒐集情資的傾向。如果金泳三總統常提到準備北韓垮台及「吸收統一」（譯註：由南韓統一北韓，並推行南韓體制）的對應策略，情報機關大致上就會開始蒐尋北韓垮台的徵兆，然後透過媒體讓這些難以確認的情資流出去，總統再把單純的情報當成既定事實。

總統先開口放話，增加部門之間的協調困難，決策過程本身也無法正常運作。然而闖禍的是總統，責任卻落在首長身上。以統一院長來說，由於南北關係長期陷入僵局，除了任期後半段無事可做而沒有更換的必要之外，整體的更換次數非常頻繁。金泳三政府在最初兩年，幾乎六個月就更換一次統一院長。這種情況下統一院沒有充裕的時間可以討論穩定的對北政策，辦公時間就在忙著準備交接儀式和就職儀式中度過。

對北政策的負責單位並非只有統一院，不過當時統一院長是副總理層級，形同外交國安單位的直屬長官，統一部門的副總理經常更換也使得外交國安單位的協調功能無法發揮。每個部門各說各話，互不合作。一九九五年十月針對 Woo-Sung 號船員遣返方式議題，統一院正著手準備第三次稻米援助會談，但是外務部長卻在聯合國強烈批評北韓的人權問題。一九九七年統一院和外務部也因為對紅十字會會談與四方會談有認知差異，曾經發生公開衝突。

金泳三政府對輿論過於敏感，不過他不了解輿論在對北政策上具有雙重心情。大多數國民對北韓的態度是保守的，但是又不希望長期陷入不安。雖然大家批評北韓發展核武，不過一旦危機持續太久，軍事緊張升高的話，政府的解決能力就會變成問題，原本批判北韓的視角會開始轉向政府，問政府：「在幹什麼？」、「為什麼還不解決？」

金泳三政府總是跟著輿論走。北韓如果挑釁，對北的強硬言論就趁勢而起；政府的能力如

【表】統一院長官變動狀況

姓名	在任時期	在任期間	備註
韓完相	一九九三年二月至十二月	十個月	更換
李榮德	一九九三年十二月至一九九四年四月	四個月	榮任國務總理
李洪九	一九九四年四月至十二月	八個月	榮任國務總理
金　德	一九九四年十二月至一九九五年二月	三個月	更換
羅雄培	一九九五年二月至一九九五年十二月	十個月	轉任經濟副總理
權五琦	一九九五年十二月至一九九八年二月	二十六個月	

果被認為有問題，就會更換首長。雖然是跟著媒體的風向走，但是回首一看，會發現政策本身搖擺不定。因為政府沒有掌握住輿論面對南北關係議題時的雙重心情。民主政府的對外政策與國內政治難以切割，所以不得不考量輿論趨勢。然而如果像金泳三政府這樣在對北政策或韓美關係上只考量國內政治，對外關係將無可避免會遭到孤立，最後還是要面對國內嚴苛的批判。政府有時要跟著輿論走，但也有責任引導輿論。金泳三政府沒料到一味追著眼前的輿論跑，無情的歷史評價也在等著他。

操之過急而搞砸的北京稻米會談

只顧輿論導致最後翻船的代表性案例，是一九九五年六月的北京稻米會談。金泳三政府在北京舉行的次長級會議中決定援助北韓十五萬噸稻米。這是金泳三政府上台後，基於對南北關係持續惡化的情勢考量而突然做出的決定。北京稻米會談是「註定失敗的南北會談模式」的代表事例，是一個反面教材，具體而微呈現對北政策的所有問題。一九九五年六月會談舉行時金泳三政府的任期剛好屆半，所以是就職後兩年半的時間，當時羅雄培已經是第五任的統一院院長。

北京稻米會談是南北會談歷史中少見的空洞會談，首先問題出在「祕線」上。南北關係的非公開接觸分為由情報機關出面的正式接觸及由民間出面的非正式接觸，民間出面的非正式、非公開接觸隨時都可能發生問題。經歷一九九四年的弔唁風波，南北關係凍結，所有的正式管道中斷，北韓也不承認南韓當局。金泳三政府不得已只好依靠民間。這個時期的「祕線」多如過江之鯽，「各單位」互相競爭，拉抬了北韓的期望值。北京稻米會談能順利召開，就是大韓貿易投資振興公社（KOTRA）的北韓室長洪之璿得到黑龍江省民族經濟開發總公司總經理崔秀鎮的協助。

金泳三政府急著想召開稻米會談。當時國際社會已經知道北韓發生糧食危機，日本政府也已公開表達援助稻米的意願。這時國內的強硬派低頭，越來越多人認同人道援助的必要性。金泳三政府下了指示，要求「要比日本快一步，而且必須在韓戰發生的六月二十五日前將稻米送到北韓」。六月二十五日是地方選舉前兩天。已經定下時限的協商，自然難有實質討論。

六月十七日會談在北京召開。北韓方面由統一戰線部副部長全今哲、南韓方面由財政經濟部次長李錫采擔任代表。北韓為了凸顯非官方會談色彩，全今哲使用的頭銜是「對外經濟協力推進委員會（又稱『對經推』）顧問」。全今哲長時間在對南部門工作，經驗豐富，是南北會談中不可或缺的代表性「談判高手」。相較之下，李次長從不曾參加過南北會談，統一院也沒有事前準備，就匆忙地去到北京。有傳聞說他之所以擔任會談代表，是因為他與金泳三總統的兒子金賢哲是景福高等學校同窗。南北韓匆忙達成協議，決定由南韓提供韓國產稻米十五萬噸，南韓窗口為KOTRA，北韓則以三千里總公司做為窗口。

雖然是六月二十一日達成協議，但是KOTRA團隊直到二十五日十二點左右才勉強取得北韓的簽名。首爾有一群人正焦急地等待合約，也就是李洪九總理一行人，他們已經等著要去東海港參加稻米援助運送儀式。在合約書簽署之前，東海港早已經有裝載好二千噸糧食的船待命中。那天傍晚六點左右，在附近緊急召集的一千多位居民歡送下，Sea Apex號載著沒有任何產地標示的稻米，連要航向哪個港口都不知道就出發了。

沒有目的地就離港的船，完全不知道關於掛國旗的協議。根據國際慣例，要進入另一個國家的港口時，船上最高的船桅要掛上入港國的國旗，船尾則是掛上船隻註冊國國旗。Sea Apex號不可能有「人共旗」（譯註：南韓對北韓國旗的稱法），船長依國際慣例在船尾掛上太極旗，準備駛進清津港，出來引導的北韓相關人員要求必須降下太極旗。這是南韓籍船舶第一次進入北韓港口，經過一番爭執後，船隻在二十七日上午降下太極旗，僅掛上人共旗就駛進清津內港卸下稻米。那天是選舉日，被強行要求掛上人共旗、卸下稻米的消息傳遍全國，最後執政黨在選舉中慘敗。

南北雙方在北京曾以口頭協議：「南方的稻米運送船舶進入北方港口時，皆不懸掛雙方國旗。」不過匆忙出港的 Sea Apex 號並未接獲任何有關協議內容的通報。不，應該是說還來不及收到通報。就連稻米卸運地的清津港在三千里總公司職員到達之前，也不知道南北有關懸掛旗幟的協議。一頭霧水去到那裡遭魚池之殃的 Sea Apex 號，二十九日晚上回到釜山港，那天也正是三豐百貨公司崩塌的日子。

好不容易收到北韓的道歉文，重新恢復稻米運送，接著卻又發生 Samsun Venus 號輪船扣押事件。這艘船在八月一日駛進清津港，一名平常愛好攝影的一等航海士李陽岩暗地拍照，當場被發現。北韓立即將這件事導向為「計劃性的偵查行為」——也就是間諜行為，同時要求南方政府層級道歉。北韓的盤算是想將人共旗懸掛事件的道歉討回來。最後南韓政府只得發出屈辱的道歉文。北韓釋放 Samsun Venus 號的代價，是對方保證會送出剩餘全部的稻米。十月七日金泳三政府在對北政策中將政治、軍事與經濟合作連結。將政治與經濟連結的政經聯繫政策，可說是北韓核武問題的副產物。金泳三政府的原則是北韓核武問題若不解決，就不能同意經濟合作，所以每當核武問題惡化時，就會取消或中止民間的經濟合作。這是自盧泰愚政府在一九八八年的《七・七宣言》中開始推動南北交流合作以來，碰到的第一個難關。金泳三政府的政經聯繫政策將在日後的保守政權中復活。

南北關係持續惡化時，金泳三政府也會將經濟合作當成籌碼。當時的南北經濟合作在交易和代工部分持續增加，期待會朝新階段進展。不過卻因為聯繫政策而不如預期。金泳三時期得到協力企業許可的有三星電子等二十家企業，但是實際申請事業開辦而獲得協力事業許可的僅有大宇（南浦工業區）、泰昌（金剛山礦泉水開發）、輕水爐的相關廠商韓國通信、韓國電力公社等四家。大宇計劃在南浦蓋加工區，但是受到南北關係影響而不斷延遲；泰昌的金剛山礦泉水開發事業也一直沒有起色。除了依北韓和美國的日內瓦協議所推動的輕水爐事業外，在民間經濟合作上可說是毫無成果。

實施聯繫政策的目的是想對北韓施壓，使北韓放棄核武及出面改善南北關係，進而改變北韓的態度。不過當聯繫政策起不了作用時，狀況反而變得更糟。首先壓力的強度太弱，根本無法改變北韓的態度。即便是當時，南北經濟合作在北韓的對外貿易上還未佔有太高的比重，而且對北韓來說，核武開發與體制生存問題息息相關，它們才是政策考量的優先順位。

此外金泳三政府對南北經濟合作的認知也有錯誤。經濟合作應該按照經濟原理運作，民間企業投資北韓的首要目的就是要獲利，南北韓必須互蒙其利，經濟合作才能夠持續。不過金泳三政府卻誤以為經濟合作是對北韓的援助。自以為單方面提供援助，而非雙方互惠，所以才會認為中斷經濟合作就能對北韓施壓。

金泳三政府的聯繫論裡面隱藏著他所認知的南北經濟合作是「施惠論」，日後又再進化成

「金援論」。保守派學者抨擊經濟合作為「金援」，根據的就是政經聯繫政策。它無法改善北韓核武問題或對南北關係也沒有貢獻，反而延緩經濟合作的步調，徒勞無功，不僅沒有達到目的，還使得經濟合作的基礎崩解。

第五節　消失的五年

觀察不同時期的南北會談次數，會發現金泳三政府次數最少。朴正熙簽署《七・四南北共同宣言》後，密集地召開了一百一十一次南北會談，全斗煥召開了三十二次，盧泰愚召開了一百六十三次會談，而金泳三卻只召開了二十八次會談。盧泰愚時期南北高層會談召開了十六次（預備會談、正式會談各八次），而且曾經對焦點爭議進行高層會談，像是十八次的南北核會談。有了高層會談的結論，最後才能產出《南北基本協議書》。相較之下，金泳三時期除了一九九五年北京稻米會談的次長級接觸，還有八次為解決核武問題進行的特使交換實務接觸、五次南北高峰會談的實務接觸，除此之外，正式會議多半在準備階段就無疾而終，未曾舉行過。在南北關係的歷史中，金泳三政府是個罕見的異數。比起前任政權，金泳三政府對南北關係的責任意識不足，無能、且過於偏重國內政治。

金泳三政府在一九九三年三月上台，當時的總統支持率達到百分之八十四點二。一九九五年九月在稻米援助過程中發生鬧劇後，支持率滑落到百分之三十三點三；一九九七年三月發生韓寶集團破產事件，支持率又再跌到僅剩百分之八點八。金泳三總統追著輿論走，卻失去輿論的支持，大韓民國也經歷了韓半島前所未有的ＩＭＦ金融危機。在南北關係的歷史中，金泳三政府留下了「空白的五年」。

第六章

接觸的時代：兩次的南北高峰會談

二〇〇四年十二月十五日，開城的天空間歇飄著雨雪，那天是進駐開城工業區的第一家工廠——Living Art 首度開工的日子。當時我以統一部長官鄭東泳的政策輔佐官身分參加完工儀式，都還記得製碗工廠老闆那天流下的眼淚。社長先說明高級廚具是從法國進口，煮泡麵的鍋子全部都是中國製，接著硬咽地說：「南韓再也做不出碗了。」

當天在這裡所生產的一千組「統一湯鍋」，在下午兩點通過軍事分界線，下午六點抵達首爾的樂天百貨。許多人正等待著要購買不銹鋼湯鍋兩件組，其中更有人就是故鄉在開城的離鄉居民。到百貨公司營業時間結束為止，兩小時三十分鐘內共銷售了四百八十組。

從那天之後，工廠一家接一家進駐。開城工業區所在的位置是韓戰當時北韓軍的南侵路線，原本駐紮這裡的北韓軍已經撤退。南方把電線拉過來，北韓的勞動者與南韓的經營者在此共處，京義線公路及鐵路沿著工業區銜接。它曾是高麗首都的「歷史城市」，也是一九五一年停戰協定第一次召開時的「和平城市」，如今「追求統一的工廠」也來到了這座城市。開放的城市——開城，在經歷陣痛之後誕生，同時預告了它驚濤駭浪的命運。開城本身就是南北韓關係的寫照，是一處象徵「接觸時代」的空間。

第一節　陽光政策：接觸帶來的變化

能讓旅人脫下衣服的不是北風，而是陽光。金大中政府借用伊索寓言裡的太陽力量說明對北政策。這個政策與被比擬做北風的冷戰時期對北政策有著明顯不同，英文稱為「Sunshine Policy」，中文是「陽光政策」，日文是「太陽政策」。北韓起初對「陽光政策」一詞感到抗拒，這與政策手段是北風或陽光無關，而是對「想脫自己衣服」的意圖有所警戒。金大中政府繼承了金泳三政府的負面遺產，長時間的南北關係惡化導致彼此缺乏信任，這時的當務之急就要重新整理對北政策的理念。

開啟「接觸時代」的包容政策

北韓的反彈，加上「陽光」一詞語意模糊，金大中政府一度將對北政策的正式名稱改為

「包容政策」。英文以「engagement policy」表示。這個概念與當時美國柯林頓政府的對外政策原則——「交往與擴大」（engagement and enlargement policy）意義相近。柯林頓政府主張先交往再進而擴大影響力，與金大中政府用接觸改變北韓的陽光政策具有共通點，只不過對於「engagement」該怎麼翻譯有過一番爭論。翻成「介入」，太具攻擊性；翻成「關聯」，感覺有些難；翻成「參與」，脈絡又不同，最後決定選用的詞彙是「包容」。

包容政策用一句話形容，就是「經由接觸而改變」的政策。這裡的「改變」，雖然意指「透過交流和合作引導北韓改革及開放」，但也包括將冷戰時期的南北關係轉換為後冷戰關係。「由接觸而互相改變」，此做法類似西德的對東德政策，它們也曾是分裂國家。西德的布蘭德政府在一九六〇年代後半將孤立東德的政策調整為與其接觸，新東進政策的核心正是「以接近達成改變」（Wandel durch Annäherung）。[1]

這個概念來自布蘭德任職西柏林市長時的經驗。一九六三年蘇聯和東德封鎖冷戰之島西柏林，因而發生柏林危機，甘迺迪總統訪問西柏林，發表了知名演說「我是柏林人」，並承諾支持。那年布蘭德市長在耶誕節前夕推動新政，讓隔離在圍牆東邊與西邊的離散家族重聚。因為交流而有了成果，雙方簽訂協議發行東西德通行證，步入了一道互相理解之門。當時艾岡・巴爾是西柏林市長布蘭德的外交政策幕僚兼新聞室主任，他形容：「統一並非透過某種歷史性決定所實現的一次性行動，而是經歷許多小步伐與階段的過程。」簡單說就是「以小步伐靠近的政策」。

金大中政府也認為：「必須接受分裂的現實，才能克服分裂。」這與巴爾強調的脈絡相同：「為了改變長期的現象，首先必須從這個現象出發，東德的自由發展是當前所期待的結果，而非新政策的前提。」金大中政府強調的不是遙遠未來的統一，而是要改變當前的南北關係，互相往來，和平協力，進而達到與統一狀態無異的「事實上的統一」（de facto unification）。金大中政府認為事實上的統一比法律上的統一重要，而且要將統一視為過程，而不是結果。

金大中政府的對北政策原則為「鞏固安保的同時，也要改善南北關係」。立場同樣是一邊接受分裂的現實，一邊追求改變。這不是只為顧及國內保守輿論才做的政治發言，它還與一九六三年布蘭德在圖青的演說——「軍事上維持現狀，同時又在政治上克服它」——有異曲同工之妙。金大中政府推舉布蘭德的新東進政策與經驗，政策規劃者林東源與巴爾也曾經幾次碰面，針對包容政策與東進政策的共通點交換過意見。

包容政策開啟了南北關係中的「接觸時代」。接觸，使誤解轉為理解，進而接受差異，邁向共存。艾文・托佛勒（Alvin Toffler）指出，韓半島所面臨的根本課題是南與北的時間矛盾。2時間過最快的南韓和時間過最慢的北韓，雙方的時間矛盾是統一過程中必須克服的難題。要解決因時間差所產生的誤解和異質性，最確實的方法就是接觸。

包容政策不是姑息政策

陽光政策長期受國內政治紛擾所拖累。總是有人帶著以往冷戰時期視角批評與北韓的接觸。在他們眼裡，北韓不是對可以對話的對象，也不是和解與合作的對象，而是應該令其垮台、敵視的對象。保守勢力難以接受要承認北韓且與之和解、對話、合作的陽光政策。陽光政策是判別依據，顯現出進步與保守的理念衝突，依照政治傾向，支持者與反對者涇渭分明。支持金大中政府的人就支持陽光政策，反對的人也會反對陽光政策。

陽光政策在金大中政府以後仍是長期的政治爭議焦點。有人是以政治利害關係決定對陽光政策的態度，也有人懷有國內的政治企圖而主張「要評論陽光政策的功過」。很遺憾的是所謂「陽光政策」或「包容政策」並非具體政策，而是相當於對北政策的理念或途徑。諸如「經由接觸而改變」、「經由接受現象，進而改變現象」、「事實上的統一」等包容政策的核心概念，可能有人同意、有人反對，但要區分功與過卻有困難。功過論適用於評論政策，而非評論理念。無論哪個時期的對北政策，都有各自的長處與不足的部分，有的部分可以承繼，有的部分則有難題待克服，因此「評論對北政策的功與過」這個要求雖然可以成立，但是陽光政策兼具抽象性及原則性，並非實質政策，所以難以評論功過。

對包容政策的評價中，最嚴重的誤解是來自於沒有區隔認知與方法是不同的面向，前者是「如何看待北韓？」，後者是「如何對應那樣的北韓？」。包容政策對於北韓的認知是來自經驗，試圖看清「原來的北韓」，而不是以偏見或錯誤期待來看北韓。如同一九九九年五月以柯林頓政府對北政策協調官身分訪問北韓的前國防部長裴利（William J. Perry）所言，要「放棄可能有的期待，以北韓政府原來的樣子待之」。一九九九年十月裴利提給美國參議院的「裴利報告書」中，這句話最為精要。

金大中對北韓的認知也一樣，很難預設它會往期待的方向改變。北韓的現實與未來之間有許多變數，發展和衰退、改革與落後的可能性都有。北韓所處的外部環境也同時存在著敵對的現實與變化的未來。在對北政策中強調「鞏固安保」原則，就是因為接受現實的雙重性。

如果以「原來的北韓」做為認知對象，依據經驗去觀察，就不會有太大的視角差異。金大中主張排除偏見，只需要正確掌握北韓的現實狀況即可。當然，「要如何對應那樣的北韓？」，還是可能產生一些差異。就方法論而言，要評估在特定狀況下，為達成自身的目標所提出的手段效用在哪，進而做出選擇。像是為了解決北韓核武問題，「什麼方法」效果最好？

為了韓半島的和平安定，「什麼方法」效果最好？為了推動北韓的改變，「什麼方法」效果最好？

批判包容政策的人大多未區分認知和方法。對北韓的認知如果能放下過去的偏見，彼此就沒有什麼不同。然而方法論上的差異，卻往往被批判成認知上的差異。對包容政策最普遍的扭曲，就是將其視為「姑息政策」（appeasement policy）。「姑息」源自於有「安撫」之意的「appease」一詞，「姑息政策」意指「聽從具攻擊性的對手要求」或「對敵國讓步以避免紛爭」。這是特定時期的外交政策用語，也就是一九三〇年代後期英國張伯倫內閣的外交政策，具體所指的是一九三八年的慕尼黑協定。未能看穿希特勒的戰爭企圖，只想尋求短暫的和平，終至無法遏阻二次世界大戰爆發的政策，就稱為「姑息政策」。

二次世界大戰後，姑息政策被利用做為戰爭介入的正當理由。令人吃驚的是在一九五〇年杜魯門參加韓戰時、一九六五年詹森在越戰開打時、一九九〇年老布希在波灣戰爭開打時、二〇〇〇年小布希在阿富汗戰爭開打時，都可以發現相同的說法，聲稱發動戰爭是因為不想重蹈張伯倫的覆轍，犯下類似的錯誤，簽署象徵姑息政策的慕尼黑協定。發動戰爭的人為了合理化自己的行為，總要找出可對比的失敗做法，也就是姑息政策。

姑息政策這個概念，是強硬派為了單向批判一九三八年的慕尼黑協定而使用的。不過也有人對當時張伯倫的外交政策有另一面的評價。依據修正主義的觀點，張伯倫的外交政策可解讀為「在國力相對衰退的局面下，試圖爭取重新武裝的時間」。也有人認為，因為二次世界大戰是發生在一九三九年而非一九三八年，所以希特勒才會戰敗。

將特定時期、特定狀況的外交政策——姑息政策當成一般施政，確實帶有特別的意圖。這裡的「姑息」不能視為「穩健」或「溫和」的一般意義，它代表的意思是「恐懼戰爭的膽小鬼」，而這種用法最主要的目的就是要把戰爭的行為合理化。

包容政策與姑息政策不同，最重要的一點是後者追求維持現狀，前者則是打破現狀。包容政策追求和平，試圖引導北韓經濟改革，持續解決北韓核問題，從這點來看，它與配合現實、迴避衝突、掩蓋問題的姑息政策完全相反。包容政策也不是要對北韓讓步，所謂協商，是指「該給的給、該拿的拿」，付出後得到的代價，也需要整體評估，只不過施與受之間可能會有時間差。通常一來一往的機械式互惠主義很難改變南北關係。在說明包容政策時，有的人會根據「先供後得」——也就是「先給，以後再拿」這一點，批評說是對北韓「金援」，不過這是扭曲的說法。

包容政策並不是主張對北韓採取守勢，而是要先行動，然後再引導北韓回應，這樣才能主導情勢。姑息政策是被動的，但包容政策卻是主動的。包容政策是一種方法論，目的是要透過對北韓接觸，將韓半島的冷戰秩序轉換為永久的和平狀態；還有透過互惠的經濟合作，打造南北經濟共同體；以及形成社會文化共同體來解決離散家族等問題。

有人認為包容政策會削弱國家安全，這種講法也是缺乏說服力。金大中時期的陽光政策是以「鞏固安保」做為推動的基礎。有人認為在軍事安保領域上有所弱化，但是如果從國防經費增加或兵力現況來看，事實並非如此。而且更重要的一點是安保觀念的改變，金大中政府已經從重視傳統軍事安保轉為追求政治、經濟、環境、人群等多元領域的「整體安保」。金大中是在國際貨幣基金的援助事件後上台，因此特別重視經濟安保。在國家主權信用評等上，國際信用評價機構強調韓半島安保環境的重要性，外國投資者也都把關注焦點放在韓半島的安保環境條件。

包容政策不是「金援」：稻米借款的理由

「金援」是批判包容政策最常見的大眾語言。不過那是政治性的煽動用語，並沒有事實根據。一般廣義的南北經濟合作，會包含人道援助、民間經濟合作以及官方投資，每一項都可檢視是否為金援。

任何文明國家都不會將人道援助視為金援。人道主義反映的是一個社會的品格，一九八四年十月雷根總統說過：「飢餓的小孩不懂政治。」在那之前，美國認為「飢餓的小孩是獨裁政治下的產物」，由於當時發生大量飢餓兒童問題的衣索比亞是獨裁國家，所以美國並未給予援助。美國預期，延遲糧食援助會造成更多人餓死，進而引發人民反抗，糧食成了政治工具。不過衣索比亞的獨裁政權反而將飢餓視為屠殺反政府勢力的機會。

後來雷根改變想法，因為制裁造成了矛盾現象。為了打倒獨裁政權而不援助糧食，結果卻和預期相反。一九八四年九月美國電視台報導了衣索比亞的現場，原本保持沈默的政治圈和公民團體開始站出來，雷根政府終於決定提供糧食援助。有的人認為應該將人民和政權分開來看，事實上如果想提供援助，要區分會有困難。雷根政府在援助衣索比亞糧食時，還要給獨裁政權每一公噸糧食十二塊美金的卸貨費用。

國際社會對北韓提供人道援助，是從北韓糧食危機加劇的一九九五年開始的。在聯合國世界糧食組織（ＷＦＰ）呼籲時，美國等大部分國家都同意初步將人道援助與核武問題切割處理。金大中政府也回應聯合國組織的呼籲，並依照人道主義原則同意民間援助。

民間企業的經濟合作也不該被視為金援。以金錢交換物品，或是支付工錢及直接投資（如開城工業區）都不是金援。得到的利益遠比支出費用還高，因此投資行為當然不是金援。民間企業的經濟合作是依照經濟原理在運作的。

金大中政策被批判為金援的是稻米援助，而最早主張應當援助北韓稻米的人是農村地區選出的國會議員。二〇〇一年九月，大國家黨政策委員會金滿堤提議援助國產稻米兩百萬石（三十萬噸）。當時國內有稻米過剩問題，稻米生產量增加而消費量卻減少，再加上依照烏拉圭回合協議的最低進口量增加，因此過剩的稻米預估在二〇〇二年下半年將達到一千三百一十八萬石。以一百萬石為基準計算，每年倉庫管理費達到四百五十億韓元。

當時農林部提出四項處理方案，包括海外援助、生產飼料、生產酒精、北韓援助。以一百萬石為基準計算所需的處理費用，結果依序為海外援助費用三千三百九十六億韓元（主要為運費）、飼料二千五百九十億韓元、酒精二千五百二十七億韓元、北韓援助二千四百二十二億韓元。

金大中考量到國內輿論，同時也想利用援助北韓稻米來改善南北關係。南韓將各個問題綁在一起協商，包括對北的稻米援助、離散家族問題的解決、南北國防部長會談提前舉行。不過援助一開始並不是用國內剩餘的稻米。政府十月時決定「借給」北韓泰國產稻米三十萬噸和中國產玉米二十萬噸，負責總管國際對北援助的世界糧食計劃也決定無償援助十萬噸國外玉米，所以進入北韓的糧食總計有六十萬噸，以金額計算約一億一百萬美元左右。南韓提供的稻米不是無償供應，而是簽有借款合約，這一點相當重要。借款條件如下，以十年為寬限期，用二十年分期償還，借款對象適用「對外經濟協力基金」，利率為年息百分之一。針對分配透明性的問題，可以容許北韓方面靠近現場確認，米袋包裝上則以英語標示「大韓民國」。[3]

如果考量國內稻米的供需，這時應該以國產稻米援助才是正確的做法。不過金大中政府當時的原則是「以較少的金錢採購最多的穀物，然後盡快提供援助」。決定這項原則的理由或許有好幾個，不過有一個就是想與一九九五年的稻米援助案例有所區隔。一九九五年金泳三政府無償援助國產稻米，換算價值約為二億三千七百萬美元。二〇〇〇年保守在野黨指責政府金援北韓，金大中回應說，希望能用比一九九五年更少的花費送出更多的糧食。如果是基於這樣的原則，那就只能選擇使用國外稻米。二〇〇〇年時韓國產稻米每公噸約一千五百美元，泰國稻米每公噸只有約二百至二百五十美元。當時政府強調「雖然是六十萬公噸，但是費用只有約金泳三時期的一半」。這是政府被指為「金援」時的回應說法。

如果在二〇〇〇年當時就送出國產米，結果會是如何？或許二〇〇一年的稻米價格波動就不會發生，曾經提出金援批判說的大國家黨也不會比執政黨早一步主張必須支援北韓三十萬噸稻米了。[4] 二〇〇一年韓國國內稻米庫存量為一百五十九萬噸，是適當庫存的兩倍。那年布希政府上台，南北關係發展停滯，大環境並不適合提供稻米援助。稻米受南北關係的影響相當大，與肥料或保健醫療等同樣歸類為人道救援的項目不同。而且稻米的是以借款方式援助，所以雙方除了舉行部長級會談，也必須召開協商糧食借款的實務會談。

無論當時或現在，農村地區主張對北援助稻米是有理由的。稻米庫存量如果增加，稻米價格就會下跌，收購量減少也會帶動收購價格下跌。農民的不滿因此升高，農村地區選出的議員便認為就算拿去援助北韓，也必須減少稻米庫存。最後政府在二〇〇二年八月決定援助國產稻米四十萬噸，因為稻米已經堆積到供需無法管理的程度。

從二〇〇二年到盧武鉉時期，政府每年都以借款形式供應三十萬噸到五十萬噸的國產稻米給北韓，數量可能因南北關係情況不同而有些差異。這段期間的稻米援助，被當做解決離散家族等重要未決問題的經濟手段，但最重要的還是在於它紓解了國內稻米的供需問題。

的確，借款不是免費提供。雖然保守勢力認為，無論是否採取借貸方式，稻米援助的成本都不可能回收，但是官方借款的償還方式有很多種，例如可以從北韓那裡取得礦物資源做為償還，長期而言，未償還借款可以做為各種用途。因此，借款和無償援助本質上不同，不能視為金援。

續對話。

第二節　二〇〇〇年，南北韓與美國三角關係的良性循環

金大中政府的對北政策是在金泳三政府「失落的五年」的負面遺產下起步，需要努力和時間去改善惡化的關係，使不信任轉為信任。金大中政府在一九九八年執政，卻花了相當長的時間改善南北關係。儘管一九九八年和一九九九年都召開過次長級會議，但最後都破局而未能持續對話。

坐在駕駛座上的金大中政府

南北關係直接受到國際環境影響，韓半島局勢中最重要的國際變數就是美國。美國是韓戰的主要參戰者，代表聯合國軍簽署停戰協定，而且依然在韓半島的軍事秩序中佔有相當高的比重，所以也是維持韓半島和平的關鍵當事者。北韓核問題發生後，美國的對北政策在北韓核協議上扮演重要的角色。還有，美國自韓戰後對北韓採取了強烈的經濟制裁，所以朝美關係的發展程度及範圍，也對南北經濟合作有整體性的影響。

因此南北韓與美國的三角關係結構和運作方式是觀察的重點。構成韓、朝、美三角關係的三種雙邊關係中，只要有其中之一惡化或是陷入膠著，就會同時對其他的雙邊關係產生負面影

響。舉例來說，如果南北韓關係沒有進展，而朝美關係卻走在前面，韓美之間的對北政策就可能產生矛盾。

為了使韓半島局勢的「和平問題」有所進展，韓、朝、美的三角關係需要形成良性循環，而過程中最重要的是韓國的積極態度。評論金大中外交安保政策時，需要注意的一點，那就是韓國在韓、朝、美的三角關係裡發揮了主導性的角色。在一九九八年六月的韓美高峰會談裡，金大中總統說明了韓國的對北政策，當時柯林頓總統承諾要將對北政策的方向盤交給韓國。

不過，韓國不可能只因為一句話，就能坐上駕駛座。韓美兩國的對北政策雖然有共通點，但也有不少差異。尤其一九九八年十一月美國民主黨在期中選舉落敗，共和黨議員成為多數，柯林頓總統自然無法無視於保守共和黨的對北政策。共和黨在這段期間持續批判與杯葛柯林頓的對北政策。依照一九九四年日內瓦會談的協議，美國原本決定每年提供北韓五十萬噸重油，不過共和黨卻刪減或拖延預算，製造柯林頓政府無法遵守協議的局面。

柯林頓總統在一九九八年十一月二十三日任命前國防部長裴利為對北政策的協調代表。裴利是民主黨內部的強硬派，所以能夠獲得共和黨支持，是名跨黨派的好人選。十二月裴利訪問韓國，與金大中總統及外交安保首席林東源會面，隔年一月，林東源再訪問美國。當時金大中政府將北韓核問題視為「韓半島冷戰體制的產物」，他主張如果想解決北韓核問題，就必須瓦解韓半島的冷戰體制。裴利日後透露，剛開始聽到韓國的構想時，「和我的看法差異太大，讓我瞠目結舌」。

儘管韓美兩國間初期的立場不同，但是經過密切協議後完成了「裴利報告書」。從一九九八年起開始的「裴利進程」（Perry Process），帶動了南北韓與美國的三角關係良性循環，也建立了南北高峰會談與朝美對話的正面互補關係。美國積極推動包容政策，營造南北高峰會談的環境條件，緊接著南北高峰會談在二〇〇〇年舉行，也活化了朝美對話。

第一次高峰會談與《六・一五南北共同宣言》

南北關係的歷史也可以分為高峰會談之前和之後。雖然在這之前雙方也達成不少協議，但是以南北高峰會談為契機，南北韓才得以從協議的時代進入履行的時代。南北高峰會談能夠順利舉行，是因為金大中總統對改善南北關係的意志力與不斷努力。在過去不曾接觸的情況下，彼此存在很深的不信任感，剛開始還需要透過中間人探詢意願，以非公開接觸協調彼此的立場。二〇〇〇年三月和四月初由文化部長官朴智元擔任密使，在中國的上海和北京與北韓亞細亞太平洋委員會副委員長宋浩景碰面，協商高峰會談事宜。先針對高峰會談進行原則性協商後，再由國家情報院負責實務協商。

國情院院長林東源受到金大中總統指示，要了解一下金正日委員長是什麼樣的人，於是在五月底和六月初兩度非公開訪問北韓。當時高峰會談前最核心的問題，是要不要拜訪安置金日成主席遺體的錦繡山紀念宮殿。北韓強烈要求必須到那裡參訪，但是南韓以顧及國民感受為由而予以拒絕。六月初林東源第二度訪北時，金正日委員長表達堅定的立場說：「金總統訪問河內時曾經參拜胡志明墓，為什麼我們這裡就不行？」

金大中總統訪問平壤前夕，這個問題還是無解。一到達平壤，林東源再次向金正日委員長傳達訊息，內容是：「參拜問題不能成為高峰會談的絆腳石。未來要推動南北經濟合作，必須在國會通過預算，如果訪問錦繡山，預算恐怕難以通過，所以不要太過堅持參拜問題。」最後金正日委員長在晚宴場合對林東源耳語，當時這個場面被電視台和報紙大幅報導。耳語的用意引起許多揣測，林東源經過幾年後才在二〇〇四年接受媒體訪問時說明。他表示金正日委員長對他說：「我充分理解，剛才在車上我已經對金總統說不去也沒關係。林院長贏了。」

六・一五高峰會談雖然可以從各種不同的角度去評論，但其中最重要的就是共存的承諾。雙方互相承認體制，為共同的繁榮而努力。尤其在《六・一五南北共同宣言》第二項，雙方都認同，南韓的「南北邦聯」與北韓的「鬆散的聯邦制」有共同點，便同意依此方向持續協議。對此，保守勢力抨擊金大中政府時接受北韓的聯邦制提案，不過他們也不能忽略，北韓同樣願意討論南方的統一方案。

在統一方案的協議上，最重要的是雙方提案的共通性。南北韓認知到統一過程的重要性——也就是需要有「過渡的過程」或「中程階段」，然後再追求漸進式、階段性的統一。以統一為目標，同時也透過和平共存與和解、合作，持續建構和平統一的基礎，而不是追求立即的統一。

南北雙方的統一方案有著明顯的差異。南北邦聯與鬆散的聯邦制在內容上看起來相近，但在國際法上邦聯（confederation）和聯邦（federation）卻是不同的概念。南方的邦聯制意味「兩個國家、兩個體制、兩個政府」，北方的聯邦制雖然是鬆散的，但也意味「一個國家、兩個制度、兩個政府」。也就是說邦聯的主權在於個別的組成國家，聯邦的主權則在於聯邦國家。

不過邦聯和聯邦在現實世界中可能以多種型態存在，也有看法指出，邦聯制與聯邦制是「連續過程的不同階段」。歷史上不乏有從邦聯轉為聯邦的例子，以美國為代表，從一七七六年到一七八九年新的聯邦政府成立為止，這段期間十三個州依照《邦聯條例》（*The Article of Confederation*）維持邦聯型態，之後再轉為聯邦。一九九〇年東西德在達成統一前促成簽署的國家條約《貨幣、經濟及社會統一條約》（*Währungs-, Wirtschafts- und Sozialunion*）也是為了組成邦聯。德國同樣先以邦聯做為暫時型態，之後將東德納入聯邦體制完成統一。[5]

南北雙方在《六・一五南北共同宣言》第二項達成「統一是過程」的協議。德國常說：「因為不說統一，所以才能完成統一。」強調統一是過程而非結果，是因為在目前分裂的狀況下，交流、合作、和平共存更為重要。從這一點來看，南韓歷任政府所強調的「南北邦聯」，應該重新解讀為展現統一過程的動態概念，而非僅是具有約束力的制度性概念。一九九二年統一院對外說明韓民族共同體統一方案，評論「南北邦聯」是「以統一為目標的體制，在國際法上具有部分國家邦聯的性質」，不過又具有特殊性，也就是「與國家邦聯不同，並非設定各個主權國家之間的關係」，意即將「南北邦聯」解釋為「象徵性表現出共存共榮之統一過程的政治性表達」。

二〇〇〇年《六・一五南北共同宣言》發表後，南北韓在各個領域所發展出來的協議單位，可以看成統一過程制度化的自然進展。在政治領域，雙方以南北總理會談做為總協議代表；在各個領域，部長級會談則需要定期依規定舉辦。像南北國防部長會談要定期舉行，使其成為核心對話機構，以討論建立軍事信任等韓半島和平體制議題；在經濟合作領域，雙方必須定期召集「南北經濟合作推動委員會」，結合實務功能，成為常設機構；在社會、文化領域必須運作「社會文化共同委員會」，使南北社會、文化交流在制度層面上有所發展。

雙方必須在這些領域呈現交流合作與和平穩定的成果，然後漸進地階段式發展出「南北邦聯」的制度型態。當各領域的發展程度具備互惠性，且南北關係的基本性格從冷戰體制轉換為後冷戰的體制時，「實質統一」的狀態就能實現，自然而然也會產生「法律、制度性統一」的機會。

布希政府登場與和平走廊

二〇〇〇年十一月，美國大選結果出爐，民主黨艾爾・高爾的得票數雖然領先，但是卻由贏得較多選舉人票的小布希當選。美國新政府上任時，對北政策就會改變，韓、美、朝三角關係的運作方式也會不同。布希政府預告了對北韓的強硬政策路線，美國為了推動全球飛彈防禦系統（MD，Missile Defence），積極強調北韓的導彈威脅。布希政府的上台導致朝美關係惡化，韓美之間在對北政策議題上開始產生歧異，最後連南北關係也受到負面影響。

二〇〇一年三月金大中總統和布希總統的高峰會談稱得上是一場災難，包容政策開始受到考驗。布希政府不願公開支持包容政策，不過金大中仍不放棄，耐心向對方遊說。二〇〇二年二月布希總統訪問韓國，金大中總統又再度說明南北關係的特殊性，一再強調接觸的必要性。當時正好碰到南韓舉行活動，民眾為了推動南北鐵路接軌，於是在鐵道枕木上寫下希望或感想。金大中邀請布希總統前往都羅山站參觀。布希總統在板門店看到南北關係的過去，但也在南方最後一站，同時也是往北方的第一站——都羅山站看到南北關係的未來。

金大中政府在任期最後一年裡，即使面對布希政府搖擺不定的對北政策與新保守主義者對北韓的強硬態度，仍然開闢出開城工業區、鐵公路接軌、金剛山陸路觀光等「和平走廊」。鐵公路接軌問題在二〇〇〇年七月召開的第一次南北部長級會議與八月召開的第二次會談中討論，後來達成協議正式推動京義線鐵路（首爾—新義州）及公路（汶山—開城）的連結。還有，在二〇〇二年八月的第七次南北部長級會談及南北經濟合作推動委員會的第二次會議中達成興建開城工業區的協議。和平走廊不是自己長出來的，金大中政府在艱困的條件下遊說布希政府，打造通往和平之路。雖然成功推動六・一五高峰會談，但對北政策在國內政治仍是處於困境，保守的在野黨持續展開理念上的顏色攻擊。二〇〇一年十月統一部長官林東源下台是一樁極為戲劇性的事件。當時身為訪北民間代表團一員的東國大學教授姜禎求訪問北韓，在拜訪金日成主席故居萬景台時，他在留言簿上寫著「承續萬景台精神，完成統一偉業！」剛好目擊到這個場面的記者把這件事報導出來。金大中當時與金鍾泌領導的自民聯共組聯合政府，保守的在野黨抓出機會要求政府對萬景台留言簿事件負責，要求統一部長林東源去職。自民聯趁林東源去職打破金大中與金鍾泌的聯合政體（DJP聯合）。最後自民聯脫離聯合政府，國會因此成為朝小野大。包容政策的國內支持度越來越低，過程中又發生這個事件，無異是有一群人想發洩「憎恨與瘋狂」。國內保守勢力的強烈反彈或許能強化對北協商時的力道，但是卻也常使政府在協商手段的運用上綁手綁腳。

第三節　盧武鉉政府和《九・一九共同聲明》

金大中政府時期的最後一任統一部長丁世鉉也是盧武鉉政府的第一任統一部長，這象徵金大中與盧武鉉政府在對北政策上的連續性。不過盧武鉉政府在上台初期爆發的對北送金特別調查，成了南北關係惡化的原因。布希政府對北韓的濃縮鈾提出質疑，北韓核武問題再度陷入新危機。

盧武鉉政府立下原則，南北關係和北韓核武問題一併解決，不只是宣告韓國的主導性而已，還要在現實中實踐。二〇〇七年第二次南北高峰會談舉行的過程其實就是營造解決北韓核武問題的氛圍。

《九・一九共同聲明》的簽署與朝美互不信任

布希政府認為對話形同激勵，所以拒絕與北韓進行雙邊協商。北韓則是一貫堅持要與美國進行雙邊協商。要以對話解決二〇〇二年十月因北韓高濃縮鈾爭議而引爆的第二次北韓核武危機並不容易。美國為了回應國際社會的對話要求，決定採取非雙邊協商的多邊會談。

布希政府最初所想的多邊會談是五再加五（即聯合國安理會常任理事國的五國再加上韓國、北韓、日本、澳洲、歐盟）。北韓一邊要求與美國進行雙邊會談，同時拒絕多邊會談。後來美國國務卿鮑威爾（Colin L. Powell）提議由中國出面邀請，安排包含美國、中國、日本、南北韓在內的五方會談。二〇〇三年一月初中國外交部長兼國務院副總理錢其琛訪問北韓時轉達了這項提議，北韓再度拒絕，錢其琛立即建議由美國、中國、北韓進行三方會談。北韓將中國的提議解讀成是想讓朝美雙邊接觸，不過布希政府卻是為了迴避雙邊對話才同意三方會談。三方會談雖然得以進行，但是三國各懷心思，難以進行實質的討論，只在歷經一番心理戰後就結束了。

後來的多方會談型態，是在俄羅斯強烈要求下召開的六方會談。七月時中國的外交部副部長戴秉國出面協調三方會談、五方會談、六方會談等各種會談型態，協調過程中北韓決定接受六方會談。經過一番迂迴曲折後，二〇〇三年八月第一次六方會談終於在北京召開，由中國擔任主辦國。

六方會談其實是雙方妥協的結果，一方是強調「朝美雙方會談優先」的北韓，以及拒絕雙方會談的美國。布希政府在處理「核不擴散」問題的過程中，要求中國和韓國等區域內國家要積極參與和努力解決。由於布希政府堅持多邊主義，中國或韓國的角色自然變得更為重要。

六方會談雖然順利召開，不過因為美國和北韓的立場差異過大，所以難有成果。中國和韓國盡全力想營造讓美國與北韓互相對話的氣氛，但是美國對於此事顯得態度消極。第一次六方會談毫無成果地結束，中國方的首席代表外交部副部長王毅在面對記者提問六方會談的絆腳石是什麼時，回應說：「是美國的對北政策。」盧武鉉政府評論六方會談的成果時，說韓國已經努力扮演好自己的角色。

當六方會談陷入膠著或北韓在對話上消極時，南北對話就成了解決北韓核武問題的有效手段。美國向北韓說明自己的立場，同時拜託南韓說服北韓，北韓也希望在南北對話中確認美國的意圖和意志。因為南北對話已經在進行，美國和北韓都認可南韓的角色，也同時向南韓請求協助。

第一次到第三次的六方會談無法達到有效協商，倉促落幕。正式的協商從第四次六方會談才開始。第四次能順利舉行，韓國扮演了重要的角色。前三次會談毫無成果，北韓在二〇〇五年二月宣布擁有核武。一直到九月十九日簽署共同聲明為止，南韓不斷出面遊說北韓。決定性的轉捩點是南韓代表團參加在平壤舉行的六・一五紀念儀式時，統一部長鄭東泳六月十七日趁機與金正日委員長會面。當時從北韓當局得到確認，七月中旬北韓有意願參加六方會談，並從金正日委員長口中聽到：「韓半島非核化是金日成主席的遺訓。」。剛好此時美國內部也產生了變化，國務卿由萊斯擔任，克里斯多福・希爾（Christopher R. Hill）擔任亞太事務助理國務卿兼六方會談代表，在美國內部組成協商團隊。韓國打算六月十七日在北韓會面，官員以此前提訪問美國，鄭東泳和美國副總統錢尼會面後決定舉行第四次六方會談，韓美兩國對此形成共識。韓國藉南北關係，將奄奄一息的六方會談挽救回來。

歷經兩度會議的第四次六方會談與往常不同，這次終於達成實質的協議。美國這時才積極面對與北韓的雙邊協商，透過這些努力而得以簽署《九・一九共同聲明》。六方會談的基本精神都納入其中。《九・一九共同聲明》自始就不是選擇從難題切入，而是從簡單的問題開始，想好退路再朝困難的問題前進。依此策略，複雜敏感的未決問題雖多，但只要先確認好出口，就可以一一前進克服。

《九・一九共同聲明》有三項特點。第一項特點是整體性的協商。北韓放棄核武，其他五個國家則採取相應措施，以營造使北韓放棄核武的環境。具體而言，就是美國和日本與北韓的外交關係正常化，還有提供北韓能源與經濟援助，以及建立韓半島和東北亞的和平機制。換句話說，局勢上要使北韓放棄核武，意味著要清算東北亞的戰後秩序，然後建立和平體制。

第二項特點是並行解決。關於北韓核武問題的解決方法，「先棄核論」與「並行解決論」向來是對立的。布希上任初期提出「大膽接近」（bold approach），原本的構想是如果北韓放棄核武，美國將提供大筆的經濟援助。不過「大膽接近」因為遭到北韓拒絕而放棄，因為北韓的立場顯然不打算在缺乏互信的情況下先行放棄核武。於是《九・一九共同聲明》決議採取「承諾對承諾，行動對行動」的同時並行原則。

第三項特點是階段性處理。這個構想是從簡單的問題優先處理，敏感或困難的問題則在互信的基礎上漸進解決。過於缺乏互信之下，如果從一個階段跨入下一個階段受阻，很容易再度陷入猜忌。回顧北韓核武問題，總是越過這個山頭，還有更高的山橫亙在前。善用協商局面的彈性，以解決下一局的未決問題，這項策略相當重要。

匯業銀行制裁，強硬派的屈辱

《九・一九共同聲明》簽署當時，北韓與美國的關係正處於不穩定的狀態。兩國之間的不信任，在二〇〇五年九月十九日克里斯多福・希爾代表的結論發言中顯露出來。慣例上不會公開，但是美國國務院卻在幾天後公布這段發言。美國要求北韓徹底放棄核武和儘速恢復加入《核武禁擴條約》，並履行國際原子能總署的安全措施。除了核武問題之外，美國還討論到北韓的人權問題、生化武器、恐怖主義及不法行為等。《九・一九共同聲明》中處理模糊的朝美雙方未決議題，美國之所以拉出來特別強調，除了公開表明美國的立場，也是因為受到強硬派的壓力。

北韓隨之也在九月二十日透過外務省發言人的談話，對於美國的強硬發言闡述自己的立場。北韓的立場是必須得到輕水爐，才願意重新加入《核武禁擴條約》。根據《九・一九共同聲明》的協議內容，雙方要在「適當時機」討論輕水爐問題，但北韓重新做出有利於自己的詮釋，以此回應美國的「場外發言」。

在此危急的情況下，布希政府內部的對北韓強硬派又主導進行金融制裁，成為新的不利因素。美國財政部在《九・一九共同聲明》簽署之前的九月十六日指控澳門的滙業銀行（BDA）為從事洗錢的可疑對象，並凍結該行疑為北韓帳戶的二千五百萬美元。這時與滙業銀行往來的一般存戶開始擠兌提錢，銀行形同倒閉。金融制裁具有相當大的效果，許多銀行擔心如果經手北韓的金錢，可能會成為美國制裁的對象，所以開始迴避與北韓金融往來。

十一月重啟的第五次六方會談成了再次確認朝美兩國互不信任的場合。北韓主張美國的金融制裁違反共同聲明，第五次會談三天就告結束，連下次會議的時間都沒有決定。當時的北方代表金桂寬在會談後的記者會上表示：「朝美兩國決定未來將召開會談討論金融制裁問題。」北韓的宣布過於急躁，徒然落人話柄，畢竟華盛頓的氣氛還在僵持中。結果希爾都還沒抵達華盛頓，媒體報導的「協議」已經使他更加退縮。

二〇〇六年三月七日朝美兩國在紐約接觸，結果與北韓的「樂觀期待」不同。北韓提議進行資訊交流及成立聯合協商機構，以解決假鈔問題，但是美國清楚表明「非法行為不屬於協商的範圍」。在本次接觸中，美國刻意排除六方會談的相關者，讓這次會面明顯成為說明「犯罪事實」的場合，而非進行協議。這點帶給北韓很大的挫折感。

四月中旬在東京，六方會談的代表進行非正式對話，結果再次確定朝美兩國毫無交集。二〇〇五年下半年又進行了幾次非正式對話。中國建議在瀋陽等地舉行非正式對話，韓國也建議舉行濟州島對話，不過美國堅持「雙邊接觸要在六方會談的架構內」，北韓也堅持立場，美國的金融制裁問題若不解決，六方會談就無法繼續下去。好不容易順利舉行的東京對話因為朝美兩國堅持的立場歧異，最後無疾而終。

二〇〇六年七月北韓發射長程導彈大浦洞二號，十月進行第一次核試爆。一年當中「協商消聲匿跡」，讓北韓核武問題變得更棘手。北韓將在紐約接觸及東京對話中所感受到的挫折，轉化成提高核武實力的動力。美國和日本在北韓發射導彈後，立即轉變態勢，執行事先準備好的封鎖戰略。

在北韓核試爆後，布希政府接著在十一月的美國期中選舉敗選。當時伊朗的核武問題也開始惡化，中東的核武擴散加劇。伊朗和北韓的核武開發動作加速，布希政府認知到核武禁擴體制的危機正在全球蔓延。於是美國將對北政策的焦點從政權交替轉移到北韓核問題，並於二〇〇七年一月在德國柏林與北韓開始進行雙邊接觸。布希政府放棄採取道德途徑解決，回歸到現實中處理，開始正視「原來的北韓」。

接著二月十三日北韓與美國在北京針對北韓核武問題達成了重要協議。重點是北韓若是六十日內「關閉」核設施，美國將援助五萬噸重油，之後若進一步「封存」核設施，就會提供一百萬噸重油。原本關閉的協商大門，由所謂的《二・一三共同文件》再度開啟。

北韓與美國在《二・一三共同文件》中也對匯業銀行的問題達成三十日內解決的共識。強硬派強調，制裁匯業銀行是最有象徵性與效果的金融制裁，但是北韓將解除制裁當成六方會談重啟的條件，結果成了強硬派的屈辱象徵。為了重啟六方會談，美國決定接受北韓的要求，而且確實討論了多項方案。不過北韓想要的並非單純的資金提領而已，而是想透過正常的金融網絡把錢取回。由於北韓同時希望解除金融制裁，而不單只是要拿回凍結的帳戶存款，所以並不容易處理。美國為了歸還凍結的北韓資金，探討過各種技術性方案。其一為透過中國銀行轉帳，但因為中國銀行拒絕而無法執行；也探討過由韓國出面調解，但是韓國的銀行紛紛迴避，所以宣告失敗。最後匯業銀行北韓帳戶裡的錢是從美國聯邦儲備銀行轉到俄羅斯國營銀行，再由那裡轉到俄羅斯遠東商業銀行的北韓朝鮮貿易銀行帳戶。匯業銀行事件一度被強硬派認為找到了北韓的要害，不過最後卻以屈辱收場。

第四節　二〇〇七年高峰會談與韓半島和平穩定

二〇〇七年的南北高峰會談是在南韓、北韓、美國的三角關係良性循環下才得以順利召開。二〇〇六年十一月在河內召開的的韓美高峰會談裡布希總統曾說：「承認金正日體制。」他還更進一步提議北韓如果放棄核武，就連同盧武鉉總統一起簽署三方和平協定。相較於「政權改變」、「邪惡軸心」、「暴政前哨」等布希政府早期對北韓的認知，現在立場有很大的改變。[6] 布希政府後來與北韓進行雙邊協商，北韓核武問題也以二〇〇七年的《二・一三共同文件》為契機而有所進展。南北高峰會談就是在這個背景下推動的。

在二〇〇七年南北高峰會談中最重要的協議，是承諾韓半島的和平穩定。建立和平的基石並非憑空出現，盧武鉉從上任初期就持續推動措施，防止西海偶發衝突及緩和停戰線的緊張情勢，因此能在高峰會談中承諾，協議終戰宣言，共同建立韓半島和平體制。

停止擴音器廣播

盧武鉉時期南北韓不曾發生過軍事衝突。雖然才剛起步，但這已經是為了建構軍事信任所努力的結果。在二〇〇〇年的南北高峰會談之前，南北軍事對話一次也沒有召開過，之後一直到二〇〇七年十二月為止，總共召開了四十四次軍事會談。這些會談包括國防部長會談（二次）、將領級軍事會談（七次）、軍事實務會談（三十五次），二〇〇〇年高峰會談以後的南北軍事對話次數相當於整體南北對話（二百二十六次）的百分之十九點五。進入盧武鉉時期後，南北軍事對話共有二十八次，這當中僅是二〇〇七年就召開了十一次軍事會談，以年度別來看是軍事會談次數最多的一年。

盧武鉉時期不曾發生軍事衝突，原因在於二〇〇四年六月四日第二次南北將領級軍事會談中曾對防止偶發衝突達成協議。一九九九年和二〇〇二年在西海所發生的軍事衝突，起因是來自於誤解和誤判。在花蟹捕撈季時，缺乏基本裝備的北韓船隻因迷路南下，北韓警備艇一路跟隨，然後就發生衝突。為防止這類衝突發生，需要有能聯繫溝通的管道。在利用南北艦艇之間的無線通訊網，並建置海軍的緊急聯絡系統後，北韓會告知警備艇是為了南下引導漁船，或是因為動力故障而漂流，抑或是因為起霧而迷路。若能事前得知南下原因，就不會像過去一樣緊張，靠近過程中也不至於引起偶發衝突。

除了防止在西海的偶發衝突外，當時南北韓也協議停止在軍事分界線的心戰喊話。從二〇〇四年六月十五日起，南北雙方決定停止象徵對決時代的停戰線擴音器廣播。十四日當晚雙方送出告別的播音，透過掛在一百五十五英哩長的停戰線上隨處可見的擴音器，南方傳達最後一段喊話：「祈願祖國和平統一，同時向這段日子收聽我們自由之聲廣播的各位人民軍致上真心的謝意，並祝幸運無窮。」對決的時代就這樣隱入歷史裡。北方也在過了十一點後進行告別播音，「我們統一之日再會。」（男聲），「連夢中也期待的統一之日，讓我們在喜悅與感激之中又哭又笑，歡欣鼓舞地互相擁抱。」（女聲）。二〇〇五年八月十三日在軍事分界線區域的所有宣傳工具全部拆除。

不只停戰，而是必須宣告終戰的理由

二〇〇七年南北高峰會談的核心就是承諾建立韓半島和平體制。之前各方當然也討論過韓半島和平體制，韓戰後有許多時機可以強調和平協定的必要性，但是當事者真正第一次聚集討論卻要到一九九〇年代中期。一九九六年四月十六日金泳三總統與柯林頓總統在濟州島高峰會談上提議「舉行四方會談，討論韓半島和平體制的建構」。這是建議南北韓與美中一同建構和平體制。

當時韓美關係正處於低潮，柯林頓總統繞過韓國，直接從日本前往中國，金泳三政府需要一個可以讓柯林頓政府在韓國停留的妙策。經過一番思索，想出了四方會談的提議。美國不能否定韓半島和平體制的必要性，北韓也盤算可以做為朝美對話空間而同意接受。一九九七年三月五日由南北韓與美國參加的四方會談共同聲明會在紐約召開，從當年八月到十一月共舉行三次預備會談，然後從十二月起到隔年六月為止舉行六次的正式會談。

在金泳三政府南北關係惡化時舉行的四方會談，自然難有成果。當年會談在日內瓦召開，南北韓只是一味展開心理戰，並沒有實質對話。提議四方會談後，北韓拒絕參與韓國方的共同聲明，在預備會談過程中也以南北之間有互不侵犯協議為由，不斷重複主張北韓的既定方針，要求朝美也必須簽訂和平協定。北韓想藉由四方會談取得糧食援助的名義，同時發展朝美關係。[7]

在這些限制之下，一九九八年十月二十日到二十四日止召開的第三次正式會議中，還是達成了協議，分為和平體制建構小組與緩和緊張情勢討論小組，這點算是會談的成果。此外，韓、美、中三國也共同表示，同意緩和緊張與建構信任的重要性，原則上就從容易執行的議題開始討論。

之後有關韓半島和平體制的討論，一直要到二〇〇五年的《九・一九共同聲明》才又再度登場。當時韓國認知到和平體制是解決北韓核武問題的關鍵因素，於是在《九・一九共同聲明》裡納入了「另外舉行論壇討論韓半島和平體制」，同時也有意建立實務團體探討東北亞的多邊和平合作。在這之後就未曾再舉行過四方會談。

在二〇〇七年召開的南北高峰會談第一次會議中，盧武鉉總統提出這樣的建議。「希望向全世界公布，各方已經決定由南與北主導，開始協商和平體制議題，而且要盡快在最短的時日內舉行韓半島和平體制論壇。只要對協商的開始有幫助，我認為也可以依照布希總統提議的方式，由三國元首會面討論。」對此，金正日委員長做了回應。他認為：「與朝鮮戰爭有關的三方或四方如果能聚在開城或金剛山等分界線附近的地方，共同宣布戰爭結束，這樣就能建立基礎討論和平議題。所以盧武鉉總統如果有興趣，嘗試和布希總統及美國人推動促成此事，似乎也不壞。」

以這些討論為基礎，在二〇〇七年的南北高峰會談中，雙方達成了終戰宣言協議，做為韓半島和平體制形成過程中，南北當事者關係的建構與暫定的措施。停戰，意指戰爭的暫時中斷，終戰才是戰爭的結束。終戰宣言事實上相當簡單，就只是宣告「終戰」——意即宣告戰爭終止即可。不過宣言可能產生的「實際效果」影響不小。首先，停戰管理體制必須轉換成終戰管理體制。當時的停戰管理主體在形式上是聯合國軍司令部，因此板門店共同警備區的管理業務也是由聯合國軍司令部負責。如果宣告終戰，聯合國軍司令部的地位和角色就必須改變，因為停戰管理體制的法律依據已經消失。如果聯合國軍司令部的地位和角色產生變化，兼任聯合國軍司令官的駐韓美軍司令官地位當然也會不同，另外針對駐日美軍中隸屬於聯合國軍司令部的部隊駐紮與作戰，美國也需要和日本重新協議。終戰宣言在法律上很簡單，但是若從「事實上的和平」（de facto peace）觀點來看，有相當多的細節需要改變。

終戰管理體制的啟動也相當重要。終戰管理體制雖然是轉移到和平體制的過渡期型態，但是卻與停戰管理體制極為不同。即便終戰宣言是由南北韓與美、中參與，終戰管理體制卻需要由實際駐軍在韓半島的南北韓與美國三者構思。管理非武裝地帶等實質的軍事信任建立措施，最好在「南北軍事共同委員會」裡討論，然後由美國予以保障。以南北當事者為中心的終戰管理體制，必須負責管理永久性和平管理體制啟動前的過渡期局面。

南北軍事共同委員會的角色大致有兩種。第一種是討論南北軍事問題並擬訂建立信任措施的具體執行方案；另一種是監督軍事信任建立措施是否被履行及調整。尤其軍事信任建立措施特別重要。信任建立通常被認為是作業軍備管制（operational arms control）和結構軍備管制（structural arms control）的一部分，不過在一九七五年赫爾辛基安全和合作會議中，除了強調信任建立，也有提出其他概念。《赫爾辛基協定》（全稱《歐洲赫爾辛基安全和合作會議最後協定書》）特別強調，軍事演習的事前通報是一項重要的信任建立措施。但軍事演習的事前通報、參觀團邀請、重要軍事移防的事前通報等措施，都不屬於「裁軍相關事項」。

南北軍事共同委員會首先可以協調以下事項：雙方軍事領導人之間建立直撥電話、大規模部隊移防和軍事演習的事前通報、年度例行性軍力現況交換及評估相互提供的軍力現況、災難時的共同合作制度化。這些內容大部分已經包含在《南北基本協議書》互不侵犯附屬協議書中的軍事信任建立措施裡面。

西海──從冷戰之海往和平之海

在二〇〇七年南北元首協議的《十・四宣言》（為南北關係發展與和平繁榮宣言）中，詳細整理了當時南北關係各領域別中可以合作的內容。其中「西海和平合作特區」的構想對於韓半島的和平穩定具有重要的意義。西海（譯註：即黃海）和平合作議題最具爭議的部分是北方限界線──意即NLL（Northern Limit Line）問題。NLL是海上警戒線，曾任聯合國軍司令官的克拉克（Mark W. Clark）將軍為防止東海與西海的偶發性武力衝突，而於一九五三年八月三十日設定，因為在先前七月簽訂的停戰協定中未納入海上警戒線的規定。北韓在一九五五年宣布十二海浬為領海基線，此後北韓不時會侵犯北方限界線，使得鄰近地帶的南北衝突持續不斷。在一九九九年發生了南北之間的武力衝突事件——延坪海戰，到二〇〇二年又發生西海交戰（第二次延坪海戰）的不幸事件。

二〇〇七年南北高峰會談中，雙方提出的西海和平合作特區構想並未碰觸海上警戒線的敏感問題，南方的構想是希望透過經濟合作，使西海維持和平穩定，北韓也接受了這個提案。盧武鉉總統提議在西海創造和平，同時開發海州特區，活化仁川到海州的航線，透過共同漁區在海上建立互惠的經濟結構，以及共同開發漢江河口。海州有北韓的海軍基地，盧武鉉總統在高峰會中一提議海州特區，金正日委員長立即把國防委員會的相關人員找來，詢問是否可以開放海州。會同意敏感的軍事區海州開放，這點可以看出北韓對於維持西海和平穩定的意志。

此外，漢江河口若能行走船隻，「分裂之河」的臨津江將可以成為「和平之河」，首爾也能通往大海。或許可以在漢江碼頭搭高速遊覽船，前往白翎島、印塘水、長山串等地去旅行。西海不再是安保觀光地，而是演變為和平觀光地及生態觀光地。

一九九九年和二〇〇二年在西海發生軍事衝突的起因是為了捕撈花蟹，所以南北協議建立西海和平合作特區來解決衝突發生根源，並規劃共同漁區。在南北高峰會談之後，南北韓對於共同漁區方案出現意見上的分歧。南韓提議以北方限界線為基準，在南北兩側劃設相同面積的水域做為共同漁區，北韓則主張要劃設在北方限界線以南的水域。雖然在二〇〇七年高峰會談後曾經召開國防長官會議，但是對共同漁區水域的立場差距卻未能拉近。

同樣值得注目的提案，是將水產資源豐富，有海豹及黑面琵鷺等各種保育類生物棲息的白翎島附近海域劃為海洋生態公園。這是參考在中東和平扮演關鍵角色的「紅海海洋和平公園」。以色列和約旦為了中東和平，在兩國的臨接海域化干戈為玉帛，同時也為了保護珊瑚等海洋生態環境，將觀光合作地區結合規劃為「紅海海洋和平公園」。當時在構思西海海洋和平公園時，紅海的經驗給予相當重要的啟示。如能將共同漁區與海洋和平公園結合打造成和平水域，就可以形成海上的非武裝地帶。這個地方軍艦不得進入，但是發生海難時救難船可以進入，保護、管理海洋生態的探勘船可以來去往返。期待西海一旦成為和平之海，南韓和北韓的漁夫們就可以一同齊唱船歌。

第五節　金剛山、開城、鐵路：三大經濟合作事業

從二〇〇〇年南北高峰會談後，南北韓的交流與合作都有重大的進展。在六．一五高峰會談中有關南北經濟合作的部分，雖然只有抽象的文句，提到要在各領域增進南北間的交流、合作，以符合民族全體的發展和利益，但在後來透過部長級會談和經濟合作推動委員會已在各個領域具體執行。

有關南北經濟合作的制度性機制，南北韓有四份投資相關的協議書生效，並達成協議，包括標註原產地證明、調整直接交易體制、設置貿易事務所等。以量化的指標來看，一九八九年南北交易開始的初期交易規模尚未達二千萬美元，到了二〇〇二年交易規模已經達到六億美元，且自二〇〇二年起南韓成了北韓的第二大貿易對象，僅次於中國。在金大中和盧武鉉政府的十年當中，南北經濟合作領域最受矚目的成果是號稱為三大事業的金剛山觀光事業、打造開城工業區、鐵公路連結。

離散家族與金剛山觀光

金大中政府上台後的一九九八年年六月十六日，板門店展演一場感人的行為藝術。現代集

團的榮譽會長鄭周永趕著牛群跨越板門店的不歸橋。六十四年前十八歲的兒子帶著父親賣牛得到的七十元（譯註：舊韓圓）來到南方，後來成為成功的企業家，在今日趕著牛群跨越了分裂的警戒線。鄭周永會長將受世界矚目的那一次演出加入深刻意涵，他說：「現在一隻牛變成了千萬隻牛，然後要回到夢中思念的故鄉山川還債。」

牛群回到分裂的警戒線後，從東海開往金剛山的船隻也可以出發了。對金剛山觀光事業最熱切期盼的人莫過於離散家族。一九九八年十一月十八日搭乘首航輪船的八百三十五名觀光客之中，有百分之四十五是離散家族。二十一日晚上九點金剛號開出長箭港時，天空正好開始下起冰霰。船隻逐漸駛遠，所有人都出來站在甲板上紓解心中的依依不捨，更別說是離散家族的心情。不少人開始哭泣，對著人影遠離的黑暗中放聲大喊：「媽媽。」漆黑的大海，濃烈的淚水落入冰涼的海浪中。金剛山就這樣成了安撫離散家族遺憾的出口。從二〇〇〇年高峰會談後，實際上離散家族的重聚活動都安排在金剛山進行，二〇〇五年八月開始施工的離散家族會面所，在二〇〇八年初完工。

金剛山觀光事業也在克服外匯危機上產生了助力。一九九八年是急需外國人投資的一年，在評估海外投資時最重要的考量就是安定。那一年金大中政府上台，韓半島正處於高度的軍事緊張中，金泳三政府五年間留下的不信任和對立依舊。從八月「金倉里地下核設施疑惑」被提出後，北韓開始發射大浦洞導彈，朝美關係緊張，韓美兩國的強硬派都主張實施「定點轟炸」。當時韓半島陷入了困境，一九九四年六月戰爭爆發前夕的惡夢又再重現。

在這種情況下，金大中政府卻發出金剛山觀光事業許可，當時的外交安保首席林東源認為這個決定是「一種冒險」。為了突破安保與經濟的雙重危機，這時需要果斷做出決定，於是就走出這一條路。

十一月二十日晚上，柯林頓總統為了韓美高峰會談來到首爾，他在下榻的新羅飯店看到了第二次金剛山觀光船蓬萊號駛離的電視畫面。在二十一日的高峰會談中，柯林頓總統說畫面很美，讓他感觸深刻。在往後的十年間，金剛山穿越驚濤駭浪，成為韓半島的和平象徵，也是離散家族相見的場所，更是一處堅固的社會文化實驗場。當然它曾經面臨危機，也發生過不少事件。一九九九年六月十五日發生延坪海戰時，金大中政府必須決定規劃好的觀光船是否出港。相關部門抱持否定的立場，不過當時的統一部長林東源打電話給總統，報告說：「讓它出港我負全責。」北韓在事件發生後透過現代公司轉達立場，說：「金剛山觀光事業涉及民族議題，要如常進行。」為了北方地區的居民安全，南韓判斷出港會比中斷航行好。幸好當日預約的觀光客沒有人取消，全員登上觀光船。

但在幾天之後發生了金剛山觀光客閔泳美扣留事件，觀光事業首度中斷四十五日。事件起因是閔泳美向北方的環境監視員說來到南韓的脫北者生活過得更好，讓北韓決定對發言刺激北韓的觀光客「殺雞儆猴」。南北的體制不同，南方的人習慣以相對自由的模式享受觀光，因此不斷產生溝通上的問題。即便在二〇〇〇年南北高峰會談後，在金剛山發生的事故依然層出不窮。二〇〇三年四月暴發ＳＡＲＳ，觀光事業甚至中斷長達一個半月以上；二〇〇五年八月現代峨山副會長金潤圭退出，觀光行程被迫取消。此外還發生過車輛事故造成人民軍死亡的事件，也曾經有人要求歸順北韓而遭到驅逐。

一九九九年和二〇〇二年在西海發生交戰時，保守派陣營要求必須立即停止觀光；二〇〇六年北韓進行核試爆時，要求停止金剛山觀光的聲浪也同樣高漲。最後在李明博政府時期的二〇〇八年七月，因為發生觀光客槍擊事件，金剛山觀光終於宣告中斷。金剛山的門一關閉，南北離散家族的重聚也隨之中斷。二〇〇〇年《六．一五南北共同宣言》發表後，雙方協議將盡速解決離散家族重聚等人道問題，之後重聚活動就持續進行著。從二〇〇〇年到二〇〇七年為止共進行十六次的面對面重聚以及七次視訊重聚。

除了安排離散家族重聚，雙方也同時努力解決國軍俘擄與被北綁架者的釋放問題。政府在二〇〇六年四月舉行的第十八次南北部長級會談中達成協議，決定「合作尋找戰爭期間與停戰後失去音信的人」，國軍俘擄與被北綁架者問題因此建立了解決的基礎。雖然二〇〇七年又陸續進行了三月二日第二十次部長級會談、四月十三日第八次紅十字會會談、十一月十六日總理會談、十一月三十日第九次紅十字會會談等共四次會議協商這個議題，不過北方態度消極，所以並沒有獲得顯著的成果。

只有在舉行離散家族重聚活動時，會將部分被北綁架者與國軍俘擄放入確認生死委託者名單裡，一部分確認生死，一部分安排家人重聚。在二〇〇〇年南北高峰會談後的第十六次離散家族重聚中，戰後被北綁架者的十六個家庭七十三人、國軍俘虜的二十個家庭七十八人在金剛山與家人重逢。

【表】政府統計的離散家族交流現況

（單位：件）

區分＼年度		1985	2000	2001	2002	2003	2004	2005	2006	2007	總計
政府統計	生死確認	65	792	744	261	963	681	962	1069	1196	6579
	書信交換	–	39	623	9	8	–	–	–	–	679
	訪南重聚	30	201	100	–	–	–	–	–	–	331
	訪北重聚	35	202	100	398	598	400	397	594	388	3112
	視訊重聚	–	–	–	–	–	–	199	80	278	557

出處：引用自《2008年統一白皮書》（統一部編著），206頁

開放之城——開城

在往開城的路上留下第一只腳印的人是現代集團的名譽會長鄭周永。當然一開始開城不是工業區的候選場址。這是一處距離軍事分界線八公里的軍事要衝，韓戰當時北韓軍坦克車曾經跨越入境的地方，誰會想在這裡興建工業區呢？一九九八年和一九九九年名譽會長鄭周永完成歷史性的訪北行程，興建工業區的問題也啟動正式協商。現代最早屬意的是海州，北韓推薦的則是新義州。

開城會浮現成為候選場址，是因為二〇〇〇年六・一五南北高峰會談。高峰會談後的六月二十九日，現代名譽會長鄭周永與鄭夢憲在元山的東海艦隊海軍基地與金正日委員長見面，後者提議以開城做為候選場址。當時鄭周永會長問：「工業區大約需要三十五萬名勞動者，開城市人口估計約二十萬人。不足的人力要如何補足呢？」金正日委員長回答說：「到了那時，叫軍人脫掉軍服投入，不就成了？」然後又補充提到，就算是有許多軍人緩成勞動者，為了維持韓半島的和平，裁軍仍是必要的。

開城就在那個情形下確定成為候選場址。在分裂的歲月裡一直緊閉的大門就此敞開。地雷除去後就有了路。工業區興建的過程本身，就是南北韓信任建立的過程。

開城是歷史之城，高麗在此建都五百年，當中流傳許多能刺激想像力的傳說，還保有過去輝煌的高麗文化氣息。開城也是商業都市，歷史上開城的商人使用複式簿記——此發明被歌德稱為「人類智慧的絕妙創造」，時間比西方早了二百年。還有，開城更是分裂的城市。由於具有歷史象徵性，使開城在韓戰期間成了兵家必爭之地。從一九五一年七月起約四個月的期間，最早的停戰協商就在此地進行，所以開城也是象徵分裂與和談的城市。儘管四個月當中因為各說各話及氣勢較勁，使得協商場所在毫無成果之下轉移到板門店，不過開城終究是戰爭爆發以來的第一個中立地區。有碰面，才能對話。這裡成為日後漫長冷戰時代的協商源頭。

開城化身為工業區的過程並不順利，最困難的絆腳石是與美國的協議。要在開城興建工廠就需要進口設備，但是北韓被美國指控為恐怖主義資助國，要進口含美國製零件、技術、專利費百分之十以上的物資到恐怖主義資助國，必須經過美國商務部的審查。二〇〇四年八月統一部長鄭東泳還曾經為了解決這個問題而訪問美國。

當時美國國防部部長倫斯斐在辦公室等著他。被認為屬於新保守主義的倫斯斐拿出一張韓半島的人造衛星照片，詢問鄭東泳部長的看法，照片清楚顯示南方的光亮和北方的黑暗。鄭東泳部長回答說，只要開城工業區成功營運，風景就會改變，屆時不會再有黑暗與光亮的對比，南北韓會開啟共同繁榮的時代。

開城工業區最初營運時的工資規定是每月最低工資五十美元，還有相當於工資百分之十五的社會保險費，每年的工資調漲幅度訂為百分之五以下。此外，夜班作業或延長勞動時間、公休日津貼都有加給，以及金額不多但還是有提供的獎金。開城工業區的休假、職災處理、勞動保護等規定與大部分經濟特區實施的制度沒有太大的不同。

像開城工業區這樣的經濟特區通常會朝階段性發展。中國的代表性經濟特區深圳在一九八〇年代初還只是人口三萬人的漁村。最初由香港的觀光業者和中小企業進駐，從纖維、製鞋的勞動密集產業開始，如今已發展成電子產業領域中的「世界工廠」。開城工業區的優勢和缺點很清楚，它的明確優勢是「優質的廉價勞動力」。能以那樣的低工資生產成衣和鞋子的地方，全世界幾乎找不到第二個，因為中國的產業結構轉型已久，東南亞也在轉型中。入駐開城的大部分企業都有海外投資經驗，也曾在中國或印度、東南亞投資，以開城工業區的情況來說，他們大致評估認為值得投資。開城工業區的缺點也很清楚，其中最重要的就是，儘管開城工業區是直接投資區域，但是工資卻很難直接支付給勞動者。就入駐企業的立場而言，工資直接給付是提高勞動生產性的重要手段，但是對北韓政府來說，由於匯率制度的差異與北韓元幣值的因素，要全面實施與國內明顯不同的現金工資制會有困難，特別是美金的實價與通過匯率計算的北韓元價值會有很大的差異。北韓元幣值的不穩定，成為日後北韓經濟改革上不穩定的關鍵因素，也是像開城工業區等經濟特區所要面臨的重要課題。

鐵馬之夢

都羅山——是思念故鄉的人前往的「望鄉之地」。所謂「都羅」一詞的由來是這樣的。新羅最後的國王敬順王歸順高麗後，住在松都（今開城）宮闕東側。隨著歲月流逝，對故鄉的思念日益加深，於是每當思念故鄉時，敬順王就會爬上松都南方臨津江邊聳起的山峰，一邊思念著位在南方遠處某個方位的新羅，一邊流著淚。不過一百五十六公尺高的山峰因此被命名為「都羅山」，也就是取自於「（思念的）新羅都城山」。

都羅山至今仍是失鄉民（編註：韓戰時逃到南方的北韓人）經常尋訪的地方。許多故鄉在北方的老人家都會去到比臨津閣更北邊的都羅山站，都羅山站有一塊大里程牌，上面寫著距「平壤二百零五公里」、「首爾五十六公里」。二〇〇二年二月布希總統訪問都羅山車站時曾經在鐵道枕木上簽名，並寫下「願這條鐵路讓韓國的離散家族團圓」。這塊枕木與金大中總統二〇〇〇年九月十八日簽名的枕木一同放在都羅山站展示。金大中總統寫的是「和平與繁榮的韓半島時代。」那一天也是京義線鐵路修復工程開始的日子。複製兩位總統簽名的枕木就放在從汶山站往都羅山站的鐵道上。

南北韓長久以來都會在正式會談上討論鐵路接軌。在一九七二年的《七・四南北共同宣言》第三項「雙方應促成民族大團結」內容中，官員曾經協議連結雙方的鐵公路；還有從一九八四到一九八五年為止接連舉行的經濟會談中，雙方協議過南北鐵道的接軌，鐵道專家也有相互接觸過；到了一九九一年的《南北基本協議書》又再度進行確認。開始實際執行而不再只是文件協議的契機，是在二〇〇〇年的南北高峰會談。那年八月媒體社長團訪問北韓時，金正日委員長承諾只要南北協商好京義線的動工日，「就會將三十八度線分界線上的兩個師團三萬五千名軍人撤離，馬上動工」。

高峰會談後又經過了二十次部長級會談和十三次南北經濟合作推動委員會會議，反覆協議了數次。列車試運行協議達五次之多也未能遵守。南北高峰會談後，包含為鐵道接軌而進行的實務會談在內共舉行了六十一次會談。以時間來看，是歷時一百九十六日的對話。

二〇〇七年五月十七日上午十一點三十分鐵馬開跑了。南方的列車從汶山站出發向北方行駛，同個時間金剛山站的北方列車也向南出發。距離京義線一九五一年六月十二日最後一班列車的行駛，已經過了五十六年，東海線的重駛則是戰爭結束五十七年之後。「鐵馬號想要奔馳。」那一天鐵馬號的夢想實現了，它終於乘載著許久以前駕駛京義線列車的老司機回憶，承載著文益煥牧師的夢想——到首爾車站大喊要一張往平壤方向的火車票，還有承載著離散家族長久以來的期盼，在斷裂的二十四公里路上奔馳著。

鐵道是一種想像力。在日帝強佔期，獨立軍搭著一九〇六年開通的京義線列車要去滿洲。京城站（今首爾站）是國際車站，看當時的資料提到，在京城站可以買到前往巴黎或倫敦的火車票。隨著分裂及戰爭發生，韓半島的陸上交通因此中斷。要去國外，必須依賴航空或船舶，朝向大陸的想像力也消失了。鐵路若能再度接軌，經由滿洲、西伯利亞到莫斯科，甚至到歐洲的想像力，也能夠一同奔馳。進出歐亞的新想像力時代正在等著我們。

第六節　接觸時代所留下的功課

金大中和盧武鉉政府的對北政策推動過程中，雖然也有不少需要反省的部分，但是李明博和朴槿惠政府時期的南北關係倒退，反而再次確認了金大中和盧武鉉政府十年的成果。和平的重要性會在危機狀況中發光。南北關係的惡化造成緊張情勢，另一方面也成為契機，讓我們重新認知現代安保概念——「整體安保」。

為解決北韓核武問題而採取的整體途徑，是為了要打破韓半島的冷戰結構，建立永久的和平體制。二〇〇五年的《九．一九共同聲明》是至今各方為了解決北韓核武問題所達成的國際協議，相對於北韓放棄核武，聲明中南韓也有應履行的措施，外交關係正常化與能源經濟援助的部分雖然重要，但最關鍵的，仍是韓半島和平體制的建立。盧武鉉時代所留下的課題當中，最重要的就是對韓半島和平體制未來的展望。雖然難以預估時間，不過日後在協商有關北韓放棄核武議題時，還是需要推動和平體制，使其有所進展。第一步需要的就是終戰宣言。不管是從哪個角度來看，都需要終戰宣言，比方準備開展韓半島和平進程，抑或要協商暫時約定，以管理由停戰協定步入和平協定的過渡期。

東北亞合作安保的範圍和內涵，最後都取決於韓半島和平體制達到的程度。東北亞與歐洲不同，至今轉型正義問題、對立的外交關係、軍備競賽格局仍在持續，韓半島的和平體制應當成為東北亞合作安保得以穩定的契機。韓半島和平體制會削弱在東北亞進行軍備競賽的合理性，更進一步創造區域和平穩定的機會。

此外，南北經濟合作領域的制度化也是需要克服的課題。南北經濟合作中，政府的公共角色不只是短期，就中長期而言也相當重要。政府的角色除了應擬定經濟合作所需的制度性機制外，還要透過公共投資，建立起鼓勵企業投資所需的社會基礎設施。

在民主政府十年的南北關係裡，最不穩定的部分應屬國民共識的形成。對北政策在國內引起的政治效應，可說是從冷戰進入後冷戰時代的過程中可能產生的負面影響。只要韓國的保守勢力還在靠「冷戰反共主義」建立自我認同，這種現象就極有可能持續下去。不過目前社會上有不少人在進行民主思辨，「歷史的倒退」將難以取得共鳴。

針對這一點，我們必須不懈怠地努力尋求較理性的保守者支持對北政策，而且需要具備說服力，以推廣前瞻性的南北關係願景。尤其為了提高韓國對北政策在國內外的正當性，無可避免要進一步討論如何解決北韓人權問題。當然在對北政策中，關於北韓的人權問題最好不要有過度的理念對立，應當集中在方法論上，討論如何改善北韓惡劣的人權狀況，由政府和公民社會各自分擔適當的角色。對人權改善的努力若是被解讀成意圖改變北韓體制的手段時，要透過對話以和平方式討論人權，恐怕就有困難了。

第七章

制裁的時代：李明博・朴槿惠政府的南北關係

「將裁撤統一部」這句話已經可以預見未來。二〇〇八年一月十六日總統當選人李明博的政權接管委員會宣布將裁撤統一部，同時增設「外交統一部」。兩天後的十八日，政權接管委員會發言人李東官說明，裁撤統一部是總統當選人的指示。原本大家以為是在開玩笑，因為自大韓民國建立以來，不曾有政府公開否定統一的必要性。和平統一既是憲法精神，也是總統最重要的任務之一，況且統一部也不是在金大中或盧武鉉時期才成立的。於是自一九六九年國土統一院成立以來，在歷經過保守派或進步派執政後，第一個否定統一部存在必要性的政府就此登場。

裁撤統一部的決定顯示李明博政府本身的政治認同，也同時預告了南韓對北政策的方向。李明博總統不承認南北韓關係為「邁向統一的特殊關係」，想將其納入外交部的業務裡，展現出急欲擺脫金大中、盧武鉉政府路線的強烈意志。關於對北政策與統一部事務上，在當時總統職權交接委員會的總統業務報告中，重點內容就是否決過去政府的協議。二〇〇七年十月四日的《為南北關係發展與和平繁榮的宣言》納入了南北韓關係中未決的各項問題，分類條列出四十多項工作，一旦被全盤否定，任何一件都將無法進行。

從二〇〇八年統一部的總統業務報告內容中，可以看出政府否決過去的意圖。像是在沙里院市（譯註：位於北韓境內黃海北道西北方的都市）蓋苗圃場的計劃，就是為了否定過去的協議而做出的荒謬結論；在漢江河口的無人島那德島（譯註：Na-deul音譯，韓文原意為「出入之島」）打造經濟合作區，它的意義也是為了否定開城工業區。過去的政府有功也有過，好的承續下去，不好的改善就可以了。二〇〇七年的《一〇・四宣言》也一樣，協議事項中有的工作需要進行實態調查，也有不少部分需要透過實務協議去落實。李明博政府可以自行決定優先順位，將協議分成重點事項及待辦事項，然後在實務協議過程中盡可能調整。不過李明博政府並沒有這麼做，他的做法是否決了《六・一五南北共同宣言》及《一〇・四宣言》。

第一節　對北關係的斷絕與否定

北韓對二〇〇七年十二月南韓的大選結果並沒有立即做出回應。在二〇〇八年的新年致詞中，還表示對《六·一五南北共同宣言》及《一〇·四宣言》的履行抱有高度期待，在李明博上台後也未對新政府表示評價。北韓開始責怪南韓，是在李明博政府上台一個月後發生的。二〇〇八年三月二十四日北韓要求開城的南北經濟合作協議事務所南韓負責人撤離，起因是統一部長金夏中在十九日的一番發言。金夏中部長對開城工業區的入駐企業說：「北韓核武問題若不解決，開城工業區就難以再擴大。」二十四日是統一部對總統進行業務報告的日子，那天的報告裡完全沒有放入二〇〇七年《一〇·四宣言》協議的內容，取而代之的是「非核、開放、三〇〇〇」的政策藍圖。之後開城與金剛山的負責人撤離，北韓開始正式批判南韓。

「非核、開放、三〇〇〇」與大交易

李明博政府的對北政策內容可以歸納成「非核、開放、三〇〇〇」。他將總統大選時的口號當做執政以後的代表性政策，在其政策構想下，北韓如果放棄核武，每人平均國民所得就可以提高到三千美元水準。這是近乎政治口號的單向主張，而非政策，首先在統計數據上就存在錯誤。那個時間點北韓的每人國民所得約在三百美元到五百美元之間，韓國銀行公布的北韓每人國民所得雖然超過一千美元，但是真實的經濟水準不能這樣判斷。因為北韓當時的國民所得應該沒有比越南高。就算假定是五百美元，十年內若要達到三千美元，每年平均必需有百分之十七至二十左右的成長，這在現實中不可能發生。無論是從韓戰廢墟中突飛猛進成為東亞奇蹟的韓國經濟，還是持續高成長的中國經濟，都是在高度成長時期維持約百分之十出頭、最多不超過百分之十三的經濟成長率。再加上根本不可能連續十年以這種速度成長。總統認為北韓的國民所得應該要比現在多十倍，所以喊出三千美元的數字，但是這種數字只用大略估算應該很難成立。

「非核、開放、三〇〇〇」與北韓核武問題的國際協議精神也有衝突。六方會談立基於「並行解決論」，隨著北韓放棄核武的相應措施包含有外交關係正常化、能源經濟援助、韓半島和平體制等都會一併進行。「非核、開放、三〇〇〇」主張，北韓一旦放棄核武就會與其經濟合作，這是屬於「核先放棄論」。政府上台後雖然分階段處理核武廢棄問題，但是基本認知仍是「先後」而非「並行」。

當然李明博政府也將人道援助等所有未解決的問題與核武問題綁在一起。當所有未解決的問題都和核武問題連結時，就北韓的立場來說，南北關係的實用效益就會降低。因為只要維持六方會談，就可以得到該從南方取得的實際利益，沒有理由要維持對南的關係。聯繫論向來都是等待的策略，也是消極、被動的策略。

「非核、開放、三〇〇〇」構想也是單向的。提高北韓每人國民所得的提案是一種內政干涉，也是從吸收統一論的角度出發，北韓當然會抗拒。舉例來說，這個構想包含了由國際籌措四百億美元的資金計劃，其中包括預計由日本支付北韓的一百億美元戰後賠償金，以及南韓政府向國際金融機構借款，甚至包括國際民間的資本。北韓批判李明博政府不花自己的錢，慷他人之慨。一般所謂的政策，都需要具備目標和手段、方法，而且必須具有可執行性。不過這個構想只有期望，卻沒有手段與方法，充其量不過是一句曝露出對北韓核武問題和南北關係缺乏理念內涵的政治口號。

李明博政府的對北政策簡單說就是「誠意不足」。「非核、開放、三〇〇〇」的構想後來改稱為「大交易」（grand bargain）。李明博總統二〇〇九年九月二十一日在美國提出「大交易」構想，並強調「應該脫離過去的模式」、「不要重蹈過去二十年的覆轍」。他主張到目前為止的協商都是假的，現在需要能夠一舉解決北韓核武問題的真正協商。李明博政府提出「大交易」構想後，美國高層對此表示不快，中國則傳出憂心的聲音。

帶有李明博政府所謂 Neo-Con——新保守主義思維的人，把過去的協議說成「與北韓的暗地交易」。因此主張：「就算花上二到三年時間協商，也要完成應有的協議。」李明博政府連二〇〇七年布希政府出面簽署的《二・一三共同文件》也批評為「非核化措施的倒退」。李明博政府否定《九・一九共同聲明》和《二・一三共同文件》等初期的落實措施以及二〇〇七年《一〇・四宣言》等針對不同階段的協議。就算過程耗費時日，李明博也訴求要「一舉解決」，形同否定過去長久以來國際對北韓核武問題的協議，這點讓國際社會一陣錯愕。美國國務院發言人對「大交易」的評論是：「他的話，他的政策。」

一舉解決的想法，是以制裁及施壓為前提。以強力的制裁換取北韓屈服，這種思維與國際社會把制裁當成協商手段的談判模式有很大的差距。國際社會一邊實施制裁，等到開始對話和協商後，就會鬆綁制裁，但是李明博政府不同。一舉解決，意即主張必須緊逼到北韓放棄核武為止。這種想法忽略了一個決定性的關鍵，那就是北韓的核武仍在持續發展，並未遭到凍結。北韓的外務省副相朴吉淵在二〇〇九年九月二十八日聯合國大會演說中說：「對話，就以對話待之；制裁，就以核遏制力回應。」李明博政府的「一次性」宣言，是不想執著在小規模的協議，但是卻忽略了協議過程若耗費時日太久，北韓的核武能力可能跟著提高。一定要確認北韓的行動，才能決定要給什麼，這種態度只是被動的等待。要達成非核化最終目標，東北亞相關國家都不願意過程拖得太久，北韓也一樣。關係正常化、韓半島和平體制、能源經濟援助等事，如果能像李明博說的那樣一舉解決，北韓也可以一舉放棄核武；如果能一口氣簽署和平協定，裁減軍隊，撤除一定數量的攻擊型武器，北韓也能夠一口氣將鈽和核武器轉移到第三國；如果美國或日本的媒體能一起改變，在一夕間完成與北韓的關係正常化，北韓的核武問題也能一夕間解決。然而這是不可能實現的構想，如果真正思考過如何解決核武問題，就不可能做出那樣的主張。

北韓崩潰論與「做為結果的統一」

李明博政府沒有「做為過程的統一」政策，只有「做為結果的統一」政策，原因就在於「北韓崩潰論」。但如果預設北韓會垮台，那對話或協商就沒有意義。為了加速使其崩潰，所有的對北政策都會傾向強化制裁，或是致力於提高北韓垮台後南韓吸收統一的正當性。

李明博政府預測，若對北韓實施制裁及施壓，北韓的經濟將會崩潰。不過朝中經濟關係取代了南北經濟合作，使得北韓的經濟總指標未見惡化。在北韓核武問題上，制裁顯然是失敗的。北韓在國際的制裁聲中，仍然建造了濃縮鈾設施。儘管北韓過去也曾試圖處理濃縮鈾，但是北韓所公開的設施是從二〇〇九年四月開始建造的，從這一點來看，證明制裁並沒有效果。

還有，所謂北韓崩潰論，從它的政策前提來看，也排除南韓有必要主動介入未決案件。原本的政策被取代為消極旁觀的方案，原來是要透過政治軍事對話緩和軍事緊張，以及透過經濟合作擴大影響力，現在只是等待北韓改變。最終的結果是，政治對話消失、軍事緊張激化、經濟合作被制裁、民間交流被禁止。

李明博至和金泳三政府一樣，把北韓崩潰論當成對北政策失敗的合理藉口。將南北關係惡化的責任推給北韓的挑釁，並將北韓挑釁的原因導向為北韓內部的混亂或體制不安定，卻不從南北關係的變化裡去探究挑釁的原因。兩任政權還有一個共通點，就是特別關注北韓的政權移轉。金泳三政府關注金日成死後的局勢，李明博政府則是關注金正日健康惡化以後的變局，北韓接班體制在這些時機都可能產生混亂。

李明博總統認為：「統一會像小偷一樣來臨。」所以在二〇一〇年八•一五光復節紀念大會中提議徵收「統一稅」。他表示這是考量到北韓垮台的情況，因而預先為統一做準備的具體規劃。政府追求會增加統一費用的突發性統一，然後再讓國民負擔成本，這種方案很難有說服力。依據那年八月總統直屬機構「未來企劃委員會」公布的推算結果：「透過北韓平穩發展經濟而達成的統一，比起北韓急遽崩潰的統一，南韓政府所必須負擔的統一費用可以減少為七分之一。」這點說明了缺乏交流合作將會擴大經濟實力差距，最後提高韓國所要支付的統一費用。

李明博政府還使「做為過程的統一」費用來源——南北合作基金形同虛設。南北合作基金在二〇一〇年的執行率只有百分之三，當初設立的主要用途是人道援助、社會文化交流補助、透過政府合作興建統一後的產業基礎建設，基金使用時要透過朝野協商，基本上還要經過國會同意。目前已有的南北合作基金幾乎不用，卻又主張開徵統一稅，說要為未來的統一做準備，這在邏輯上就有矛盾。

李明博政府二〇一二年七月又提議成立「統一缸」基金，要為北韓崩潰論預做準備。這是為籌措統一財源的準備計劃，先修正《南北合作基金法》，將合作基金的未使用餘額存入所謂的「統一缸」特別帳戶，另外加上引入民間和政府捐款、其他轉入款項等，預計未來二十年間要籌措約五十五兆韓元的統一財源。因為採取強硬的對北政策，致使南北合作基金無用武之地，結果又要累積一筆在統一以前無法動用的基金，這是多麼荒謬的構想？從推出統一缸基金的二〇一二年七月起到二〇一三年底，統一缸基金所累積的金額包含李明博總統的捐款在內，不過只有七億五千萬韓元。

拒絕共存的吸收統一論支持者營造對外緊張關係，提供藉口讓北韓當權派維持體制，激化南北關係對立，使分裂體制更加牢固，結果離統一越來越遠。因為錯誤的假定而錯失協商時機，機會成本也很高，不僅錯過解決北韓核武問題的最佳時機，還有因為離散家族大部分已屆高齡，所以也錯過該問題解決的時機，甚至失去了南北經濟合作的機會。立基於北韓崩潰論的吸收統一論，簡單說就是「要或不要」（all or nothing），借用西德新東進政策的籌劃者艾岡・巴爾一句話形容：「和平戰略彷彿變得毫無意義。」

瞬間就前功盡棄。李明博政府否定過去政府所做的南北協議，也無意維持既有的南北合作。因為發生觀光客死亡事件，金剛山觀光事業宣告中斷，離散家族也難以團圓。結束試運行的京義線和東海線鐵道，再度長滿雜草；開城工業區也如風中殘燭般搖曳。二〇一〇年的「五・二四措施」是南北關係惡化的產物，也是進到極度黑暗制裁隧道的又一個入口。

第二節　前功盡棄：金剛山觀光的中斷與「五・二四措施」

金剛山觀光中斷

二〇〇八年七月十一日凌晨，金剛山觀光客朴旺子去到海邊看日出。很遺憾她不是走有路燈的步道，而是朝垂著鐵絲網的暗處走去。剛好沙灘附近沒有鐵絲網，看起來雖然不會太暗，卻是設有北韓軍崗哨的區域。破曉前哨所裡的北韓軍還在打瞌睡，她經過第一個和第二個哨所後，走到第三個哨所附近時，崗哨兵聽到有人來嚇了一跳，立即大聲喊叫。受到驚嚇的朴旺子女士開始掉頭往哨所方向跑去，第一處和第二處哨所睡到一半醒來的北韓軍，就對著由北向南奔跑過來的黑影開槍警告。

遭北韓軍槍擊的觀光客中彈死亡。由於是第一次發生這種事，南韓國內受到很大的衝擊。

李明博政府宣布中斷金剛山觀光活動，要求北韓道歉以及採取預防再發和保障人身安全的措施。經過一番曲折，一年後的二〇〇九年八月十六日現代集團會長玄貞恩見到了金正日委員長，後者當場表示遺憾，並承諾防止再發，不會再讓這種事發生，等於接受了南方政府所提出的道歉及防止再發的要求。

李明博政府要求金正日委員長提出制式文件，不要只是口頭說而已，北韓方面聽到後表示，指導者說的話就算數了。八月二十二日北韓派特使團到首爾弔唁前總統金大中，並與前統一部長林東源等南方人士碰面。當時延世大學教授文正仁在討論到有關金剛山觀光重啟問題時，向北韓特使團詢問，金正日委員長對玄貞恩會長說過的內容，是否能作成文件。對此，統一戰線部長金養建給了正面的回應。如果李明博政府有意協商，應該可以擬好文件，提出再發防止、人身安全的保證，以及人民可以接受的道歉內容。再發防止的具體方案以及新的觀光規定只要由業者現代峨山出面就能解決，政府也可以藉機進行制度改善。

不過李明博政府並不那麼想。在金剛山觀光實務會談中，李明博政府反覆提出現場調查等令北韓難以接受的要求。二〇一〇年二月八日在金剛山召開的觀光重啟實務會談裡，南方主張要以現場調查及處罰當事人等為先決條件，北方則主張要盡速重新啟動。自此金剛山觀光重啟的實務協商已經難有進展。北韓在當時的會談中並未拒絕先決條件，但是堅持立場，認為金正日委員長與玄貞恩會長碰面時已經把問題解決了。由於李明博政府對重啟觀光本身持否定態度，所以對重啟條件沒有展現彈性，對於想優先解決的課題維持強硬的協商姿態。

金剛山觀光在南北關係中具有重要的意義。金剛山是離散家族重逢的場所，南方也編了預算蓋離散家族會面所。在金剛山觀光中斷後，離散家族重聚的動力也消失了。南北離散家族的重聚，自二〇〇〇年《六・一五南北共同宣言》協議後到二〇〇七年為止，共進行十六次的面對面重聚以及七次視訊重聚，不過在李明博政府時期只進行過兩回的單次重聚。金剛山觀光也是南北交流合作的代表性事業，可謂是涵括南北關係中政治、軍事、經濟合作、人道未決問題的代表性事業。不過李明博政府根本上判斷，金剛山旅遊的補助金已經被北韓挪為核武開發資金。這都是站在「金援論」角度，對金剛山觀光重啟抱持負面的看法，所以也未對此投注心力。

冷戰之海形成的「五・二四措施」

二〇一〇年天安艦在西海遭「北韓魚雷攻擊」沈沒。雖然金大中政府時期的一九九九年與二〇〇二年曾經在西海發生過兩次偶發性的衝突，不過盧武鉉政府選擇維持西海的和平穩定，極力想擺脫報復的惡性循環，於是在二〇〇七年的一〇・四高峰會談中達成整體性的西海和平合作特區協議。李明博政府否定《一〇・四宣言》的同時，南北關係隨之惡化，西海又再度變回緊張之海、冷戰之海。

政府在天安艦事件發生後開始禁止開城工業區的新投資案，其他所有的南北經濟合作也宣告中斷。這項稱為「五・二四措施」制裁的內容包括：一，禁止北韓船舶在韓國海域航行；二，南北交易中斷：禁止所有交易的出貨和進貨；三，禁止韓國國民訪北：限制第三國接觸；四，禁止對北韓新增投資；五，對北援助專案原則上保留等。

「五・二四措施」的實施使得一般交易以及從南方提供原料在北方組裝、加工的委託加工均告中斷。交易和委託加工是從一九八八年盧泰愚政府的《七・七宣言》開始的。交易的品項主要有蕨菜之類的農產和蛤蜊或明太魚等水產物，委託加工主要為成衣、縫製產業，佔有百分之六十至七十，其次是製鞋和簡易家電組裝等。

從南北經濟合作開始有紀錄的一九八九年後，南北關係不斷走走停停，雖然經歷過政府層次的對話中斷或是偶爾發生的軍事衝突，但是交易和委託加工卻不曾因此間斷。這段期間委託加工事業能夠持續不斷，除了加工費用外，主要原因是因為有北韓的技術能力做為支撐。簡單來說，因為經濟利益龐大，所以三星和ＬＧ等大企業也在此地長期維持成衣、縫製及簡易家電組裝產業的委託加工。在那段時間，勞動密集產業的海外投資環境惡化，北韓做為生產基地的價值相當高。如果觀察二〇一一年以後的南北交易統計，在以開城工業區為中心進行進貨和出貨的那段時間，會發現整體南北交易數字與開城工業區的進出貨統計有一致的現象。希望就在開城工業區。

【表】「五・二四措施」實施後南北經濟合作企業的損失

調查機關	損失金額	備註
大韓商工會議所（二〇一九年九月以五百家企業為對象）	・損失規模五十九億五千萬美元 ・間接損失一百四十九億美元 ・受影響的雇員：六萬四千人	
現代經濟研究院（二〇一一年二月的研究調查）	・直接經濟損失四十五億美元 ・減少八萬七千個工作機會 ・北韓直接損失八億美元（南韓的百分之十九點三）	未考慮李明博政府上台後三年的間接損失
南北經濟合作業者自行調查（二〇一一年一至三月）	・金剛山參與企業三十家 ・全體企業：四千零三十億韓元	一百五十四家合作業者中 ・一百零二個業者暫時中斷 ・十九個業者完全中斷
外交通商統一委員會 南北經濟合作實態調查團 （二〇一一年九月，白皮書發行）	・直接損失：四十五億美元 ・間接損失：一百二十四億美元	李明博政府上台以後三年

委託加工中斷以後，北韓對中國的纖維出口大幅增加。朝中兩國的工資差距開始拉大，中國企業也開始受北韓的低工資吸引。北韓利用南韓企業過去提供的設備，以南韓企業十多年來移轉的技術和中國合作代工事業。結果李明博政府形同將南韓企業的資產和技術轉移給中國。「五・二四措施」是為了制裁北韓。不過對北的制裁效果有限，反倒是南韓企業遭受莫大的打擊。北韓受到的損失（八億美元）不過只有南韓企業損失四十五億美元的百分之十九點三。

因南北經濟合作中斷而笑的只有中國

北韓與中國的經濟合作屬性約在二〇〇九年九月時發生變化，因為中國決定了對北政策。這段時間胡錦濤政府內部在對北政策上出現了矛盾，中國在國際社會的地位已經不同，對北韓的政策也出現對立看法，一方是主張應當改變的「變化論」，以及主張朝中合作應符合中國戰略利益的「持續論」。胡錦濤政府將持續論定調為中國的正式立場，而未採行變化論。二〇〇九年十月總理溫家寶訪問北韓，之後一直到二〇一〇年五月初金正日委員長訪問中國為止，兩國進行頻繁的高層接觸，過程中也針對經濟合作做具體討論。

一九九〇年代中葉以後的朝中經濟合作持續增加是有理由的。首先，中國生產的消費財與生產財價格競爭力較高。北韓的購買力水平較低，能夠打入消費財市場的不是昂貴的韓國製品或日本製品，而是價廉的中國製品。韓國做不出五千韓元的運動鞋，但是中國可以。生產財的市場也一樣。北韓雖然在推動設備現代化，但是因為外匯限制，所以只能購買廉價的中國製機器設備。如果在二〇〇〇年代初期訪問北韓工廠的話，偶爾都還能看到日本製機器，不過漸漸地北韓的工廠都充斥著中國製的設備。

第二個原因是地理的優勢。中國的東北三省緊鄰北韓邊境，這個地區有朝鮮族在此生活，等於存在人際網絡可以從事跑單幫的貿易。住在北韓的華僑同樣扮演著重要的角色。過去文化大革命時期前後移入北韓的華僑，在中國正式改革開放的一九八〇年代後半起扮演著一種將中國製消費財流通到北韓境內的盤商角色。根據脫北者的證詞，在新義州地區操縱市場的大戶大部分都是華僑。二〇〇〇年代中期以後，鐵礦、無煙煤等北韓的礦產資源交易也因為走陸上物流而更具經濟性。

第三個原因是朝中經濟合作不太會受到政治軍事變數的干擾。若從二〇〇〇年以後北韓的對中、韓、日交易比重來看，就可以清楚發現這一點。南北韓交易因為核武問題而減少，朝日經濟因為二〇〇二年日人遭綁架問題而急遽減少，在這種現實下朝中經濟合作反而增加。北韓的農水產物無法進入南韓，最後去到了中國。如果南北經濟合作因為南北關係惡化而萎縮，這時就只能強化有中國仲介業參與的韓、朝、中三角貿易了。

大約在二〇〇九年九月，朝中經濟合作不再是自然形成、逐步增加，而是轉為階段式的策略性合作。中國將朝中經濟合作與東北三省的發展計劃連結，思索如何使東北三省從過去落後的化學重工業區轉型。首先改變的是在交通和物流領域，從大連開始延伸到黑龍江省哈爾濱的東邊道鐵路在二〇一一年完工，高速公路網也已完備，不過東北三省的發展仍然有個關鍵的障礙，那就是往東海方向還沒有出口。中國如果想連結東北經濟圈與南部經濟圈，就必須通過中國發展最繁榮的沿海地區，但是這樣做會花費許多時間和費用。

對中國來說，東海的出口——羅津港相當重要。一八六〇年沒落的大清帝國將濱海邊疆區割讓給俄國，當時中國的邊境是劃設在圖們江鐵橋經過的防川附近。中國就此失去了東海方向的出口。中國在這段時間為了確保東海的出口，經過許多努力。一九九〇年代中國經由圖們江開發計劃，在圖們江興建內港，疏浚圖們江河口，試圖打通東海航路。不過因為北韓和俄羅斯要求收取通行費，所以沒有成功。中國二〇〇九年以後改變計劃，長期租用羅津港，鋪設從琿春到羅津的陸上道路，才終於確保東海方向的出口。有鐵路和公路網與海運物流結合後，東北地區有如插上了雙翅。

北韓也是東北三省的原料基地。東北三省的發電廠和製鐵廠所需要的無煙煤、鐵礦等都是向北韓採購。北韓的礦物資源豐富，過去甚至被稱為「東方的黃金國」。像菱鎂礦的蘊藏量幾乎是全球數一數二，石墨、鎢礦、鈾礦等戰略價值高的礦物資源也不少，因此中國對北韓的投資大部分都與這些礦物資源有關。北韓同時也是東北三省的生產基地。由於中國的娃娃、成衣、縫紉、製鞋等勞動密集產業因工資上漲而面臨困境，於是中國企業將北韓看成重要的生產基地，開始討論要在鴨綠江蓋新橋樑，然後把黃金坪打造成中國加工區。

北韓當然也擔心對中國的經濟依賴度過高，但是北韓沒有其他的選項。一九八〇年代後期曾出現所謂「朝朝合營」，也就是北韓與朝總聯（譯註：在日本朝鮮人總聯合會）的經濟合作，但在一九九〇年代逐漸冷卻。二〇〇二年日人遭綁架事件導致日本開始實施獨自的對北制裁行動，「朝朝貿易」因而急遽減少，幾近銷聲匿跡。因為「五・二四措施」，南北經濟合作的時代終告結束。大約在二〇〇七年，北韓曾經推動與越南的經濟合作關係，但是美國仍維持對北的經濟制裁，加上核武問題還在原地踏步，越南也難以有所行動。除了中國之外，沒有可以引進外資的國家，無論北韓意願如何，都陷入了不得不依賴中國的情境。

結構上必然走向深化的朝中經濟合作，同時意味著對北制裁出現漏洞。因為不管韓國如何強調制裁，只要中國不參與，制裁就不會產生效果。在國際社會的制裁決議案中，有解釋空間的部分也是面臨相同狀況。李明博政府別說是基礎建設事業，就連觀光事業也都宣告中斷，但是中國卻判定朝中經濟合作不適用於聯合國安全理事會的制裁決議。當南韓用理念看待北韓時，中國則是用經濟的眼光看北韓。理念會招致對決，經濟卻會帶來合作。

第三節　製造不信任的「韓半島信任進程」

朴槿惠政府大致延續李明博政府的對北政策。尤其二〇一二年大選，更是李明博政府的特質移植到朴槿惠政府的連結橋樑。朴槿惠候選人在選舉中大打「北風牌」（編註：炒作北韓議題），並且公開南北高峰會談時的談話記錄，聲稱盧武鉉政府曾對北方限界線問題讓步。朴槿惠政府承襲了李明博政府的特長，擅於在國內政治大打對北政策牌，利用「分裂的國內政治」贏得選舉。像是北韓崩潰論和吸收統一論都維持不變，只不過換個說法；同樣認為對話會助長北韓力量，所以一味地採取制裁和施壓；而且都在等待北韓會放棄核武。

金正恩上台，對南北關係的未來有所期待

北韓的金正恩政權期待朴槿惠政府上台後能改變對北政策。北韓的期待，表現在二〇一三年的新年致詞當中。這是十九年以來北韓的指導者首次以原音直接發表新年致詞。致詞中政治

領域的談話不外乎強調現有的傳統理論。除了強調名為「金日成—金正日主義」的遺訓統治外，也再次確認了先軍理論——意即軍事優先路線；在經濟領域則強調民族經濟自立或提升人民生活；還有以發射光明星三號及科技領域自豪，這些內容都不是新鮮事。

但值得注意的關鍵內容，是提到了追求「經濟管理的改善和完成」以及「將創造出來的經驗一般化」。進入金正恩時代的同時，北韓的經濟政策開始改變。尤其引人注目的是農業政策。其實二〇一二年北韓的農業成果已經令人刮目相看。以聯合國糧農組織（FAO）及世界糧食計劃署的現場調查結果為基礎，二〇一二年的糧食收成以精製米來說為四百九十萬噸。北韓的糧食需求在精製米部分推測為五百四十三萬噸，不足的部分只有五十萬七千噸。如果扣掉本身預期進口的三十萬噸，實際上不足的是二十萬七千噸。這裡提供參考，北韓的穀物進口需求量在一九九〇年代中半以後超過一百萬噸；到了二〇〇〇／二〇〇一年糧穀年度甚至飆升到二千萬噸以上。二〇一二年的糧食生產比起前年增加百分之十以上，恢復到一九九四年以前的水準。

二〇一二年糧食生產增加的原因，首先是因為氣候條件相對良好；還有北韓本身生產的磷酸肥和鉀肥等增加了四倍以上，生產條件也隨之提升；另外收購價格提高，收購量跟著增加也是原因之一。不過，不能僅憑這些來解釋。雖然沒有更具體的資訊可以做精確的分析，但是導致生產提高的政策改變，也發揮重要的作用。

北韓經濟不像中國或越南是質的轉型，而是長期階段式的漸進變化。除了受限於政治體制，以及受到對外關係的不穩定影響外，資源分配的方式也難有重大的改變。北韓變化緩慢，常與外部觀察者的期待有明顯落差，這種錯覺與矛盾有時是起因於急躁地預測帶來過度失望。

金正恩體制展現出對南北關係改善的期待，二〇一三年的新年致詞中，他提到「解除南北間的對決狀態」，並強調對南北共同宣言的尊重和履行。雖然北韓在李明博時代經常批判南韓政府，但是在朴槿惠政府上台前的二〇一三年新年致詞裡，卻又以低調的語氣強調正向的未來，期待與朴槿惠政府建立新的關係。當然北韓強調重新建立具未來前瞻性的南北關係，就是要以落實《六・一五南北共同宣言》和《一〇・四宣言》為出發點。

朴槿惠政府上台當時，韓半島秩序正在尋求穩定。在北韓，金正恩已經接班，在俄羅斯，普丁再度回歸；在台灣，馬英九成功連任，中國的習近平體制在外交政策上的影響力增加，在日本，自民黨重新執政並由安倍晉三組閣，在東北亞外交事務上，美國歐巴馬第二任期則任命凱利（John Kerry）為國務卿，令人高度期待。

國情院公開高峰會談對話紀錄

二〇一三年六月，朴槿惠政府的國家情報院公布了二〇〇七年南北高峰會談的對話記錄，情報機構恣意曝光祕密文件，可說非常荒唐。國情院長南在俊想提供證據，以證明二〇一二年大選的主要爭議與政治攻擊為真，也就是「盧武鉉總統就北方限界線對北韓讓步」。不過高峰會談的對話紀錄是祕密文件，應該按照政府訂好的流程，經過一段時間後才可以公布，然而情報機關卻自行違反了祕密文件的規定。

不過高峰會談對話紀錄的內容並無法佐證這個政治攻擊。雖然國情院聲稱，對話紀錄有提到要放棄北方限界線，但是從整個脈絡來看卻是完全相反。要將北方限界線與北韓主張的海上警戒線之間劃為和平水域的人是金正日委員長，要在那裡訂出共同漁區的人也是金正日委員長。盧武鉉總統對金正日委員長的要求清楚地表示「反對」，而且還舉出《南北基本協議書》說明，雙方有協議要尊重既有管轄區域。國情院故意將高峰會談的對話紀錄斷章取義，扭曲資訊。

若要評論海上警戒線的相關爭議，必須要從戰後的脈絡來看。高峰會談時雙方並未對海上警戒線達成協議，這不是解讀角度的問題，而是事實。因此在南北高峰會談以後所召開的國防長官會談中，雖然有討論過共同漁區，不過南方提議要以北方限界線為劃設基準，北方卻主張要以更南邊的海域為基準，所以最終沒有達成協議。根據高峰會談前南韓政府的協商策略、對話紀錄內容、以及後續措施的綜合判斷，都不能主張說南韓在北方限界線的問題上有對北韓讓步。

南北元首所協議的西海和平合作特區應該不會破壞北方限界線，國情院不了解這部分內容。像在北歐、地中海、南亞，都有許多跨國界的合作，尤其在海洋有不少鄰接水域的合作案例。並不會因為劃設共同漁區、打造海洋和平公園、興建跨國性的海洋工業區，領海就失效或者海上警戒線就消失。

朴槿惠政府的國情院意識型態過於強烈，加上政治傾向明顯，當然就不會顧及對南北關係的影響。金正恩政權強調落實六・一五和一〇・四宣言，但是朴槿惠政府的回應卻是公開高峰會談對話紀錄。未謹守情報機關本分的國情院過於涉入國內政治，將難以與國際社會進行情報合作，造成情報判斷功能癱瘓，同時也預告了帶有意識型態的對北政策。

沒有「具體做法」的信任進程

朴槿惠政府在上台前將對北政策稱為「韓半島信任進程」。此政策混合了各種元素，除了詳細討論在軍事上要抑制北韓，也包含了北方經濟論的必要性或東北亞安保合作中韓國的積極角色等正面內容。戰略方向缺乏一貫性，細部政策彼此矛盾。

北韓核武問題的解法隨著北韓核武實力的強化而日趨複雜，在這種情況下朴槿惠政府卻依然承襲李明博政府的「核先放棄論」。在南北關係中要如何恢復信任以及如何解決未決問題，做法也付之闕如。雖然韓半島信任進程裡有詳細談到如何對付北韓的大量殺傷武器，但自始就沒有思考南北關係的重整方案。用一句話形容，韓半島信任進程中，沒有人談到該「怎麼做」。

此政策問題嚴重。首先，政府內部就已經缺乏信任。為使政策調整有效率，必須要有明確的策略方向，而且應當避開政策上的矛盾。政府內部若想維持及強化政策的信賴度，一套能有效運作、調節政策的制度固然重要，但更重要的還是位於政策調整中心的領導人，總統必須對策略方向具備堅定的意志、理念及關注。朴槿惠總統無法做到這點。

第二，言行不一致，失去國民的信任。有關對北政策，取得國民信任相當重要。就算時時刻刻追隨著易揮發的輿論，也不容易取得民眾信任，不只決策過程應獲得國民信任，政策的結果也必須受到國民信任才行。朴槿惠任內面對韓半島危機與金融市場產生恐慌時，做法往往被質疑，不是因為危機本身，而是因為國民不信任政府克服危機的能力。面對北韓，朴槿惠政府只是措詞強硬，卻沒有提出克服危機的做法。施政總是只想到自己的保守支持者，不是想到大多數國民。

第三，失去北韓與國際社會的信任。朴槿惠政府認為與北韓的對話是「助長北韓的自信」，政府既不擔憂缺乏溝通，對於重要爭議也沒有策略想法。要開啟南北對話，尋求國際合作，必須先思考北韓核武問題的解法以及對南北關係有所構思，不過朴槿惠政府只以非屬政策的意識型態角度看北韓。原本該透過南北關係協議的未決問題堆積如山，但是就如李明博政府一樣，朴槿惠將南北關係的惡化歸咎為北韓的責任。到最後不只北韓核武問題，還有北韓的人權問題、國軍俘虜與遭北綁架者等問題，也都無法解決。

對於建立信任缺乏具體方法論的「韓半島信任進程」，自然難以運作。信任不是天生的，需要持續建立，所以重要的是過程而非結果，而且必須採取主動而非被動。不過朴槿惠政府卻再次重複李明博政府極端被動的「等待策略」。

缺乏理念與沒有章法的對北政策

朴槿惠政府上台時雖然設置了「國家安保室」，但問題卻層出不窮。儘管重新啟動國家安全保障會議，但卻只有強化危機管理的功能，而不具備跨部門的整體協調功能。外交安保首席室的組織繼續保留，由外交安保首席室負責短期的未決案件，國家安保室則處理中長期的安保案件。然而這種分工不僅現實不可行，甚至還可能引發混亂。總而言之，青瓦台的國家安保室規模比過去更大，但跨部門間的協調功能喪失，且在外交安保首席室和國家安保室的功能上形成重疊。

朴槿惠政府上台初期就出現問題，最具代表性的事例就是對張成澤事件的情報判斷，事件發生初期時，國情院長、國防部長、統一部長說的話都不一樣。關於重要的情報判斷，政府應當要有正式的整合判斷。由部會間共享、討論資訊，整理出政府的正式立場，然後才能去國會報告，而不是陳述各部門自己的意見。

不過這個事件各部會還未互相協調，就針對情報判斷發言。由這點可知，朴槿惠政府並沒有對重要的外交安保未決議題制定「輿論公布指南」（press guidance）規範。部門間未進行政策協調，是反覆性、結構性發生的狀況。另一個例子是在韓俄高峰會談中宣布南韓企業將參與羅津—哈桑合作事業時，媒體依常識預期當然是「五・二四措施」將會部分解禁，俄羅斯的貨物才能經由羅津港進入韓國河口。因為「五・二四措施」禁止南北韓的海運物流，而且不只南北韓物流，就連經由中國和俄羅斯的貨品也在制裁對象名單。既然是元首層級所公布，當然判斷是以「五・二四措施」解禁為前提才宣布的，不過事實並非如此。

在外交安保部門的調整機制上，總統扮演的角色比制度更為重要。從美國的外交安保歷史來看，白宮的國家安全會議擔負重要功能時，往往也是總統對外交安保具有堅定理念與意志的時期。像季辛吉或布里辛斯基這樣傳奇性的國家安全顧問，就是遇上戰略家型的總統尼克森和卡特才能夠發揮。如果總統的外交理念與戰略目標明確，各部門之間就能維持合作；如果能共享戰略目標，政府內部的混亂也會減少。然而朴槿惠政府的對北政策卻言行不一。李明博政府的對北政策是喊出「相生共榮」，追求的卻是「北韓崩潰論」；朴槿惠政府將對北政策名之為「韓半島信任進程」，結果其實是在製造不信任。言行不一致將難以取得外交對象國的信任，政策的可預測性也會大幅降低。

第四節　朴槿惠政府的「統一大成功論」

朴槿惠政府和李明博政府一樣強調「做為結果的統一」，而非「做為過程的統一」。對於南北關係的未決問題都還沒提出相關對策，就強調某一天統一會突如其來。朴槿惠政府端出來的「統一大成功論」，本身就充滿了矛盾和混亂。

可以算出統一的費用嗎？

統一大成功論認為統一帶來的利益會大於統一的費用。針對統一大成功論提出數據分析的申昌旻教授推算，統一後，十年間的相關花費約為GDP的百分之七左右，還預估，光南韓每年就可以達到百分之十一的經濟成長。申教授還推算出，統一後十年間南韓的國民所得水準將達到七萬七千美元，北韓則是三萬八千美元。

到目前為止，有關統一費用問題的討論很多，每一位研究者的計算結果差異也很大。少則五百億美元，多則五兆美元，相差在一百倍以上。依照不同時間基準點的南北所得差距，以及所得差距要拉近到什麼程度，計算結果會有很大的差異。從這個角度來看，或許「對難以具體預測未來的統一，要正確算出花費是不可能的」才是適當的看法。

計算統一費用時，當然可以考慮吸引民間企業和外國投資，以減少政府財政支出，所以最好不要將所有費用都列入政府財政支出，然後據此換算為每位國民的負擔金額。此外，費用當中並非只有消費性支出，投資性的支出雖然短期上視為費用，但就長期來說未來將可成為收益。

統一的收益要量化更是困難，因為當中有不少是難以計算的無形價值。除了政治、外交上的收益外，一定也有不少是社會文化上的收穫。雖然不能忽略經濟收益的成長潛力與效應，但更重要的是必須要有適當的成長策略來做為支撐基礎。

另一方面，也出現了一些誇大統一經濟收益的說法。舉例來說，在討論北韓地下資源的經濟價值時，有些人會提出一種樂觀論，認為可以將北韓礦產資源所獲得的利益充當部分的統一費用。不過北韓的礦產資源雖然豐富，但是對其具體的埋藏量與經濟價值卻有各種不同的評估。像無煙煤或鐵礦的品位（總重量中有用礦物的含量比例）偏低，經濟價值也低；銅、碳酸鎂、鋅也是被評估為相對於開採費用經濟價值並不算高。

如果我們希望未來最終能實現統一，相關費用就必須設法減少，並將統一的利益極大化。為了達到這個目的，統一的過程就更為重要。統一的花費要減少到一個轉折點，讓收益反大於支出——也就是「轉折的溪谷」，方法不外乎透過共存與共榮的過程，建立互惠的結構。從這個角度來看，統一大成功論最大的缺點就是沒有提到統一的過程。只有強調統一的結果而沒有留意過程，充其量就是延伸由來已久的吸收統一論，內容了無新意。

保守政府為何一直強調「統一之後」

自李明博政府以後，南北關係已經轉為冷戰時期的傳統對立關係。朴槿惠政府的對北政策也和李明博的策略相近。南北關係處於谷底，加上缺乏改善關係的意志，在這種情況下只好把焦點放在談論統一。每當對北政策失敗、南北關係惡化時，政府就端出統一論，這種例子在南北關係的歷史上屢見不鮮。

政府之所以公開主張吸收統一論，是因為南北關係已經惡化到無需意識對方的存在。如果南北關係維持正常，而且還有未決案件需要互相協商，就不會單向發表統一方案。因此「做為過程的統一」與「做為結果的統一」是互為矛盾的。朴槿惠政府的對北政策中所強調的工作，大致上都與南北關係的現實無關。如果實質的對北政策仍然沿襲強硬做法，同時卻又對未來議題提出主張，最後落實的可能性就越來越低。包括統一大成功論在內，還有在非武裝地帶蓋世界和平公園及鐵道接軌歐亞大陸的構想，都應該列為長期目標，而非未決問題。更重要的是要有達成目標的方法，但是政策中並沒有具體提出要「怎麼做」，同時也缺乏目標達成的過程。

如果想在統一過程中將經濟利益極大化，第一步應該要先擴大雙方互利領域的經濟合作。「五・二四措施」造成所有南北經濟合作中斷，在此狀態下，很難想像會有長期的統一經濟利益。開城工業區的發展與新的產業工業區也一樣，甚至在非武裝地帶蓋和平公園的過程，同樣都有許多未決問題需要討論解決。

弔詭的是非武裝地帶反而成為最軍事化的區域。韓戰後南北雙方以軍事分界線為基準，各自延伸兩公里劃設出非武裝地帶。但在經歷冷戰時期後，崗哨前進此地，武器搬入，這裡變身為武裝地帶。因此許多專家認為，將空有其名的非武裝地帶轉換為實質的非武裝地帶，是建立信任相當重要的措施。為了在非武裝地帶蓋和平公園，南北韓之間應當以信任做為後盾，所以軍事信任的建立措施必須同步展開。既不改善南北關係，也不提出如何在非武裝地帶蓋和平公園，朴槿惠政府不注重過程、只強調結果，北韓當然會感到懷疑。朴槿惠政府的統一大成功論反而成為南北實質關係惡化的依據。

製造出來的「北韓崩潰論」

李明博政府認為不需要和北韓對話與協商，是因為先預設了北韓崩潰論。為使北韓加速崩潰，強化制裁或是針對北韓崩潰後的狀況與吸收統一預做準備，就成了對北政策的全部。朴槿惠政府提出的統一大成功論也一樣，都是立基於北韓崩潰論。

朴槿惠政府利用二〇一六年八月的太永浩流亡事件做為北韓崩潰論的證明。在英國流亡的太永浩既非游擊隊第二代，也不是金正恩的祕密資金管理人，更不是最高層的脫北者。他是負責宣傳工作的外交官，是原本派駐結束就應該歸國的公使。朴槿惠政府主張，太永浩的流亡就是金正恩體制不安定的證據。雖然金正恩體制在初期有一些像是肅清張成澤等的偏激行動，給人體制不安穩的印象，但他仍在二〇一六年召開了距離上一次時隔三十六年的第七次黨代表大會，推動整頓黨的組織和人事。金正恩體制初期常見的菁英更替後來也逐漸穩定，像朴奉珠總理這樣的元老依然扮演重要的角色，同時也完成了世代交替。

金正恩體制上台後，菁英層的脫北人數的確多少有增加的趨勢，其中有外交官，也有從事貿易的工作者。不過和過去相比，脫北的層級與人數並沒有急速擴大增加。換句話說，這尚不足以做為「異常徵兆」的佐證。二〇一六年上半年的脫北者人數為七百四十九人，雖然較二〇一五年同期間的六百一十四人增加百分之二十二，但是如果和二〇一四年同期間的七百三十一人、二〇一三年的七百一十七人比較，則是相去不遠。

南韓大量報導太永浩的事，是從總統的北韓崩潰論發言與統一部的背景說明開始的。「相關部門」裡流傳著「未經確認的諜報」，部分電視台幾乎整日都在處理北韓的議題，政府指定、製作的報導傾巢而出，用來滿足國內政治需求的北韓相關報導，已泛濫到無以復加。雖然朴槿惠總統向北韓人民喊話直接過來南韓，然而南邊卻沒有給脫北者更多的溫暖。以二〇一五年十二月為基準比較死亡人數，南韓的自殺率已經是世界數一數二的，高達百分之四點八，但脫北者的自殺率為百分之十二點二，是前者的二點五倍。生活艱難是自殺的主要理由。此外離開「溫暖南方國度」的脫北者也不在少數。自二〇一二年到二〇一六年間有五十三人又再離開前往第三國，十九人回到北韓。

【表】統一費用估算

研究出處	研究方法	費用來源	預期統一年度	統一期間	推算費用（美元）
黃義玨（1993）	平均所得	總投資（包含民間部門）	1990	—	3120億
			1995	—	7776億
			2000	—	1兆2040億
延河清（1994）	所得目標	政府支出	2000	—	2300億～2500億／10年
李榮善（1994）	所得目標	政府支出	1990	—	目前折算價格3300億／40～50年間
			2003	—	共240兆（GDP的4%）／10年
裴真永（1996）	與德國比較	—	1993	—	4880億／5年
朴錫三（2003）	—	社會保障制度	—	—	急進式統一，每年35兆 漸進式統一，每年8700億
卞良均（2005）	德國式吸收統一	政府支出	—	—	GDP的5%（每年40兆），無法支援5年以上
Noland at al（1997）	所得目標	—	1990	—	6000億
			1995	—	1兆3780億
			2000	—	3兆1720億
KDI（1991）	平均所得	—	2000	10	急進式統一，2102億 漸進式統一，3121億
申昌旻（1992）	平均所得	—	2000	12	1 兆8618億
申昌旻（2005）	—	—	2010	—	6161億
			2020	—	8210億
黃長燁（2006）	—	—	—	—	每年糧食100萬美金
Barelays（2003）	—	政府支出	—	—	每年GDP的5%
Pitch（2003）	—	—	—	—	共240～600兆／10~15年
Goldman&Sachs（2000）	—	—	—	10	共7700億～3兆5500億
韓華經濟研究院（1997）	—	—	2010 吸收統一	—	856兆
	平均所得	—	2010～20	10	513兆
三星經濟研究所（2005）	—	籌措統一基金	—	10	546兆
Rand Corporation（2005）	所得目標（統一4年內北韓GDP增加2倍）	—	—	—	達成3%水準500億 達成4%水準1860億 達成5%水準6670億
韓國銀行（2007）	所得目標	政府支出	—	—	德國式統一（22～39年期間）3000億～5000億
	北韓GDP達到1萬美金	—	—	—	德國式統一（22～39年期間）5000億～9000億
申東天・尹德龍（1999）	—	總投資額	—	—	887億～2808億

資料：梁雲哲，〈統一費用的推算與財源籌措方案〉，《世宗政策研究》,2.1, 2006, 51~52頁

立基於北韓崩潰論的統一大成功論將南北關係惡化歸責於北韓的挑釁，而且只從北韓的內部動亂去探究挑釁原因，而不是探究南北關係的轉變，甚至還宣傳北韓的崩潰可以帶來統一。耗費國力去計算難以預測、未來時間點不明確的統一費用及統一收益，是沒有建設性的。更甚者，政府一邊追求統一費用最高的急進式吸收統一，同時卻又主張「統一大成功論」，邏輯本身就存在矛盾。統一大成功論製造緊張的南北關係，除了提供北韓當權階級名正言順的理由以維持體制，還激化南北關係對立，穩固分裂體制，最後的結果自然離統一越來越遠。

另一方面，討論統一議題時，還必須重視跨黨派的合作與協議。如果是以意識型態或政治派別的立場討論統一，將難以達成共識。以德國的統一為例，社會民主黨和基督教民主黨以跨黨派合作討論對東政策，就帶動了政策的延續性及國民的共識。台灣對中國政策有變動時，也會尋求國民的共識。繼蔣經國之後接任的李登輝總統曾在一九九〇年六月召開國事會議，與在野黨和知識分子、社會各界指導者齊聚討論時代的爭議，達成共識。會議中決議，政府將透過憲改推動政治民主化，並承認中國為政治實體，決定建構新的雙邊關係。同年十月成立「國家統一委員會」，就是因為重視對中國政策的社會共識。委員會由總統直接擔任委員長，並有社會各界代表參與。朴槿惠政府雖然成立了和台灣類似的「統一準備委員會」，但未致力於尋求共識。

最重要的是，統一務必要以和平的方式達成，這是憲法精神，也是多數國民同意的統一基本理念。朴槿惠總統不提和平，只強調統一。但唯有「和平手段達成的統一」才具有永續性。就像葉門的例子，雖然已經統一，但是因為沒有尋求和解與合作，最後又再度發生戰爭。在韓半島建立和平，是必須集中國家力量推動的「時代課題」。朴槿惠政府深陷於沒有實質內涵的統一論，對建立韓半島和平所要面對的課題漠不關心，也忽略了憲法規定，沒有做到總統和平追求統一的義務。

第五節　失敗的制裁

李明博政府實施「五・二四措施」，切斷開城工業區以外的所有南北經濟合作，朴槿惠政府又關閉僅剩的開城工業區大門，走入了「南北關係歸零時代」。李明博和朴槿惠政府終止了自一九八八年盧泰愚政府《七・七宣言》以後持續數十年的所有南北交流合作。制裁的目的是為了使北韓放棄核武，不過目的沒有達成，徒然使南北關係惡化，最後反而提供北韓得以擴大核遏制力的環境。

協商論與制裁論

關於北韓核武問題的解決方法，有兩種對比的立場。首先，從協商論來看，制裁只是手段，而非目的。制裁為強化協商力道的一種手段，中國就是從協商論的觀點主張限縮制裁。外交部長王毅在二〇一六年三月八日的記者會中曾經強調：「制裁是必要手段，維穩是當務之急，談判是根本之道。」

中國對於聯合國安理會的決議也做出與韓、美、日三國不同的解釋。安理會的決議案是由常任理事國（美國、英國、法國、中國、俄羅斯）全體一致通過決定，過程中也納入了中國與俄羅斯對決議案的個別看法。聯合國的制裁決議案雖然分階段提升制裁強度，不過也同時包含了「韓半島的安定」、「和平解決」、「重啟六方會談」、「支持《九・一九共同聲明》」等內容。中國所強調的「完整徹底履行決議案」並非指徹底制裁，而是指除了制裁之外，也應當找出和平解決的方法。

朴槿惠政府是從北韓崩潰論的角度看北韓核武問題。從崩潰論來看，制裁是目的，不是手段。協商論和崩潰論的前提目的不同，於是兩者互為矛盾。協商論的立場以營造協商環境為主，崩潰論卻將協商解讀為「延續政權的措施」；協商論承認北韓為對話的對象，崩潰論則是拒絕承認。對於北韓核武問題與南北關係、政治與經濟議題，協商論採取的立場是分別或並行處理，但崩潰論是從聯繫論的角度處理，也就是先提出北韓核武問題，然後中斷南北關係，把南北關係的政治軍事議題與經濟合作綁在一起，並視為理所當然的結論。

北韓崩潰論決定了南北對話時的處理態度。朴槿惠政府在二〇一三年六月的部長級會談曾以代表資格不符合為由，取消南北韓部長會談。當時北韓提出的會談代表是祖國和平統一委員會書記局局長姜志英，南韓認為書記局長不是「部長級」官員，主張應當由統一戰線部長出席。北韓公開回應，書記局長等級是相當於「部長級」的「上級」，過去也有慣例，況且一般來說北韓的會談代表實權原本就有限。雙方就此激烈爭論，反映了朴槿惠政府對於會談的態度。

北韓的統一戰線部是黨的機構，功能與南韓的統一部不同。有些人將統一部與統一戰線部稱為「統統專線」，但是這樣的溝通模式不曾正式採用，充其量只是錯覺罷了。南北會談的幕後協商主要是由北韓的統一戰線部與南韓的國情院進行，在一般南北部長級會談等大部分公開會談中，也是由雙方擬定協議文。就算從功能來看，統一戰線部包含情報分析與對南工作部門，這點與國情院相似。

採取北韓崩潰論，最大的問題點是會錯失解決問題的機會。因為不承認對方，拒絕協商，使得大部分問題無法獲得解決，進而惡化。自李明博與朴槿惠政府將北韓崩潰論當做對北政策的理論基礎後，北韓的核武能力已強化到難以匹敵的程度。

制裁手段的侷限性

由於經濟合作問題錯綜複雜，所以實施制裁時重點在於，基本上要讓自身的損失極小化，國際上的多邊制裁也是一樣。大部分的國家在參與國際社會的制裁時，都會極力避免本國的經濟利益受到侵害。以對北制裁來說，因為北韓的對外貿易百分之九十都由中國獨佔，所以如果中國沒有參與，制裁就毫無意義。雖說因為朝中經濟具有相互依存度，但主要原因還是在於，北韓的對外貿易需要以中國的領土做為中繼站。

聯合國的制裁決議案會隨著「觸發條款」而累積強化。中國與俄羅斯雖然具有否決權，但原則上來說，制裁的實質內容必須比原來的決議還多，逐漸增加制裁強度。南韓在北韓第四次核試爆後，先從雙邊制裁的角度關閉了象徵南北經濟合作的開城工業區，之後第五次與第六次核試爆又再中斷北韓的礦物出口、水產交易與成衣代工，同時限制原油的供應。

不過制裁網絡並不完整。中國與俄羅斯在決議中加入模糊的條款，以便行使裁量權，儘管有對戰略物資加強管制，但基本立場仍是容許正常貿易。中國認為必須阻止北韓的核武開發，卻又不希望韓半島情勢不穩定。韓美兩國期待中國合作，但是推動的又是中國難以配合、完全倒向強硬路線的對北政策。尤其在韓國決定導入薩德（THAAD，高空導彈防禦系統）後，北韓的戰略價值對中國來說更為提高。中國就在阻止北韓核武與反對韓、美、日軍事合作當中一邊搖擺，一邊配合對北韓的制裁政策。

此外，吉林省與遼寧省等中國地方政府對制裁北韓採取消極的態度，這一點也需要理解。東北地區在二〇〇〇年代中央政府的支援下高速成長，但是從二〇一三年起，由政府主導的成長策略碰到了瓶頸，成長率下降，人口外流，工資開始上漲。丹東、琿春、和龍等都市與北韓一起推動「邊境經濟合作區」的理由，就是因為需要廉價又穩定的北韓勞動力。

制裁顯然會對北韓經濟產生影響。對外貿易如果減少，流入北韓市場的外匯就會跟著減少，消費財市場也會萎縮。為了因應制裁，北韓嘗試活化市場，使國內資源循環順暢。不過如果礦產或水產出口受阻，成衣代工中斷，勞動力輸出市場縮小的話，外匯收入就會跟著減少，最後也會影響生產財的市場，不利於設備改善。

只不過制裁雖然對北韓經濟產生相當的影響力，但是卻難以動搖北韓領導者的判斷，北韓必須具備核遏制力。儘管制裁造成民生經濟困難，北韓領導者還是可能試圖持續強化核遏制力。制裁造成對外貿易大幅縮小，「不足的經濟」、「匱乏的經濟」情況如果加劇，最後惡化的將是北韓人民的人道狀況。通常制裁都會造成人道問題，但我們又難以做到「聰明制裁」，也就是將北韓政權與人民切割處理。

關閉開城工業區的經濟效應

二〇一六年二月十日朴槿惠政府關閉開城工業區。關閉後，進駐企業一哄而散，一部分到海外尋找替代生產基地的企業，大致上都是狀況還不錯的。當然在工資和物流方面，企業承受了相當大的損失。也有不少人提案，建議從國內地方自治區找尋替代生產基地，但幾乎沒有成功的案例。問題不在於空間，而是工資，因為韓國國內找不到可以滿足開城工業區工資水準的地方。

開城工業區未按照正常流程關閉，因此留下很多問題。關閉的決定沒有經過像國家安全保障會議之類的正式討論，而是由總統單方面口頭指示定案。政府說開城工業區的北韓勞工薪資被挪為核武開發資金，這種說法也沒有根據。那是由國情院作成、交給統一部的文件，不能視為直接的證據，內容也是來自於脫北者陳述，他們的身分不可能取得情報，陳述內容也不具體。政府並未遵守《南北交流合作法》中有關取消合作事業的規定。依照相關法律，取消合作事業時，應當經由國會採取相關步驟，然而朴槿惠政府無視於自己制定的操作流程，一心只急著關上大門。政府沒有回收各種敏感的文件和設備，廢水終端處理場的廢水、焚化廠堆積的產業廢棄物、淨水場的各種化學物質都原地棄置。還有，政府剝奪了企業結算工資和離職金的機會，最後變成了北韓的債務人。

那段時間開城正如其名，是一座「開放之城」。它是預防南北韓衝突的緩衝空間，也是統一的實驗場。在開城工業區開放初期，南北韓的人雖然因體制差異而曾經紛擾不斷，但是隨十多年的歲月流逝，雙方也領悟出共同生活的智慧。

開城開啟時與關閉時的韓半島全然不同。特別是開城工業區的進出是由軍方負責，雙方透過軍線交換出去與進入的名單。由於軍方的通信線隨時都開著，所以在南北韓軍事危機升高時，這裡也是預防偶發衝突的溝通空間。開城工業區關閉的同時，軍線也隨之切斷。開放之城一旦關閉，北韓也關閉了，南北韓關係、還有韓國經濟通往未來的門，也都一併關閉。

南北經濟合作在韓國經濟中所佔據的比重微乎其微。即便關閉開城工業區，對韓國經濟產生的影響也不大。不過它卻具有統計裡看不到的意義。開城工業區的一百二十四家廠商中，紡織成衣廠商有七十三家。韓國一度是世界第二的成衣輸出大國，到了二〇〇〇年代人事成本上漲，人力難求，工廠開始移往海外。韓國的裁縫工廠移往中國、印度、緬甸，有的企業甚至就在海外落腳定居。不過人事成本繼續升高，很快就被當地的企業趕上。繞來繞去，最後到了開城。開城一旦關門，就再也無處可去。

南韓在開城失去的是北韓的熟練工。不管在國內還是海外，成衣工廠因為工作環境差，很難培養出熟練工。現在世界上哪裡還找得到可以用十五萬韓元月薪僱用穩定熟練工的地方？開城工業區五萬四千名的北韓勞動者，是南韓中小企業費心培養的人力，在南北委託代工的時期也確認過，北韓勞動力教育程度高，手藝好，基本上又踏實。

以韓國的情況來說，成衣業上下游產業中最核心的縫製生產基地已經不見了。倒下的不只是開城的縫製工廠，整個成衣產業都無可避免會受到打擊。離東大門或南大門服飾業最近、最廉價的生產基地消失了。另一方面，中國爭取到時間，在國內工資上漲後，搶得了成衣業轉型的先機，於是韓中在成衣縫製產業上的差距越來越大。開城工業區關閉的同時，國內的協力廠商也遭到莫大的損失。以開城工業區來說，所有的原材和部品零件都是向南韓採購，金融和物流、業務等工作機會也不少。當然，失去的不只是五千多個協力廠商與十二萬五千人的工作機會，在整個上游與下游都有連帶效應。

韓國在產業結構尚未升級的情況下面臨到被中國追趕的危機。有些產業不具備穩固的技術競爭力，在面對危機時，開城工業區可以扮演產業調整的緩衝角色。開城的大門關閉後，勞動密集產業中許多中小企業的希望也消失了。北方的門關閉，南韓還能夠在哪裡提高潛在的成長率呢？

第六節　跳脫制裁與核武開發的惡性循環

無論制裁成效如何，北韓最在意的還是制裁的意圖。制裁的目標一般都解讀為要使北韓體制崩潰，因此北韓更加積極提升遏制力，以抵擋崩潰的壓力。在制裁強化期間，北韓持續以濃縮鈾生產核物質，同時將能夠搭載中長程導彈的彈頭朝小型化、輕量化發展，以及積極改善飛彈移動載具的性能。此外，北韓也致力於開發多樣飛彈移動載具，如潛射彈道飛彈（SLBM）或移動式導彈。潛射彈道飛彈試射成功，對韓半島的軍事秩序產生關鍵的作用。因為技術上來說，潛水艇並不容易被發現，潛射彈道導彈因此最遠射程可達二〇〇〇公里，基本上就足以使南韓想部署的薩德系統無用武之地。

北韓的核武能力經過強化後，過去的協議模式真的能夠解決北韓核武問題嗎？隨著核武能力提升，協商會變得更困難，這是事實。不過另一方面，只靠制裁不足以解決問題，這點也很明確。目前最重要的問題是要如何擺脫這種惡性循環的結構。

首先當務之急，是要減緩甚至停止北韓發展核武的速度。這裡需要參考美國核武專家赫克（Siegfried S. Hecker）博士提出的北韓核武問題「三不」解決方案。第一，不可增加（no more），阻止北韓再取得核物質和核彈頭，以及進行核試爆與導彈試射。第二，不可改善

（no better），阻止核彈頭小型化、輕量化的核武升級）。第三，不可出口（no export），防止核武擴散至第三國，變成北韓核武問題的解方。

北韓核武問題是韓半島冷戰體制下的產物，如果對終止冷戰沒有策略及願景，就無法解決。解決問題也可說是一種過程，因為必須改善關係，才能解除北韓需要發展核遏制力的理由。從印度和巴基斯坦的核武競賽事例可知，兩國關係的整體改善才是最重要的。

北韓核武問題的解決雖然是長期的過程，但出發點就在於重啟六方會談。有些人認為六方會談毫無用處，但會談中斷之後，北韓的核武發展突飛猛進，包括北韓在內的與會國也缺乏參與意願。然而目前並沒有適當的方式取代所謂「六方」多邊處理法，二〇〇五年的《九・一九共同聲明》是解決北韓核武問題的基本協議，應當仍屬有效。

北韓是否有協商意願還是個疑問，北韓的要求也與國際社會能夠接受的程度有相當大的距離。不過協商要禮尚往來，若想把北韓帶回六方會談的談判桌上，任何事都可以調整。協商的目的雖然是要解決問題，但也是一個能掌握彼此意圖的機會。

主張制裁和施壓的人，強調追求「北韓放棄核武」的結果。然而協商並非單向式的暴力，協議達成後還需要履行的過程。不只結果，而是要理解過程存在的必要性，這才是協商的出發點。因為對於對方的不信任太深，所以必須小心翼翼地從建立信任開始，透過「建立信任」，將「對決局面」轉化為「協商局面」，專注於協商基本原則，果敢地「給該給的、拿該拿的」。

李明博和朴槿惠政府認為「時間不在北韓那邊，而是在我們這邊」，所以打算一邊對北韓施壓及制裁，一邊等待。儘管面對制裁及施壓，北韓的經濟成長率卻反而向上，核武能力也持續升級，既沒有屈服，也沒有崩潰。南韓就這樣錯失機會，虛度歲月，最終還要面對「時間不在我們這邊」的災難性現實。

後言

第一節　和平與統一都是過程

韓戰後的南北關係反覆走走停停，相當緩慢地和解，然後創造和平，朝未來前進。不過經歷了李明博和朴槿惠政府九年的治理，追求和平的事業前功盡棄，南北關係再度倒退至「許久前的過去」。這段期間裡，為解決北韓核武問題而召開的六方會談中斷，北韓加速發展核遏制力，各方對北韓的負面輿論增加，也加劇了軍備競賽的惡性循環。

南北韓都面臨了「安保的兩難」。當一方強化安保時，另一方也會因感到不安而連帶武裝，「安全保障」措施原本是要保護國民的生命與財產，結果卻變得危險，這是南北韓正在經歷的矛盾。從韓戰以後，南北韓一直在「恐怖平衡」中對決，但更多的軍事競賽，也不會帶來壓制對方的「恐怖滅絕實力」。

「老馬識途」這句話出自《韓非子》，意思是指當遠征的軍隊迷路時，就要放開老馬，讓老馬找路。如今南北關係在「戰爭」與「和平」之間迷路，這時就需要回顧曾經走過的路。處於恐怖均衡狀態的韓半島，當中的糾結關係沒有方法可以一次解決。就算要花些時間，也必須將這個難纏的線團一一解開，為此必須把錯綜複雜的環結找出來。我們在南北關係的歷史中學到了什麼？

和平是過程：「實質的和平」

一九五三年七月二十七日，雙方約定停戰只是暫時中斷戰爭，並不是代表戰爭結束的終戰，也不意味著和平。停戰協定簽署已經過了六十四年，停戰管理體制已不復存在，但是和平體制何時到來，現今依然混沌不明。停戰管理體制停止運作已經二十六年，而且從一九九一年三月起，北韓以南韓軍事將領成為聯合國軍司令部代表為由，拒絕承認停戰管理體制。一九九三年四月捷克代表團、一九九五年二月波蘭代表團退出後，監督停戰體制的中立國監督委員會也停止運作。之後，國際間就不存在可以管理停戰體制的組織。雖然北韓與美國曾經視情況召開將領級的對話，南北韓也有軍事會談，但是這些會談能否取代軍事停戰委員會，仍是疑問。

將韓半島不穩定的停戰體制轉換成永久的和平體制，是時代的課題。為了建立和平體制，過去南北韓辦過雙方會談，還加入他國進行三方、四方會談，但現在長期陷入膠著，所有人也不再努力建構軍事信任。為促使北韓非核化而召開的六方會談長期搖擺不定，韓半島的軍事情況便停留在「恐怖平衡」，雙方都在展現報復能力，設法使對方的先制攻擊失敗。在韓半島首爾與平壤不過距離二百公里的「鄰近空間」裡，已是過度武裝裝態，即便是非核武的傳統戰力，也足夠「相互保證毀滅」（Mutually Assured Destruction）。這個詞縮寫的意思是「瘋狂」（MAD），也可解釋為「只要沒有瘋，就不會發動先制攻擊」。

如何才能創造和平？對韓半島和平體制的討論已有很長一段歷史，主要的爭點有當事者本身的問題、非核化與和平體制的關係、和平協定與和平體制的關係、和平體制建立的過程等等。韓國不是停戰協定的當事者，而相關當事者的資格問題也常有爭議。不過韓國雖然不是簽署的當事者，但卻是戰爭的當事者，所以身為建立「實質和平」的主體，韓國必然是和平協定與和平體制最重要的當事者。為討論韓半島和平體制而在一九九七年到一九九八年於日內瓦召開的四方會談，韓國與美國一同提案及主導參與；二〇〇五年簽署《九・一九共同聲明》時，也提案舉辦《為討論韓半島和平體制的特別論壇》（實質的四方會談）。二〇〇七年南北高峰會談中也對終戰宣言以及由當事者主導的韓半島和平體制達成協議。

到目前為止有關韓半島和平體制的討論，大致上偏重在「法定和平」（de jure peace）概念。一般的和平協定包含戰爭終結、戰後處理問題、和平恢復、和平管理方案等，具有「整體性的特徵」。和平協定是和平體制的法律和制度基礎，也是建構和平體制過程的一部分。和平協定不是終點，而是另一個開始，也具有「階段性的特徵」。換句話說，和平協定是終結紛爭或徹底轉換紛爭狀況的契約，和平體制則是包含和平協定簽署以前各階段的和平過程，以及協定簽署後的新措施，包括驗證的制度。

和平協定，也就是法定的和平，這是政治協商的結果，但並不是簽署和平協定後，和平就會自然來到。從中東的例子來看，總是簽署和平協定的墨水未乾，和平的承諾就已經被打破。「法定和平」相當於一個過程，從許多紛爭的案例來看，和平協定往往包含了難以協商的敏感爭議，也有不少課題得先模糊處理而留待協議後解決。將和平協定簽署當時難以處理的紛爭，先做原則性的妥協，這種「創意式模糊」在協定簽署後，可能隨著關係的屬性而引發新的紛爭，或是透過雙方關係的改變而被具體落實。

比法定和平還更重要的是「實質和平」，包括了依階段履行法律的、制度的協議，而且意味著一連串過程，透過彼此關係的改變徹底解決紛爭的原因。當然在紛爭過程中所帶來的傷害，也需要療癒。「實質和平」意味著雙方的關係實質上有改變，而和平協定是一種動態關係，讓「法定和平」與「實質和平」互補。

和平來得很慢，和平體制是一個過程。法定和平——意即和平協定，是在和平體制形成過程中的特定局勢下完成的。只不過簽署和平協定的時機點可能會視情況而有不同。有時雙方會在「實質和平」完成後才簽署和平協定，也可以在初期先達成法定協議後再推動「實質和平」。隨著採取的策略不同，對過程的理解也會不同。和平協定也可以簽署好幾次，就像中東和平協議的例子一樣。

從停戰體制過渡到和平體制的這一條路如果太遠，也可以在途中設定目的地。這就是韓半島的終戰宣言。在韓半島的終戰宣言裡，重要的不是「法定意義」，而是宣言所帶來的「實質效果」。雖然終戰宣言具有的意義只不過是宣告「韓半島戰爭結束」，但是宣言發表後，終戰管理體制啟動，南北和平就能更加鞏固，達到質的轉型。建構終戰管理體制時，我們必須以南北韓為中心，並在簽署和平協定、永久性和平管理體制開始運作前，維持過渡時期的局面。

為了解決北韓核武問題，對「韓半島的和平」構思有其必要性。中國主張「雙軌並行論」也也就是「非核化」與「和平體制」的雙輪同時滾動前進。這不是新的主張，在為解決北韓核武問題而舉行的六方會談中，各方達成的珍貴協議——二〇〇五年的《九・一九共同聲明》裡，也有這一條核心協議事項。北韓核武問題在韓半島冷戰結束後就可以獲得解決。傳統的軍備競賽如果繼續下去，北韓就不會放棄核武。因此在《九・一九共同聲明》中，北韓以包含外交關係改善、經濟合作以及促成韓半島和平體制等相應措施，來換取放棄核武。

重要的是，和平協定就算只有含括一部分，不具整體性，還是可以透過維繫和平的實質努力，將模糊的部分具體化。也因此，雙方都要降低偶發衝突的可能性，建構信任，一起轉換彼此的認知，努力補足法定和平的不完整性。

韓半島和平協定的簽署，會受到韓半島非核化協商、朝美關係正常化、東北亞和平合作體制建構狀況的影響。北韓雖然再度提出過去曾提過的朝美和平協定，但事實上，非武裝地帶的管理已經從聯合國司令部移交給韓國軍，韓國收回了戰時作戰的控制權，所以南北當事者的簽署更為重要。北韓有需要理解在韓半島的軍事秩序中，韓美兩國角色的轉換。

即便「實質和平」已有相當程度的穩定，要制定和平協定的部分條款時，我們仍是需要善用「創意式模糊」的協商智慧。像海上警戒線問題之類的爭議，可以在「實質和平」達成之後解決。裁軍與駐韓美軍的角色也一樣，如果協商達成一致的時間點有差異，就需要保留模糊空間，先努力鞏固實質和平，再讓它逐步具體化。關於和平體制的管理監督，最好由南北代表組成南北和平管理共同委員會，並對韓半島的紛爭解決及和平管理具有首要的責任與權限。為保障和平協定在國際上被履行，美國和中國也需要另外簽署正式協定之外的附屬議定書。

還有，韓半島和平體制必須與東北亞的多邊安保合作並行。韓國如果對韓半島和平體制具有強烈意志，在這個過程中，就能名正言順有主導東北亞合作安保。韓半島問題對東北亞的和平具有重要性，也因此產生積極主導區域和平秩序的力量。歐洲在推動多邊安保合作的起始點——《赫爾辛基協議》時，芬蘭扮演重要的角色，同樣地，韓國也能夠在東北亞的多邊安保合作體制建立過程中扮演重要的角色。

第二節　統一是過程：「實質的統一」

統一政策會隨著南北關係的特性而有所不同。南北韓的關係可以劃分為：「對決的時代」，從韓戰分裂後到一九七二年《七．四南北共同宣言》；「對決中有對話以及共識機制的時代」，從一九七二年到一九九二年《南北基本協議書》為止；「接觸的時代」，從二〇〇〇年南北高峰會談以後到二〇〇七年為止；以及「制裁的時代」，從二〇〇八年到二〇一六年為止。

在對決的時代，雙方競相提出統一方案。一九五四年的日內瓦會議中，南北韓主張的統一方案延續了冷戰時期的態勢。在對決時代，彼此否定對方存在，端出對方無法接受的統一提案，心中所考量的只有國內政治。從《七．四南北共同宣言》到基本協議書的階段，可以看出統一方案的進化過程。在對話持續的過程中，「做為結果的統一」順位往往比「做為過程的統一」高。金大中政府和盧武鉉政府一方面承繼金泳三政府所整理的統一方案，另一方面強調基本上「做為過程的統一」優先於「做為結果的統一」，也就是以實現「實質統一」做為公開的統一政策。

從這一點來看，可將金大中政府的統一政策定調為政策模式的轉型期。透過六・一五南北高峰會談，南北關係史上有了突破，雙方才嘗試進行非情緒對峙的理性聯合（Koalition der Vernunft）。

所謂「做為過程的統一」，就是接受共存，並透過共存的改變效果，以實踐「實質統一」為目標。一九九一年九月，南北韓同時加入聯合國，是雙方首次在制度上落實共存。林東源認為此舉代表：「北韓對外承認韓半島內有兩個國家存在，並向南方的統一方案靠攏，透過和平共存，南北韓一同推動漸進階段式的統一過程。」一九九一年簽署、一九九二年生效的《南北基本協議書》中將南北關係定義為「邁向統一的過程中所暫時形成的特殊關係」，將共存和統一的關係概念化。

將「實質統一」的概念具體落實為對北政策和統一政策的是金大中。所謂的「包容政策」既是對北政策，同時也可說是指向「實質統一」的統一政策。「法律制度上的統一」強調的是統一過程的步驟，但「實質統一」重視的是統一過程的動態。「實質統一」強調的是「自然的擴散效果」，這一點常被批判，把雙方的接觸當成只是為了滿足其他目的，不過需要注意的是共存政策是有彈性的，能產生改變的效果。經濟合作與實現和平是互補的關係，共存能改變多少「關係屬性」，當然要看政治信任度有多高、實現和平的制度多周全。

我們在落實「實質統一」時，不需要先預告「法律制度上的統一」的最終型態，但需要思索統一過程中的暫時階段──那就是「南北邦聯」。南北韓在《六・一五南北共同宣言》中都認同「南北邦聯」與「鬆散的聯邦制」這兩個提案有共通點，也就是說，在統一過程中要採取的漸進、階段式的接觸手段；雙方都同意「過渡、中間階段」有其必要性。

成熟的南北韓邦聯與初階段的聯邦制在制度上有共通點，不過就國際法來看，邦聯和聯邦卻是不同的概念。南韓提議的邦聯制意味著「兩個國家、兩個體制、兩個政府」，北韓的初期聯邦制則意味著「一個國家、兩個制度、兩個政府」。也就是說，邦聯的主權在於個別的組成國家，聯邦的主權則在於聯邦國家。

二〇〇〇年《六・一五南北共同宣言》發表後，南北韓在各個領域所發展出來的協議單位要繼續推動，才能建立統一過程的各種制度。以南北總理會談為總協議代表；南北國防部長會談要定期舉行，以討論建立軍事信任等韓半島和平體制議題；「南北經濟合作推動委員會」也要定期召開，將南北經濟合作制度化；啟動「社會文化共同委員會」，使南北社會、文化交流在制度層面上有所發展。雙方得先展現這些領域的合作成果，再漸進階段式地發展出「南北邦聯」的體制與規模。當各領域發展到雙方都能互惠，且南北關係的基本屬性從冷戰轉換為後冷戰體制時，「實質統一」就能實現，自然而然就有機會產生「法律制度上的統一」。

另一方面，我方若以太具體的政策去描述統一國家的願景，會有很大的副作用，因為內容無法同時滿足保守的國內輿論和對話另一方的北韓。在政治現實考量下，我們得做出共存和統一的區分，而「不明說」統一國家的具體願景，主要的理由也是為了考量對方立場。就當前的未決問題來看，對於具體的最終目標，我們只能做概略與抽象的提點。我們需要深刻理解到，經由共存達成統一以及經由承認現狀而打破現狀，是必要的過程。

第三節　地平線的願景與北方經濟

若將和平比喻為土地，那經濟就是這塊土地上開的花朵。必須將制裁與遏制的惡性循環，轉換為和平與經濟的良性循環，並打造一個環境，讓韓半島和平體制與東北亞經濟共同體能夠形成，並且相輔相成。在南北關係中，雙方也應當一併建立政治軍事信任與經濟合作。

因此，我們的觀點必須要從聯繫論轉換為並行論。從並行論來看，各事項可以分割處理並帶來良性循環，在處理的先後次序上也要發揮彈性。所以我們必須將核武問題與南北關係切割，並行發展解方，中央政府與地方自治團體的交流也可以劃分、同時進行。因為南北關係已經倒退回到過去，且帶有高度的不信任及對立感，需要相當時間及努力才能重新建立良好關係。

以韓國當前的狀況，我們需要和平與經濟的良性循環。經濟陷入低成長，必須為新的未來預做準備。我們這個時代要解決的課題之一就是擴充成長的動力。若說過去是與海洋經濟圈合作而完成工業化，那現在就是以北方經濟論開啟韓國經濟第二幕的時候了。

韓國經濟結構在重整的過程中需要依靠北方經濟。造船產業是韓國的經濟成長主力產業，它正面臨重要的關卡，眼前的危機不只有產業的衰退，早晚我們都要面臨人口懸崖的問題。南韓自二〇一七年起，生產人口開始逐漸減少。日本長期的不景氣的原因，有一個頗具說服力的說法是因為人口結構變化帶來了影響。貧富不均兩極化的結構使南韓陷入了低成長。解決辦法大致可以歸類為兩點，一個是在國內建立新的改革體制，另外一個是擴充成長動力。

成長動力要擴充，關鍵就在於北方經濟。推動北方經濟，需要時間進行產業結構轉型，多少也需要一些轉型成本。北方經濟的構想，至少從盧泰愚政府時期就打算列為國家發展的策略，但為何至今還無法落實？正是因為推動北方經濟必須先越過北韓這座橋樑，但是南北的信任關係還無法成為支持的後盾。

韓國要接軌歐亞大陸鐵道，當然需要先連接南北縱貫鐵道。從俄羅斯連結天然氣管的PNG工程也必須通過北韓。韓俄或韓中之間所討論的北方經濟合作，大部分是指南韓、北韓、中國、或是南韓、北韓、俄羅斯的三角合作。如果不以南北合作為前提，與歐亞大陸經濟圈的連結就會受限。以北方經濟建立核心產業很久以前就有人討論，但是一直難有進展，原因就是南北關係無法成為支持的後盾。

北方經濟能擴大韓半島的經濟空間。以南韓來說，首都圈離邊境地帶不遠，在都市面積擴大的同時，首都圈就會逐漸與邊境銜接。首爾和仁川的首都經濟圈可以作為產業推力，以串連北韓勞動力與相對優勢的中國東北、俄羅斯遠東工業地區。

此外，這種廣域經濟圈也可以提供轉機，提升落後的東海岸地區及西海岸地區經濟發展。在資源和能源、農業方面，東海岸的居民強烈地希望能與北方經濟合作。從仁川到木浦的西海岸居民，也以和平之海為基礎，提出以韓中合作做為新地區發展的策略與願景。就西海岸來說，可以與北韓的沿海工業都市及中國的沿海地區建立三角合作體制。仁川和中國的青島距離只有六百公里，搭高速輪船的話，只需七小時就能到達，搭飛機也只要一個多小時。仁川和青島、大連三個港灣都市可以利用仁川機場做為轉運站，形成物流網，如果再與北韓的勞動力結合，如此將能打造出比世界任何地方都更具競爭力的經濟共同體。

目前東北亞的局勢雖然難以推動區域合作，但是不需要悲觀。弔詭的是合作的花朵總是在危機之地綻放。還記得歐洲統合（European integration）也是從「歐洲煤鋼共同體」（ECSC）開始嗎？戰後法國的外交部長羅伯特・舒曼（Robert Schuman）提議將與法國與德國的煤和鋼鐵產業整合，因此這樣的構想也稱為「舒曼計劃」（Schuman Plan）。國際共同管理煤、鐵這些軍事資源，以免除戰爭的根源。德國和法國——二次世界大戰的主戰國，共同管理煤和鋼鐵這些軍事資源，以此建構和平的物質基礎，「歐洲煤鋼共同體」就是這股意志下的產物。「歐洲煤鋼共同體」是和平經濟的開始，在四十多年後也成了歐洲統合的起源。

美國小羅斯福總統曾在大蕭條的絕望局勢中說過：「我們該恐懼的是恐懼本身。」圍繞我們的經濟現實是寒冬，南北關係既然無法脫離黑暗中的長隧道，我們也應當點燃希望的火苗。必須越過北韓這座橋樑，開啟歷史久遠的「北方經濟時代」。如同沒有土地就開不了花一樣，如果沒有和平，也不可能會有北方經濟的願景。

註釋

第一章

1. 修正主義者認為雅爾達協議解體才是冷戰的開始，與傳統認為雅爾達體系是冷戰起源的看法不同。
2. 在比較歐洲的冷戰形勢後，原君枝（Kimie Hara）認為舊金山體系區有三種面向。第一是代表社會根本價值的意識型態；第二是包含軍事發展與安保同盟的軍事體制；第三是代表冷戰前哨基地的區域紛爭。Kimie Hara, "Rethinking the Cold war in the Asia-Pacific," The Pacific Review, vol. 12, no. 4, 1999.
3. 當韓半島發生緊急事件時，聯合國司令部所屬的駐日美軍可以不與日本政府協議，直接介入。聯合國司令部是駐韓美軍與駐日美軍可以合作的制度性依據。
4. 梅農是南印度出身的知識分子，曾在英國協助出版尼赫魯的著作。一九二九年後領導親國民會議的「印度聯盟」，尼赫魯執政後擔任外交部長，積極展開非同盟外交。
5. 美國的核彈頭從一九五三年一千個增加到一九六一年的一萬八千個。
6. 東南亞公約組織一九五四年九月八日在馬尼拉簽訂協定，一九五五年二月正式成立。

第二章

1. 一八〇七年美國切薩皮克號艦長向英國投降。當時艦長被以未戰棄船的罪名遭到軍事審判。
2. 一九六八年二月七日朴正熙總統首度提到鄉土預備軍。韓國政府當時已在研究以色列的預備軍制度和集體聚落（Kibbutz）。有關韓國的預備軍制度，美國大使館曾擔憂韓國政府是否真的能做好武器管制。
3. 一二一事件兩天後的一月二十三日，『勞動新聞』（로동신문）刊出報導，標題為「武裝小部隊出現於首爾市中心，與傀儡警察部隊發生槍戰」，稱那是「南朝鮮人民的英雄式鬥爭」。隔天二十日日，該社也報導說各地武裝游擊隊展開軍事攻擊。

4. 赫姆斯局長說一九六七年八月波蘭軍事顧問團訪問北韓時，確認到北韓送了三十多名飛行駕駛員和十台ＭＩＧ二一〇到北越。

5. 一九六八年二月二十六日的『勞動新聞』提到，金昌奉的地位是黨中央委員會政治委員員委員，也是內閣副首相兼民族保衛相。

第三章

1. 國家安全副顧問海格強調，根據咸秉春的說法，朴正熙政府對駐韓美軍縮減與尼克森訪問中國有誤解，現在只是因應國際環境變化，介入模式改變而已，美國在亞洲的安保公約依然堅定不變。

2. 這份文件對金日成提案的評論是：「為了在全球性的緩和氣氛下提高北韓的國際形象，逼韓國轉為守勢，以因應聯合國大會的討論。」

第四章

1. 一九八五年特使訪問與高峰會談推動的相關對話紀錄已公開。北方代表拜訪全斗煥以及南方代表拜訪金日成的對話紀錄為何被公開，令人百思不解，不過也得以透過對話紀錄一窺南北雙方面對高峰會談時的態度及主要議題。

2. 「北方政策」的概念是一九七一年美國國務院的韓國事務官員阿布雷莫維茲（Morton Abramowitz）在自己的論文——〈移開冰山：兩韓與大國們〉（Moving the Glacier: Two Koreas and the Powers, Adelphi Papers, no. 80, 1971）中提及：「韓國必須承認北韓的存在，並採用『北方政策』（Northern Policy），與中國、蘇聯等共產國家進行外交接觸。」這是第一次有人指出此概念。

3. 依據Lee Suk-Ho的研究，學者們在韓國各種刊物中使用「北方政策」一語的時期是從一九七四年開始。

4. 盧泰愚在回憶錄中主張，永宗島國際機場和「首爾—釜山」高速鐵路也是為北方政策扎根而規劃。

5. 一九八七年十二月十日，大韓貿易振興公社的布達佩斯貿易辦公室啟用，韓國與匈牙利兩國於一九八九年二月一日互相成立大使館。盧泰愚總統一九八九年十一月以大韓民國總統身分首度訪問匈牙利。
6. 杜布萊寧的回憶錄被評論為是美蘇關係的經典之作。
7. 二〇一四年在討論核能協定修正時，韓國要求美方同意它使用新技術「高溫處理技術」（Pyro-Processing）再處理核廢料，但美國仍堅持等北韓核武問題解決後再變更。
8. 林東源強調，比起過去的紅十字會會談或體育會談，南北高層會談不一樣，參加的是主要當事國，與會人員層級也不同。
9. 盧泰愚總統對此事件的記載為：「吳吉男是一九八八年在德國留學時被北韓特務員吸收，回國後在『民眾之聲』電台工作。後來他接受指示要去德國吸收留學生，帶回北韓，結果回到歐洲時向韓國大使館自首後回國。」

第六章

1. 新東方政策的基本立場，在一九六三年七月艾岡・巴爾的圖青演說中已經闡明。在這場演說中，巴爾提出所謂的「小步伐政策」或「經由接近而改變」的新東方政策基本立場。
2. 艾文・托佛勒指出，韓國的文化和經濟講求速度至上主義，這點與慎重緩行的外交原則充滿矛盾，解決矛盾的方法將會對韓國、甚至北韓的未來產生影響。
3. 《南北糧食借款提供協議書》是在第一次南北經濟合作實務接觸（二〇〇〇年九月二十五至二十六日）時簽訂。
4. 二〇〇一年九月二十二日，《韓民族日報》（한겨레）刊登過社論，表示歡迎大國家黨的對北稻米援助提案。
5. 西德政府一直到一九九〇年二月都在構思所謂的三階段經濟統合。第一、二階段是東德的經濟和財政、金融在制度上變革，接受西德的模式；第三階段是追求貨幣統一。不過這種階段式的統合方案，隨著柏林圍牆倒塌、東德人大批湧入西德後，就難以落實了。有關階段式統合的理論，最後在追求激進統一的政治現實下成為「無用之物」。

6. 布希總統尚未提到終戰宣言。當時美國所使用的「終戰協定」一詞，可以理解為具有和平協定之類的意義。盧武鉉總統接受這種表達方式，並採階段式發展終戰宣言與和平協定。

7. 當時北韓判斷，能以四方會談為由，從美國和韓國那裡取得糧食援助。在紐約預備會談中，北韓還要求援助一百五十萬噸糧食，以做為回應四方會談的先決條件。

歷史與現場 268

南北韓 東亞和平的新樞紐

作者 金鍊鐵
譯者 蕭素菁
主編 陳怡慈
責任編輯 許越智
責任企畫 林進韋
封面設計 許紘維
內文排版 張瑜卿
發行人 趙政岷
出版者 時報文化出版企業股份有限公司
10803台北市和平西路三段240號一～七樓
發行專線｜02-2306-6842
讀者服務專線｜0800-231-705｜02-2304-7103
讀者服務傳真｜02-2304-6858
郵撥｜1934-4724時報文化出版公司
信箱｜台北郵政79～99信箱
時報悅讀網 www.readingtimes.com.tw
電子郵件信箱 ctliving@readingtimes.com.tw
人文科學線臉書 http://www.facebook.com/jinbunkagaku
法律顧問 理律法律事務所｜陳長文律師、李念祖律師
印刷 勁達印刷有限公司
一版一刷 2019年6月21日
定價 新臺幣400元

時報文化出版公司成立於一九七五年，並於一九九九年股票上櫃公開發行，於二〇〇八年脫離中時集團非屬旺中，以「尊重智慧與創意的文化事業」為信念。

ISBN 978-957-13-7809-1｜Printed in Taiwan

南北韓：東亞和平的新樞紐／金鍊鐵著；蕭素菁譯. -- 一版. -- 臺北市：時報文化，2019.06｜ 面； 公分. --（歷史與現場）
ISBN 978-957-13-7809-1（平裝）｜1.南北韓關係 2.歷史｜578.1932｜108006916